FORUM
ARBEITS- UND SOZIALRECHT

Herausgegeben von
Prof. Dr. Meinhard Heinze und Prof. Dr. Horst Konzen

Band 14

Auswirkungen fehlender oder fehlerhafter Beteiligung des Betriebsrats bei der Versetzung auf das Einzelarbeitsverhältnis

Elisabeth Poletti

Centaurus Verlag & Media UG 1996

Die Deutsche Bibliothek – CIP-Einheitsaufnahme

Poletti, Elisabeth:
Auswirkungen fehlender oder fehlerhafter Beteiligung
des Betriebsrats bei der Versetzung auf das
Einzelarbeitsverhältnis / Elisabeth Poletti. –
Pfaffenweiler : Centaurus-Verl.-Ges., 1996
(Forum Arbeits- und Sozialrecht ; Bd. 14)
Zugl.: Münster (Westfalen), Univ., Diss., 1994
ISBN 978-3-8255-0057-3 ISBN 978-3-86226-296-0 (eBook)
DOI 10.1007/978-3-86226-296-0
NE: GT

ISSN 0936-028X*D6

Satz: Vorlage der Autorin

Meinen Eltern

und

Frank

Vorwort

Die vorliegende Forschungsarbeit mit dem Thema "Auswirkungen fehlender oder fehlerhafter Beteiligung des Betriebsrats bei der Versetzung auf das Einzelarbeitsverhältnis" entstand während meiner zweijährigen Tätigkeit als wissenschaftliche Hilfskraft am Institut für Arbeits-, Sozial- und Wirtschaftsrecht der Westfälischen Wilhelms-Universität Münster.

Bedeutenden Anteil an der Entstehung dieser Arbeit hatten zahlreiche Menschen, die an dieser Stelle nicht ungenannt bleiben sollen. Ein herzlicher Dank gilt meinem geschätzten akademischen Lehrer und Doktorvater Prof. Dr. Meinhard Heinze, der auch nach seinem Ausscheiden aus der Professorenschaft der Universität Münster stets bereit war, Vorschläge und Ansichten, die nicht immer der herrschenden Meinung entsprachen, mit mir eingehend zu diskutieren. Prof. Dr. Wilfried Schlüter danke ich für die Übernahme des Koreferates.

Allen Kolleginnen und Kollegen des Instituts für Arbeits-, Sozial- und Wirtschaftsrecht danke ich für ihre ständige Diskussionsbereitschaft und Aufmunterung. Sie alle waren mir eine wertvolle Hilfe, wenn es um Fragen ging, die den "Blick über den Tellerrand" erforderten. Frau Astrid Beitelhoff bin ich für die Erstellung des Manuskripts zu Dank verbunden.

Meinen Eltern, Johannes und Irene Poletti, danke ich für die finanzielle und moralische Unterstützung während des Studiums der Rechtswissenschaften und der Anfertigung dieser Dissertation. Meiner Schwester Ursula, die wie ich ein rechtswissenschaftliches Studium abgeschlossen hat, danke ich für vielfältige Anregungen und kontinuierliche Motivation. Und zu guter Letzt sei besonders Frank hervorgehoben, der nicht nur für die stilistischen Feinheiten der Arbeit mitverantwortlich ist, sondern mir auch in schweren wie in guten Zeiten stets den Rücken gestärkt hat.

Elisabeth Poletti

Inhaltsverzeichnis

Abkürzungsverzeichnis

a.A.	anderer Ansicht
a.a.O.	am angegebenen Ort
abl.	ablehnend
Abs.	Absatz
AcP	Archiv für zivilistische Praxis *(Zeitschrift)*
AktG	Aktiengesetz vom 6. September 1965 *(BGBl. I, S. 1089)*
allg. M.	allgemeine Meinung
allg. T.	allgemeiner Teil
Alt.	Alternative
amtl. Begr.	amtliche Begründung
Anm.	Anmerkung
AöR	Archiv des öffentlichen Rechts *(Zeitschrift)*
AP	Arbeitsrechtliche Praxis *(Nachschlagewerk des Arbeits- gerichts)*
AR-Blattei	Arbeitsrechtsblattei
ArbG	Arbeitsgericht
ArbGG	Arbeitsgerichtsgesetz in der Fassung vom 2. Juli 1979 *(BGBl I, S. 853, ber. S. 1036)*
ArbR	Arbeitsrecht
Arg.	Argument aus
ARST	Arbeitsrecht in Stichworten
Art.	Artikel
Aufl.	Auflage
AÜG	Gesetz zur Regelung der gewerbsmäßigen Arbeitnehmerüberlassung (Arbeitnehmerüberlassungsgesetz) vom 7. August 1972 *(BGBl. I, S. 1393)*
AuR	Arbeit und Recht *(Zeitschrift)*

AZO	Arbeitszeitordnung vom 30. April 1938 *(RGBl. I, S. 447)*
BAG	Bundesarbeitsgericht
BAGE	Entscheidungen des Bundesarbeitsgerichts, Amtliche Sammlung
BAT	Bundesangestelltentarifvertrag vom 23. Februar 1961
BB	Der Betriebs-Berater *(Zeitschrift)*
Bd.	Band
Begr.	Begründung
Beil.	Beilage
Beschl.	Beschluß
BetrVerf.	Betriebsverfassung
BetrVG 1952	Betriebsverfassungsgesetz vom 11. Oktober 1952 *(BGBl. I, S. 681)*
BetrVG 1972	Betriebsverfassungsgesetz vom 15. Januar 1972 *(BGBl. I, S. 13)*
BetrVR	Betriebsverfassungsrecht
BGB	Bürgerliches Gesetzbuch vom 18. August 1896 *(RGBl., S. 195)*
BGH	Bundesgerichtshof
Bl.	Blatt, Blätter
BlStSozArbR	Blätter für Steuerrecht, Sozialversicherung und Arbeitsrecht *(Zeitschrift)*
BPersVG	Bundespersonalvertretungsgesetz vom 15. März 1974 *(BGBl. I, S. 693)*
BR-Drucks.	Verhandlungen des deutschen Bundesrates, Drucksachen
BRG	Betriebsrätegesetz vom 4. Februar 1920 *(RGBl, S. 147)*
BT-Stenograph	Stenographische Berichte über die Sitzungen des Deutschen Bundesrates
BVerfG	Bundesverfassungsgericht
BVerfGE	Entscheidungen des Bundesverfassungsgerichts, Amtliche Sammlung
BVerwG	Bundesverwaltungsgericht

BVerwGE	Entscheidungen des Bundesverwaltungsgerichts, Amtliche Sammlung
bzw.	beziehungsweise
C.I.C.	Culpa in Contrahendo
d.h.	das heißt
DB	Der Betrieb *(Zeitschrift)*
ders.	derselbe
Diss.	Dissertation
DJT	Deutscher Juristentag
Einl.	Einleitung
einschr.	einschränkend
Entsch.	Entscheidung
EzA	Entscheidungssammlung zum Arbeitsrecht
f.	folgend
ff.	fortfolgende
Fn	Fußnote
gem.	gemäß
GG	Grundgesetz vom 23. Mai 1949 *(BGBl., S. 1)*
h.M.	herrschende Meinung
Hdb.	Handbuch
IIGB	Handelsgesetzbuch vom 10. Mai 1897 *(RGBl., S. 219)*
HGrR	Die Grundrechte. Handbuch der Theorie und Praxis der Grundrechte
Hrsg.	Herausgeber
hrsg.	herausgegeben
Hs.	Halbsatz
HzA	Handbuch zum Arbeitsrecht
i.S.	im Sinne
i.S.d.	im Sinne des/der
i.V.m.	in Verbindung mit
insbes.	insbesondere

JArbSchG	Jugendarbeitsschutzgesetz vom 12. April 1976 *(BGBl. I, S. 965)*
JuS	Juristische Schulung *(Zeitschrift)*
JZ	Juristenzeitung
Kap.	Kapitel
KG	Kammergericht
kr.	kritisch
KSchG	Kündigungsschutzgesetz in der Fassung der Bekanntmachung vom 25. August 1969 *(BGBl I, S. 1317)*
LAG	Landesarbeitsgericht
LAGE	Entscheidungen der Landesarbeitsgerichte, Amtliche Sammlung)
LG	Landgericht
lit	Buchstabe
m.w.N.	mit weiteren Nachweisen
MitbestErgG	Gesetz zur Änderung des Gesetzes über die Mitbestimmung der Arbeitnehmer in den Aufsichtsräten und Vorständen der Unternehmen des Bergbaus und der Eisen und Stahl erzeugenden Industrie vom 7. August 1956 *(BGBl. I, S. 707)*
MitbestG	Gesetz über die Mitbestimmung der Arbeitnehmer vom 4. Mai 1976 *(BGBl. I, S. 1153)*
MuSchG	Gesetz zum Schutz der erwerbstätigen Mutter (Mutterschutzgesetz) in der Fassung der Bekanntmachung vom 18. April 1968 *(BGBl. I, S. 315)*
NeuArbR	Neues Arbeitsrecht
n.F.	neue Fassung
NJW	Neue Juristische Wochenschrift *(Zeitschrift)*
Nr.	Nummer
NWB	Neue Wirtschaftsbriefe *(Zeitschrift)*
NZA	Neue Zeitschrift für Arbeits- und Sozialrecht *(Zeitschrift)*
R.	Rückseite
RdA	Recht der Arbeit *(Zeitschrift)*

Rdnr.	Randnummer
Reg.E., RegEntw.	Regierungsentwurf
RG	Reichsgericht *oder* Rechtsgeschäft
RGe	Rechtsgeschäfte
RVO	Reichsversicherungsordnung in der Fassung der Bekanntmachung vom 15. Dezember 1924 *(RGBl. I, S. 779)*
S.	Seite
SAE	Sammlung arbeitsrechtlicher Entscheidungen
SchuldR	Schuldrecht
sog.	sogenannt
SprAuG	Gesetz über die Sprecherausschüsse der leitenden Ange-
	stellten (Sprecherausschußgesetz) vom 20. Dezember 1988 *(BGBl. I, S. 2312)*
St.Rspr.	Ständige Rechtsprechung
u.a.	unter anderem
u.s.w.	und so weiter
unt.	unten
Urt.	Urteil
v.	von, vom
vgl	vergleiche
Vorbem.	Vorbemerkung
z.B.	zum Beispiel
z.T.	zum Teil
ZfA	Zeitschrift für Arbeitsrecht
Ziff.	Ziffer
zit.	zitiert
ZPO	Zivilprozeßordnung in der Fassung vom 12. September 1950 *(BGBl., S. 553)*
ZRP	Zeitschrift für Rechtspolitik
zust.	zustimmend
zutr.	zutreffend

1. Kapitel: Einleitung

A. Einführung in die Problematik

Zu den personellen Einzelmaßnahmen, für die in Betrieben mit mehr als zwanzig Arbeitnehmern ein Mitbestimmungsrecht des Betriebsrats nach § 99 Abs. 1 BetrVG[1] gilt, zählen nicht nur Einstellungen, Ein- und Umgruppierungen, sondern auch Versetzungen. Neben den im Gesetz normierten Auskunfts- und Unterrichtungsrechten gegenüber dem Betriebsrat trifft den Arbeitgeber die Pflicht, die Zustimmung des Betriebsrats vor der Durchführung einer Personalmaßnahme einzuholen. Der Betriebsrat ist berechtigt, aus den in § 99 Abs. 2 genannten Gründen die Zustimmung zu verweigern. Sofern er es ablehnt, die Zustimmung zu erteilen, kann der Arbeitgeber die Personalmaßnahme unter den Voraussetzungen des § 100 vorläufig durchführen. Eine Befugnis zur endgültigen Vornahme besteht für ihn nur dann, wenn das Arbeitsgericht auf Antrag des Arbeitgebers die Zustimmung des Betriebsrats gemäß § 99 Abs. 4 ersetzt hat.

Die vorliegende Arbeit befaßt sich mit den Auswirkungen fehlender bzw. fehlerhafter Beteiligung des Betriebsrats bei der Versetzung auf das Einzelarbeitsverhältnis. Die Darstellung des Problems ist vorrangig auf die Versetzung ausgerichtet, weil gerade bei dieser Personalmaßnahme die individualrechtlichen Auswirkungen eines Mitwirkungsverstoßes noch weitgehend ungeklärt sind. Dies ist insoweit unbefriedigend, als es sich bei der Versetzung wohl um die häufigste mitbestimmungspflichtige personelle Einzelmaßnahme im betrieblichen Alltag handelt[2]. Gerade in der gegenwärtigen wirtschaftlichen Situation bringen es betriebliche Notwendigkeiten mit sich, Arbeitnehmern eine andere als die bisher von ihnen ausgeübte Tätigkeit zuzuweisen. Die Änderung der Tätigkeit kann sich

1 Paragraphen ohne Angabe des Gesetzes sind im folgenden solche des BetrVG 1972.

2 Hromadka, DB 1972, S. 1532.

dabei auf den Arbeitsort, die Arbeitszeit, aber auch auf den Inhalt oder den Umfang der Arbeitspflicht erstrecken. Versetzungen sind in der Praxis nicht nur häufig anzutreffen, sondern sie kommen auch in den vielfältigsten Formen vor. Insoweit ist bei dieser Personalmaßnahme die Frage nach den individualrechtlichen Auswirkungen von Mitbestimmungsverstößen von nicht unerheblicher praktischer Relevanz.

Neben der bedeutsamen Stellung der Versetzung im betrieblichen Alltag rechtfertigt jedoch auch der Begriff der Versetzung als solcher eine weitgehende Beschränkung der Darstellung auf diese personelle Maßnahme. Ohne den späteren Ausführungen vorgreifen zu wollen, läßt sich an dieser Stelle bereits sagen, daß es sich bei der Versetzungsmaßnahme um einen vielschichtigen Vorgang handelt, der sowohl im Bereich des Individualarbeitsrechts als auch im Betriebsverfassungsrecht zur Anwendung gelangt. Daher liegt mit der Versetzung ein komplexer Begriff vor, über dessen nähere Bestimmung im einzelnen noch wenig Klarheit herrscht[3]. Dies trifft im übrigen auch auf die Rechtsnatur der Versetzung zu[4]. Es ist auch die Vielschichtigkeit des Versetzungsvorgangs, die eine Klärung des Rechtsfolgenproblems erforderlich macht, um auf diesem Wege den arbeits- und betriebsverfassungsrechtlichen Komponenten der Versetzung zu mehr Transparenz zu verhelfen.

---

3 Näheres dazu unten 3. Kap. B. I. 1 ff.

4 Näheres dazu unten 3. Kap. B. I. 4 a) aa).

B. Gang der Untersuchung

Anhaltspunkte für die Lösung des Rechtsfolgenproblems bei der Versetzung könnte die Vorschrift des § 99 selbst enthalten. Die Tatsache, daß das Gesetz das Widerspruchsrecht des Betriebsrats bei Einstellungen, Ein- und Umgruppierungen sowie Versetzungen einheitlich in § 99 regelt, legt die Vermutung nahe, daß die personellen Einzelmaßnahmen nicht nur hinsichtlich der Ausgestaltung des Mitbestimmungsrechts, sondern auch in bezug auf Rechtsverstöße einheitlich zu behandeln sind. Als Maßstab dieser Beurteilung bietet sich die personelle Maßnahme "Einstellung" an, der eine Modellfunktion für die gesetzliche Regelung erwächst; denn der Wortlaut des Gesetzgebers orientiert sich vorrangig an der Einstellung[5]. Demzufolge ist Ausgangspunkt der vorliegenden Untersuchung die Darstellung der individualrechtlichen Auswirkungen einer Mißachtung des Beteiligungsrechts nach § 99 Abs. 1 bei dieser personellen Maßnahme. Dieser Darlegung folgt sodann die Erörterung der Frage, inwieweit es als sachgerecht erachtet werden kann, die zur Einstellung gewonnenen Grundsätze auf den Fall der Versetzung zu übertragen. Es gilt festzustellen, ob eine Parallelbehandlung mit der Einstellung zu rechtfertigen ist. Sofern dies verneint werden sollte, ist im weiteren Verlauf der Untersuchung nach einer anderen Lösung, die dem Mitbestimmungstatbestand der Versetzung eher gerecht wird, zu forschen.

Diese Lösung muß sich an den unterschiedlichen Interessen der am Versetzungsvorgang Beteiligten messen lassen können: Der Arbeitgeber hat ein offenkundiges Interesse, den Arbeitnehmer betriebswirtschaftlich zweckdienlich in seinem Betrieb einzusetzen. Dem Betriebsrat ist es an einer größtmöglichen Effektivität seines Beteiligungsrechts i. S. des § 99 Abs. 2 gelegen, das neben dem Schutz der Belegschaft möglicherweise auch dem Schutz des einzelnen Arbeitnehmers dient. Der Arbeitnehmer ist daran interessiert, daß der Betriebsrat einer für ihn günstigen Versetzung zustimmt, im Falle einer verschlechternd wirkenden Versetzung jedoch die Zustimmung verweigert. Da das Gesetz dem Arbeitnehmer keinen Einfluß auf den betriebsverfassungsrechtlichen Versetzungsvorgang einräumt, ist er das schwächste Glied in der Dreiecksbeziehung Arbeitgeber - Arbeitnehmer - Betriebsrat. Insoweit steht er Meinungsverschiedenheiten zwischen dem

---

5 Richardi, DB 1973, S. 379.

Arbeitgeber und dem Betriebsrat, wie im Rahmen dieser Arbeit noch zu zeigen sein wird, rechtlos gegenüber. Die Lösung der angesprochenen Problematik muß daher dem betriebsverfassungswidrig versetzten Arbeitnehmer zu optimalem Schutz verhelfen, darf die übrigen Beteiligten[6] in ihren rechtlich geschützten Interessen nicht beeinträchtigen.

6 Neben der Darstellung der Interessenlage des Arbeitnehmers bei der Versetzung ist diese Arbeit weitgehend auf die Darlegung der rechtlichen Interessen des Betriebsrats beschränkt.

2. Kapitel: Die Auswirkungen einer fehlenden oder fehlerhaften Beteiligung des Betriebsrates bei der Einstellung gemäß § 99 Abs. 1 auf das Individualarbeitsverhältnis

A. Vorüberlegung

Der Erörterung der Frage nach den individualrechtlichen Folgen fehlender oder fehlerhafter Beteiligung des Betriebsrates bei der Einstellung muß die Feststellung vorausgehen, daß der Arbeitsvertrag zwischen Arbeitgeber und Arbeitnehmer der Mitbestimmung nach § 99 Abs. 1 unterliegt. Denn nur im Fall der Mitbestimmungspflicht des Arbeitsvertrages ist es denkbar, daß ein Mitwirkungsverstoß Einfluß auf den rechtlichen Bestand als Arbeitsverhältnis ausüben kann.

Ob der Arbeitsvertrag von dem Mitbestimmungsrecht des Betriebsrates i. S. des § 99 Abs. 1 erfaßt ist, richtet sich danach, zu welchem Zeitpunkt die Beteiligung des Betriebsrates bei der Einstellung einsetzt. Eine Antwort hierauf kann - in Einklang mit der überwiegenden Meinung[7] - nur im Wege einer genauen Klärung des Begriffs der Einstellung gewonnen werden.

Es ist somit nicht der Auffassung von Sahmer[8] zu folgen, der eine konkrete Definition des Begriffs der Einstellung für nicht notwendig erachtet. Denn nach seiner Ansicht setzt das personelle Mitbestimmungsrecht bereits bei der Personalplanung ein.

Dieser Argumentation ist insoweit beizupflichten, daß dem Betriebsrat eine Beteiligungsmöglichkeit im Bereich der Personalplanung gemäß § 92 zusteht. Zu beachten ist jedoch, daß die im Vorfeld der personellen Einzelmaßnahme normierten Rechte des Betriebsrates nur funktionell, d. h. im Hinblick auf die

7 Für viele: Baumann, S. 39; End, S. 102; Maul-Backer, S. 7.

8 Sahmer, § 99 Rdnr. 2.

Gestaltung des konkreten Arbeitsverhältnisses, zu verstehen sind. Ihnen ist mithin keine Antwort auf die Frage nach dem zeitlichen Einsehen des Mitbestimmungsrechts nach § 99 Abs. 1 zu entnehmen. Deshalb bleibt es ungeachtet der Norm des § 92 zur Bestimmung des konkreten Anknüpfungspunktes der Rechte des Betriebsrates bei der Einstellung erforderlich, daß der Begriff der Einstellung genau definiert wird.

B. Der Begriff der "Einstellung" in § 99 Abs. 1

Im Unterschied zum Versetzungsbegriff, den der Gesetzgeber in § 95 Abs. 3 definiert hat, fehlt im BetrVG 1972 eine Begriffsbestimmung der "Einstellung". Da § 99 Abs. 1 keinen Hinweis zur begrifflichen Auslegung enthält, entwickelte sich in Literatur und Rechtsprechung ein weites Spektrum möglicher Definitionen zum Einstellungsbegriff.

Teilweise wird unter "Einstellung" der Abschluß des Arbeitsvertrages bzw. die Eingliederung des Arbeitnehmers in den Betrieb verstanden, oder es wird eine Kombination, bestehend aus den Komponenten Individualarbeitsvertrag sowie betriebliche Eingliederung, als mögliche Definition vorgeschlagen[9].

Einigkeit besteht jedoch darüber, daß eine genaue Begriffsbestimmung nur dann entbehrlich sein soll, wenn der Abschluß des Arbeitsvertrages und die Eingliederung des Arbeitnehmers in den Betrieb zeitgleich erfolgen[10]. Für die Frage des Anknüpfungspunktes des Beteiligungsrechts bei der Einstellung ist somit der Fall der fehlenden Deckungsgleichheit zwischen Arbeitsvertrag und betrieblicher Eingliederung von Bedeutung.

---

9 Eine detaillierte Darstellung des Meinungsstands zum Begriff der Einstellung erfolgt auf den folgenden Seiten.

10 End, S. 97; Hemmer, S. 44; Nikisch, ArbR Bd. III, § 114 II 1, S. 445 zum BetrVG 1952.

I. Der Meinungsstand in der Literatur und Rechtsprechung

1. Einstellung als Abschluß des Arbeitsvertrages

Eine von einigen Autoren als herrschend bezeichnete Meinung setzt die Einstellung i. S. des § 99 Abs. 1 mit dem Abschluß eines Arbeitsvertrages gleich[11], der durch schriftliches, mündliches oder schlüssiges Verhalten zustande gekommen sein kann.

Die Art des Arbeitsverhältnisses ist hierbei für die Anwendung des § 99 unerheblich. Des weiteren besteht Einigkeit darüber, daß der Vertrag nicht rechtswirksam zu sein brauche. Es solle vielmehr ein faktisches Arbeitsverhältnis genügen, das eine natürliche Willenseinigung zwischen Arbeitgeber und Arbeitnehmer voraussetze[12].

Zur Begründung dieser Ansicht wird darauf verwiesen, daß mit dem Vertragsschluß neben Pflichten auch Rechte des Arbeitnehmers begründet werden, deren Geltendmachung bereits kollektive Interessen berühren könne, so daß eine Mitbestimmung des Betriebsrates zum Zeitpunkt des Vertragsschlusses gerechtfertigt sei.

2. Einstellung als Eingliederung in den Betrieb

Die Gegenmeinung versteht unter dem Begriff der Einstellung die tatsächliche Eingliederung des Arbeitnehmers in den Betrieb[13]. Dabei verstehen einige unter

---

11 Dietz/Richardi, 5. Aufl., § 99 Rdnr. 9; GK-Kraft, § 99 Rdnr. 19, 20; Hess/Schlochauer/-Glaubitz, § 99 Rdnr. 15; Stege/Weinspach, §§ 99 - 101 Rdnr. 12; Meisel, Rdnr. 203 (S. 100 f.); zum BetrVG 1952 bereits: Hueck-Nipperdey, ArbeitsR Bd. II/2, § 71 B I (S. 1416); Mayer-Weisskirchen, §§ 60 - 64 Anm. 12.

12 Fitting/Auffarth/Kaiser, § 99 Rdnr. 10; Hess/Schlochauer/Glaubitz, § 99 Rdnr. 18.

13 Frauenkorn, § 99 Rdnr. 8; v. Friesen, BB 1984, S. 677 (679); Galperin/Löwisch, § 99 Rdnr. 10; Löwisch, § 99 Rdnr. 3; v. Hoyningen-Huene, BetrVR, § 14 III 2 a; ders., RdA 1982, S.

"Eingliederung" die tatsächliche Arbeitsaufnahme[14], während andere die Zuweisung des Arbeitsplatzes durch den Arbeitgeber als entscheidendes Kriterium erachten[15]. Begründet wird diese Bestimmung des Begriffs der Einstellung damit, daß die Interessen der Belegschaft nicht schon beim Vertragsschluß, sondern erst mit der tatsächlichen Aufnahme der Arbeit tangiert werden. Daher müsse das Beteiligungsrecht des Betriebsrates i. S. des § 99 Abs. 1, dem ein überwiegend kollektiver Schutzzweck beizumessen ist[16], an die tatsächliche Durchführung der personellen Einzelmaßnahme anknüpfen.

Darüber hinaus sei der auf der individualrechtlichen Ebene geschlossene Arbeitsvertrag zwischen Arbeitgeber und Arbeitnehmer grundsätzlich dem kollektiven Einflußbereich des Betriebsrates entzogen. Denn der Vertretung der Belegschaft sei es bereits im Rahmen ihres Informationsrechts gemäß § 99 Abs. 1 S. 1 untersagt, Einzelheiten über den Individualvertrag in Erfahrung zu bringen[17], so daß dessen Einbeziehung unter das Mitbestimmungsrecht des Betriebsrates sich hierzu in Widerspruch setze.

Schließlich soll für diese Meinung sprechen, daß sie ohne Schwierigkeiten den Fall der sog. Leiharbeitnehmer[18], d. h. der Beschäftigung von Arbeitnehmern im

---

205 (206); Schmitz, BlStSozArbR 1983, S. 273; Löwisch, ArbeitsR, Rdnr. 646; Wlotzke, § 99 Anm. II 1.

14 Kleiner-Wittke, S. 25; ähnlich Frauenkorn, § 99 Rdnr. 3: Eingliederung als tatsächlicher Eingliederungsakt.

15 Galperin/Löwisch, § 99 Rdnr. 107; Heinze, Personalplanung, Rdnr. 192; v. Hoyningen-Huene, RdA 1982, S. 205 (206); Löwisch, § 99 Rdnr. 3; Löwisch-Röder, Anm. zum BAG, Nr. 28 zu § 99 (unt. I 2); Säcker, Zehn Jahre Betriebsverfassungsrecht, S. 58; ähnlich Dietz/Richardi, § 99 Rdnr. 25, der Einstellung als willentliche Zuweisung des Arbeitsbereichs ansieht.

16 Frauenkorn, § 99 Rdnr. 8; Heinze, Personalplanung, Rdnr. 228; auch Alberty, S. 93 m. w. N.

17 LAG Hamm, v. 5.12.1974, DB 1975, S. 360.

18 Als Leiharbeitnehmer werden solche Arbeitnehmer bezeichnet, welche von einem Unternehmer (Verleiher) eingestellt und zur Arbeitsleistung einem anderen Betrieb (Entleiher) überlassen worden sind. Erfolgt die Arbeitnehmerüberlassung nicht gewerbsmäßig und nur vorübergehend, so liegt ein echtes Leiharbeitnehmerverhältnis vor. Hingegen spricht man von einem unechten Leiharbeitnehmerverhältnis, wenn der Arbeitnehmer gewerbsmäßig und dauerhaft an Dritte zwecks Arbeitsleistung verliehen wird. Vgl. Schaub, Arbeitsrechts-Handbuch, § 120 I ff.; Zöllner/Loritz, ArbeitsR, § 27 III 3.

Betrieb eines Dritten (Entleiher) mit vertraglicher Bindung zum Verleih-Unternehmer[19], als "Einstellung" zu definieren vermag[20].

3. Einstellung als Abschluß des Arbeitsvertrages und Eingliederung

Eine dritte Meinung versucht die Aussagen der zuvor erwähnten Ansichten zu kombinieren, indem sie unter "Einstellung" sowohl den Abschluß des Arbeitsvertrages als auch die zeitlich damit zusammenfallende, vorhergehende oder auch nachfolgende tatsächliche Arbeitsaufnahme in einen bestimmten Betrieb verstanden wissen will[21]. Sofern der Abschluß des Arbeitsvertrages und die tatsächliche Arbeitsaufnahme zeitlich auseinanderfallen, besteht das Mitbestimmungsrecht des Betriebsrates jeweils bei der zeitlich ersten Maßnahme, d. h. dem

---

19 Vgl. Schaub, Arbeitsrechts-Handbuch, § 120 IV 1; Zöllner/Loritz, ArbeitsR, § 29 III 1; a. A. Heinze (in: Personalplanung, Rdnr. 409), der unabhängig von der Art des Leiharbeitverhältnisses eine arbeitsvertragliche Beziehung des Arbeitnehmers auch zum entliehenen Arbeitnehmer statuiert, die er mittels konkludenten Vertragsbeitritts des Entleihers zu dem zwischen Arbeitnehmer und verleihendem Arbeitgeber bestehenden Arbeitsverhältnis konstruiert.

20 Für die Leiharbeitnehmer, die im Rahmen der gewerblichen Arbeitnehmerüberlassung im Entleiher-Betrieb tätig werden, stellt Art. 1 § 14 III AÜG nunmehr eindeutig klar, daß es sich hierbei um eine Einstellung i. S. d. § 99 handelt. Gleiches gilt auch für die Fälle der nicht gewerbsmäßigen Arbeitnehmerüberlassung (vgl. insbes. BAG v. 14.05.1974 = EzA Nr. 6 zu § 99; LAG Frankfurt, v. 24.6.1986, DB 1987, S. 1200 (1201)); Kraft, in: Festschrift für Pleyer, S. 383 (389, 394); a. A.: Dietz/Richardi, § 99 Rdnr. 37: nur bei einer drei Monate überschreitenden Beschäftigung des Arbeitnehmers im Betrieb des Entleihers soll dem Betriebsrat des entleihenden Betriebes ein Mitbestimmungsrecht gem. § 99 Abs. 1 zustehen, weil hiernach die Aufnahme der Arbeit nachträglich als Einstellung qualifiziert werden könne.

21 Fitting/Auffarth/Kaiser, § 99 Rdnr. 10; Gnade/Kehrmann/Schneider, § 99 Rdnr. 4; Däubler/Kittner/Klebe, § 99 Rdnr. 37; GK-Kraft, § 99 Rdnr. 18 f.; Weiss, § 99 Rdnr. 5; Bürger, AR-Blattei (D) Einstellung I G I; Heither, AR-Blattei (D) Betriebsverfassung XIV C Anm. 3 a; Hemmer, S. 47; End, S. 103 f.; Willaschek, S. 83; Schaub, Arbeitsrechts-Handbuch, § 241 II 1; ders., Der Betriebsrat, S. 3/5; Maus, Handbuch des ArbeitsR, § 99 X B Rdnr. 5; BAG v. 14.5.1974 = AP Nr. 2 zu § 99 (Bl. 2 R.); BAG v. 2.7.1980 = AP Nr. 7 zu Art. 33 Abs. 2 GG (Bl. 2 R.) = AP Nr. 9 zu § 101 (Bl. 3).

Abschluß des Arbeitsvertrages bzw. der tatsächlichen Arbeitsaufnahme vor Abschluß eines formellen Vertrages, der aber dann selbst einen Vertrag durch Angebot der Arbeit darstellt[22].

4. Die Rechtsprechung des BAG

Ursprünglich hatte das BAG unter "Einstellung" i. S. v. § 99 sowohl die Begründung eines Arbeitsverhältnisses als auch die zeitlich damit zusammenfallende, vorhergehende oder auch nachfolgende tatsächliche Arbeitsaufnahme verstanden[23].

Diesen Begriff der Einstellung gibt das BAG in seiner neuesten Rechtsprechung[24] fast vollkommen auf. Denn es soll nicht mehr auf die Begründung eines Arbeitsverhältnisses des aufzunehmenden Arbeitnehmers zum Arbeitgeber ankommen. Vielmehr wird es als erforderlich angesehen, daß die Person in den Betrieb eingegliedert wird, um zusammen mit den im Betrieb beschäftigten Arbeitnehmern den arbeitstechnischen Zweck des Betriebes durch weisungsgebundene Tätigkeit zu verwirklichen.

II. Auseinandersetzung mit den Meinungen zum Begriff der "Einstellung"

Die auf Grundzügen basierende Darstellung der Ansichten der Literatur und Rechtsprechung zum Einstellungsbegriff läßt erkennen, daß der Terminus Raum für die unterschiedlichsten Auslegungsmöglichkeiten bietet. Wie schon erwähnt,

---

22 Fitting/Auffarth/Kaiser, § 99 Rdnr. 10; LAG Berlin v. 27.9.1982, DB 1983, S. 775 (776); Brecht, § 99 Rdnr. 3; Weiss, § 99 Rdnr. 5; Stege-Weinspach, §§ 99 - 101 Rdnr. 14.

23 Vgl. Beschl. v. 14.5.1974, BAGE 26, 149 = AP Nr. 2 zu § 99 (Bl. 2 R.).

24 BAG, v. 15.4.1986, NZA 1986, S. 688 (689) = AP Nr. 35 zu § 99; v. 12.7.1988, AP Nr. 54 zu § 99 unt. B I 3; v. 18.4.1989, NZA 1989, S. 804 (805) = AP Nr. 68 zu § 99; v. 1.8.1989, NZA 1990, 224 (230) = AP Nr. 58 zu § 99 BetrVG 1972, v. 8.5.1990, NZA 1990, S. 896 (897) = AP Nr. 80 zu § 99; v. 5.3.1991, DB 1991, 1334; v. 28.4.1992, NZA 1992, 1141 (1143).

verstehen einige Autoren darunter den Abschluß des Arbeitsvertrages, während andere auf die betriebliche Eingliederung des Arbeitnehmers abstellen. Eine dritte Ansicht erfaßt eine Kombination der vorgenannten Komponenten unter dem Begriff der "Einstellung".

Da die Bestimmung der gesetzlichen Terminologie "Einstellung" für die Konkretisierung des Anknüpfungspunktes des Beteiligungsrechts bei der Einstellung von praktischer Relevanz ist[25], kann der Meinungsstreit nicht unerörtert bleiben.

1. Die Auslegung des Begriffes der "Einstellung"

Unter Berücksichtigung der herkömmlichen Auslegungsmethoden (Wortlaut, Entstehungsgeschichte, Systematik, Zweck des Gesetzes)[26] ist der Bedeutungsgehalt des Begriffes der Einstellung zu ermitteln. Aufgrund der Mehrdeutigkeit des Wortsinns "Einstellung"[27] scheidet eine genaue Klärung aus philologischen Gesichtspunkten aus. Auch eine historische Interpretation der Norm erweist sich in diesem Zusammenhang als wenig hilfreich. Sie erlaubt lediglich die Feststellung, daß sowohl das Betriebsrätegesetz von 1920 sowie das Betriebsverfassungsgesetz von 1972 eine Einflußnahme des Mitbestimmungsrechts auf den Einzelarbeitsvertrag nicht vorsah[28].

Anhaltspunkte für eine Begriffsbestimmung könnten sich jedoch aus dem rechtlichen Regelungszusammenhang ergeben, in den die Einzelmaßnahme "Einstellung" gestellt ist: Dabei könnte insbesondere der Verfahrensablauf des § 99

---

25 Vgl. schon oben 2. Kap. A.

26 Vgl. Larenz, Methodenlehre der Rechtswissenschaft, S. 290 ff.

27 Rixecker, S. 14: Begriff der Einstellung kann den Vertragsschluß als auch die Eingliederung in die Arbeitsorganisation umfassen; ähnlich Baumann, S. 38; Kleiner-Wittke, S. 25: der auf den Sprachgebrauch der Praxis abstellt, jedoch keine genaue Begriffsbestimmung bietet, weil der Terminus "Einstellung" auf zwei verschiedene Sachverhalte bezogen sei.

28 Siehe schon Heinze, Personalplanung, Rdnr. 195.

Rückschlüsse auf eine konkrete Auslegung des Begriffes der "Einstellung" zulassen. § 99 Abs. 1 S. 1 bestimmt, daß dem Betriebsrat ein Informationsrecht sowie ein Recht zur Vorlage der Bewerbungsunterlagen zusteht. Daneben verweist § 99 Abs. 1 S. 2 darauf, daß der Arbeitgeber dem Arbeitnehmer den in Aussicht gestellten Arbeitsplatz und die vorgeschriebene Eingruppierung mitzuteilen hat. Ausweislich dieser Rechte des Betriebsrates ist ersichtlich, daß der Betriebsrat nach den Vorstellungen des Gesetzgebers schon vor Abschluß des Arbeitsvertrages zu beteiligen ist.

Demgemäß setzt sich die Ansicht, die die Pflicht zur Mitbestimmung erst an die tatsächliche Durchführung der Maßnahme anknüpft[29], in Widerspruch zum Ablauf des Verfahrens nach § 99 Abs. 1. Ein weiteres Indiz gegen diese Auffassung und für die Meinung, die bereits den Arbeitsvertrag der Mitbestimmungspflicht des Arbeitgebers unterordnet, läßt sich aus dem Verhältnis der personellen Einzelmaßnahme "Einstellung" zur Personalmaßnahme der "Eingruppierung" herleiten, die ebenfalls der Mitbestimmung durch den Betriebsrat gemäß § 99 Abs. 1 S. 1 unterliegt.

"Eingruppierung" bedeutet die erste Einstufung in die für die Entlohnung des Arbeitnehmers maßgebende Lohn- und Gehaltsgruppe[30], die einer tariflichen oder betrieblichen Gehaltsgruppe entstammen kann. Der Einzelarbeitsvertrag zwischen Arbeitgeber und Arbeitnehmer stellt einen Unterfall des Dienstvertrages i. S. des § 611 Abs. 1 BGB dar[31], so daß die Vorschriften der §§ 611 - 630 BGB zur Anwendung gelangen. Hauptpflicht des Dienstberechtigten ist die Vergütungspflicht i. S. des
§ 611 Abs. 1. Die Vergütung kann vereinbart oder als vereinbart gemäß § 612 Abs. 1 anzunehmen sein. Sofern die Höhe der Vergütung nicht festgelegt worden ist, bestimmt sie sich nach § 612 Abs. 2. Diese Gegenüberstellung läßt erkennen, daß sowohl beim Abschluß des Einzelarbeitsvertrages als auch im Rahmen der "Eingrup-

---

29 Vgl. Fn. 13.

30 Dietz/Richardi, § 99 Rdnr. 41 ff.; GK-Kraft, § 99 Rdnr. 33; Galperin/Löwisch, § 99 Rdnr. 30; Sahmer, § 99 Rdnr. 3.

31 Palandt, Einf. 4 vor § 611 BGB; Söllner, Grundzüge des ArbeitsR, § 28 I 1, S. 245; Zöllner/Loritz, ArbeitsR, § 4 III, S. 40; Dietz, ArbeitsR, § 3 II 3 a, Rdnr. 106, § 44; Brox, ArbeitsR, S. 4, Rdnr. 12; Löwisch, ArbeitsR, Rdnr. 1161; Schaub, Arbeitsrechts-Handbuch, § 29 I 3, S. 154.

pierung" nach § 99 Abs. 1 S. 2 die Höhe des Entgelts für die zu leistende Arbeit geregelt wird.

Dieser Umstand legt somit die Feststellung nahe, daß zwischen der personellen Einzelmaßnahme "Eingruppierung" und dem Einzelarbeitsvertrag ein notwendiger Zusammenhang besteht. Da die personelle Einzelmaßnahme "Eingruppierung" vom Gesetzgeber als Mitbestimmungstatbestand ausgestaltet worden ist, muß in Entsprechung der vorgenannten engen Beziehung zum Arbeitsvertrag auch die Begründung des Arbeitsverhältnisses der Mitbestimmungspflicht des Betriebsrats unterliegen. Anhaltspunkte für die Richtigkeit der Schlußfolgerung, daß die Mitbestimmung des Betriebsrats (auch) den Vertragsschluß umfaßt, lassen sich im übrigen auch der Vorschrift des § 102 I entnehmen.

§ 102 I bestimmt, daß der Betriebsrat vor jeder vom Arbeitgeber beabsichtigten Kündigung zu hören ist. Da individualrechtlich mit dem Abschluß des Arbeitsvertrages ein Arbeitsverhältnis begründet wird[32], das Rechte und Pflichten für die Vertragspartner zur Entstehung bringt, erfaßt dies auch die Möglichkeit einer Kündigung des Vertragsverhältnisses vor Dienstantritt[33]. Eine Vertragsauflösung vor Aufnahme der Arbeit im Betrieb hätte jedoch nach der Meinung, die "Einstellung" als tatsächliche "Eingliederung" definiert, zur Folge, daß der Betriebsrat zur Kündigung gemäß § 102 I gehört werden müßte, obwohl er von dem einzustellenden Bewerber noch keine Kenntnis nehmen konnte. Denn sein

---

32 Heute h. M.: vgl. Dietz, ArbeitsR, § 3 II 3 d), S. 44, Rdnr. 106; Söllner, Grundzüge des ArbeitsR, § 28 III, S. 252; Zöllner/Loritz, ArbeitsR, § 4 III 1, S. 40. Auf den jahrelang die Arbeitswissenschaft beschäftigenden Streit über den Begriff des Arbeitsverhältnisses ist nicht mehr einzugehen, weil er fast gegenstandslos geworden ist. Denn die Eingliederungstheorie, die das Arbeitsverhältnis ohne Rücksicht auf den Arbeitsvertrag mit der Eingliederung des Arbeitnehmers begründete, ist von der Vertragstheorie, welche ein Arbeitsverhältnis nur mit Abschluß des Arbeitsvertrages anerkennt, überwunden worden. Als Vertreter der Vertragstheorie ist insbesondere Hueck/Nipperdey, ArbeitsR Bd. I, § 21 V, S. 122 zu nennen; Vertreter der Eingliederungstheorie ist vor allem: Nikisch, ArbR Bd. I, Vorwort, VIII, § 1 II S. 2, 3, 7 u. § 19 II, IV, S. 163 ff., 172 ff.

33 Nach h. M. ist sowohl eine außerordentliche als auch eine ordentliche Kündigung nach Vertragsschluß und vor Dienstantritt zulässig, sofern keine abweichende Vereinbarung durch die Parteien vorliegt. Vgl. Dietz, ArbeitsR, Rdnr. 318; Götz, ArbR Bd. I, Rdnr. 171, S. 132; Söllner, Grundzüge des ArbeitsR, § 35 II 3, S. 291/292; Schaub, Arbeitsrechts-Handbuch, § 123 VI 2, S. 827; Zöllner/Loritz, ArbeitsR, § 22 II 6, S. 227/228.

Beteiligungsrecht i. S. d. § 99 Abs. 1 setzte entsprechend dieser Ansicht erst bei der tatsächlichen Arbeitsaufnahme ein.

Das dargestellte Beispiel sowie die vorhergehenden Ausführungen zur Auslegung des Begriffs der "Einstellung" bringen zum Ausdruck, daß die Auffassung, die auf die tatsächliche Eingliederung des Arbeitnehmers abstellt, in ihren praktischen Umsetzungen Ungereimtheiten aufweist, die diese Ansicht nicht überzeugen lassen.

Daneben gebietet auch eine teleologische Auslegung eine möglichst frühzeitige Beteiligung des Betriebsrats: Denn für eine Beteiligung des Betriebsrats zum Zeitpunkt des Vertragsschlusses spricht, daß er zugunsten des zumeist rechtsunkundigen Arbeitnehmers Einfluß auf die Vertragsverhandlungen nehmen kann. Ein zeitlich später einsetzendes Mitbestimmungsrecht verwehrte ihm demgegenüber nicht nur diese Möglichkeit der Einflußnahme, sondern es bedarf auch der Erwähnung, daß dem Betriebsrat eine Rückgängigmachung in der personellen Maßnahme aufgrund des bestehenden Vertragsverhältnisses nur erschwert möglich wäre. Gerade in diesem Fall hätte der Betriebsrat, dessen Mitbestimmungsrecht im Rahmen des § 99 auch dem Schutz des einzelnen Arbeitnehmers vor dem regelmäßig überlegenen Arbeitgeber zu dienen hat[34], die Interessen des von der Einstellung betroffenen Arbeitnehmers zu berücksichtigen, der in Entsprechung des Arbeitsvertrages auch eingestellt werden möchte.

Aber auch der Arbeitgeber wird sich daran interessiert zeigen, die Bedenken des Betriebsrats im Vorfeld der Durchführung der personellen Einzelmaßnahme "Einstellung" weitgehend auszuräumen, um später nicht zur Aufhebung der Maßnahme gemäß § 101 gezwungen zu werden und sich auf diese Weise möglichen Schadensersatzansprüchen des Arbeitnehmers auszusetzen. Schließlich ist zu beachten, daß eine Mitbestimmung des Betriebsrats beim Abschluß des Vertrages auch mit dem Schutzbedürfnis der Betriebsgemeinschaft vor sie beeinträchtigenden, irreversiblen Entscheidungen in Einklang steht. Denn der Betriebsrat ist als Repräsentant der Belegschaft[35] entsprechend der Zweckbestimmung des § 99

---

34 Niederalt, S. 280; Meyer, BB 1982, S. 1616; Altrock, DB 1987, S. 788; Gnade/Kehrmann/-Schneider, § 99 Rdnr. 2; Fitting/Auffarth/Kaiser, § 99 Rdnr. 1; a. A. Heinze, Personalplanung, Rdnr. 228: stellt den kollektiven Schutzzweck in den Mittelpunkt der Vorschrift des § 99.

35 Brox, ArbeitsR, Rdnr. 349 a; Dietz/Richardi, § 1 Anm. 1 B; Galperin/Löwisch, Vor § 1 Rdnr. 19; Gester, RdA 1960, S. 409, 411; Götz, ArbR Bd. II, Rdnr. 85; Hueck/Nipperdey, ArbeitsR

vor allem dem Schutz der Belegschaft verpflichtet[36]. Nach alledem wird deutlich, daß die Einbeziehung des Mitbestimmungsrechts in den Vertragsschluß auch im gemeinsamen Interesse aller Beteiligten steht, so daß unter Berücksichtigung dieses Umstands und der vorgenannten Aspekte die Definition der "Einstellung" als Abschluß des Einzelarbeitsvertrags vorzuziehen ist. Es darf allerdings nicht außer acht gelassen werden, daß ein so verstandener Einstellungsbegriff Schwierigkeiten im Hinblick auf die Behandlung von Sonderfällen - wie dem Fall der gewerbsmäßigen Arbeitnehmerüberlassung - bedingt. Denn gerade im Fall der Beschäftigung von Leiharbeitnehmern im Betrieb des Entleihers erweist sich ein so verstandener Einstellungsbegriff als zu starr[37]. Hier gewährleistet die Meinung, die unter dem Begriff der "Einstellung" neben dem Abschluß des Vertrages auch die betriebliche Eingliederung erfaßt - also eine Kombination der vertraglichen und der Komponenten des Einstellungsverfahrens ermöglicht -, eine flexiblere Handhabung, so daß sie für den praktischen Einsatz die tauglichere Definition darstellt.

Darüber hinaus läßt sich die Behauptung aufstellen, daß es dem "zweigliedrigen" Einstellungsbegriff am ehesten möglich ist, sowohl den Interessen des Einstellungsbewerbers als auch den Interessen der Belegschaft an der Aufrechterhaltung des Betriebsfriedens gerecht zu werden[38]. Daher ist dieser

---

Bd. II/2, S. 1091; v. Hoyningen-Huene, BetrVR, § 4 II a; ablehnend dagegen GK-Thiele, Einl. Rdnr. 82; Zöllner/Loritz, ArbR, § 45 III 1.

36 Alberty, S. 94; Frey, BB 1972, S. 126; Matthes, DB 1974, S. 2008; ders., DB 1975, S. 1651; Richardi, Betriebsverfassung und Privatautonomie, S. 41; Konzen, ZfA 1985, S. 481; Stege/-Weinspach, § 99 Rdnr. 14; v. Hoyningen-Heune, BetrVR, § 4 II a; BAG v. 2.7.1980, AP Nr. 5 zu § 101 unter II 4 c.

37 Wie bereits erörtert (vgl. 2. Kap. B. I. 2.) stellt die Beschäftigung eines Leiharbeitnehmers eine Einstellung i. S. d. § 99 Abs. 1 dar, obwohl zwischen dem Leiharbeitnehmer und Entleiher kein Arbeitsvertrag vorliegt. Denn Kern der Einstellung soll hier die tatsächliche Eingliederung sein. Hess/Schlochauer/Glaubitz als Vertreter der Meinung, welche "Einstellung" mit dem Abschluß des Arbeitsvertrages gleichsetzen, können dieses Fallbeispiel nur deshalb als Einstellung i. S. d. § 99 qualifizieren, weil sie die tatsächliche Arbeitsaufnahme im Betrieb des Entleihers als Vertragsschluß durch schlüssiges Verhalten zu konstruieren versuchen. Insofern ist es dieser Ansicht über den Weg einer rechtlich komplizierten Konstruktion erst möglich, die Beschäftigung von Leiharbeitnehmern terminologisch als Einstellung zu erfassen. Daher mangelt es dieser Begriffsauffassung an der praktischen Relevanz.

38 Vgl. Baumann, S. 42.

Ansicht der Vorzug vor allen anderen Meinungen zum Begriff der Einstellung zu geben.

2. Ergebnis

Unter "Einstellung" i. S. des § 99 Abs. 1 ist daher neben der Begründung des Arbeitsverhältnisses auch die zeitlich damit zusammenfallende, vorhergehende oder nachfolgende Eingliederung des Arbeitnehmers in den Betrieb zu verstehen. Dabei unterliegt der jeweils zeitlich erste Teilakt des Gesamtvorganges der Mitbestimmung des Betriebsrats[39].

Ergebnis zu B.

Die zu Beginn des Abschnitts aufgeworfene Frage nach der Mitbestimmungspflicht des Arbeitsvertrages ist somit zu bejahen. Zu erörtern bleibt, welche Konsequenzen ein Mitwirkungsverstoß im Rahmen der Einstellung auf das Einzelarbeitsverhältnis hat.

---

39 ArbG Berlin, v. 27.9.1982, DB 1983, S. 776; vgl. Weiss, § 99 Rdnr. 5; Fitting/Auffarth/-Kaiser, § 99 Rdnr. 10; Stege/Weinspach, §§ 99 - 101 Rdnr. 14; GK-Kraft, § 99 Rdnr. 8; Meisel, Rdnr. 200.

C. Die Auswirkungen einer fehlenden oder fehlerhaften Beteiligung des Betriebsrates bei der Einstellung auf das Einzelarbeitsverhältnis

Vorab bedarf es der Klärung, welcher Art die Verletzungen des Beteiligungsrechts des Betriebsrats durch den Arbeitgeber im Rahmen des Einstellungsverfahrens sein können.

I. Typologie der denkbaren Verfahrensmängel

Gemäß § 99 Abs. 1 S. 1 und S. 2 hat der Arbeitgeber den Betriebsrat vor jeder Einstellung eines Arbeitnehmers umfassend zu unterrichten[40], ihm die erforderlichen Bewerbungsunterlagen vorzulegen sowie dessen Zustimmung zu der personellen Einzelmaßnahme einzuholen[41]. Gegen diese Verpflichtungen verstößt der Arbeitgeber dann, wenn

- die Einstellung ohne oder nach fehlerhafter Unterrichtung des Betriebsrats erfolgt;
- die Einstellung zwar nach Unterrichtung, aber noch vor Äußerung des Betriebsrats innerhalb der einwöchigen Überlegungsfrist durchgeführt wird;
- der Arbeitgeber den Arbeitnehmer nach berechtigter Zustimmungsverweigerung einstellt;
- der Arbeitgeber im Rahmen der vorläufigen Durchführung der Einstellung gemäß § 100 Abs. 1 den Betriebsrat nicht unverzüglich nach Abs. 2 S. 1 unterrichtet;

---

40 Dem Betriebsrat sind die erforderlichen Bewerbungsunterlagen vorzulegen; ihm ist Auskunft zu erteilen über die Person der Beteiligten, über den in Aussicht genommenen Arbeitsplatz und die vorgesehene Eingruppierung.

41 Die Darstellung soll sich nur auf Grundzüge beschränken. Eine ausführliche Darlegung der Pflichten des Arbeitgebers im Rahmen der §§ 99 ff. erfolgt im 3. Kapitel der Arbeit.

- er trotz Widerspruches des Betriebsrats die vorläufige Einstellung aufrechterhält sowie das Arbeitsgericht nicht oder zu spät anruft (§ 100 Abs. 2 S. 2 u. 3).

In den dargestellten Fällen stellt sich die Frage, welche Rechtsfolgen ein Beteiligungsverstoß für das Einzelarbeitsverhältnis herbeiführt.

II. Gesetzliche Behandlung des Problems

Anders als in § 102 Abs. 1, wonach eine ohne Anhörung des Betriebsrates ausgesprochene Kündigung unwirksam ist, findet sich in den §§ 99 - 101 keine Regelung über die individualrechtlichen Folgen einer fehlenden oder nicht ordnungsgemäßen Beteiligung des Betriebsrats bei der Einstellung. Lediglich § 101 bestimmt, daß dem Arbeitgeber auf Antrag des Betriebsrats vom Arbeitsgericht aufgegeben werden kann, die personelle Einzelmaßnahme aufzuheben.

Somit enthält das BetrVG 1972 nur eine ausdrückliche Bestimmung hinsichtlich des Verhältnisses zwischen dem Arbeitgeber und dem Betriebsrat, wobei das einzelne Arbeitsverhältnis hiervon nicht berührt wird[42]. Es liegt somit eine Gesetzeslücke vor[43], die nicht - wie von Hanau[44] vorgeschlagen wird - im Wege einer Analogie zu § 102 Abs. 1 S. 3 geschlossen werden kann. Denn ein Vergleich der Mitbestimmungsverfahren verbietet sich wegen der unterschiedlichen Ausgestaltung ihres Normzwecks[45]. Der gesetzesfreie Raum bietet deshalb Anlaß für die Entstehung unterschiedlicher Lösungsvorschläge zum dargestellten Problem, wobei das Meinungsspektrum von der Wirksamkeit bis zur

---

42 So im Ergebnis die ganz h. M., vgl. z. B. Alberty, S. 55; GK-Kraft, § 101 Rdnr. 7; Dietz/Richardi, § 101 Rdnr. 14; ausführlich hierzu unten 3. Kap. C. I. 2.

43 Richardi, DB 1973, S. 428.

44 Hanau, RdA 1973, S. 290.

45 GK-Kraft, § 99 Rdnr. 108; v. Hoyningen-Huene, RdA 1982, S. 207; Alberty, S. 68/69: führen für die Unterschiedlichkeit beider Verfahren an, daß die Mitwirkung des Betriebsrats bei der Kündigung im Gegensatz zur Mitbestimmung nach § 99 vorrangig dem Schutz des einzelnen Arbeitnehmers dient und nicht den Interessen der Belegschaft als solcher.

Unwirksamkeit des Arbeitsvertrages reicht[46].

III. Überblick über den Meinungsstreit in Rechtsprechung und Literatur

1. Die Theorie der Wirksamkeitsvoraussetzung in ihren verschiedenen Ausprägungen

Nach wohl herrschender Meinung im Schrifttum[47] wird die Zustimmung des Betriebsrats als Wirksamkeitsvoraussetzung für den individualrechtlichen Akt angesehen, so daß ihr Fehlen folgerichtig zur Unwirksamkeit des Arbeitsvertrages führt. Jedoch besteht Einigkeit unter den Vertretern der Theorie der "Wirksamkeitsvoraussetzung" nur hinsichtlich der "Unwirksamkeitsfolge". Im übrigen liegen unterschiedliche Ansichten zur Frage nach der Art der Unwirksamkeit, dem Zeitpunkt ihres Eintretens sowie deren Heilungsmöglichkeiten vor.

a) Absolute Unwirksamkeit des Arbeitsvertrages

Teilweise wird angenommen, daß ein Verstoß gegen das Mitbestimmungsverfahren nach § 99 zur absoluten Unwirksamkeit des Arbeitsvertrages führen müsse[48]. Dabei soll nach Aufnahme der Arbeit ein sogenanntes "faktisches"

---

46 Siehe unten 2. Kap. B. III.

47 Diese Auffassung wird allgemein als "Theorie der Wirksamkeitsvoraussetzung" bezeichnet. Diese Kennzeichnung soll im weiteren auch beibehalten werden. Vertreter der Meinung sind z. B. Adomeit, DB 1971, S. 2360; Brecht, § 99 Rdnr. 9; Frauenkorn, § 99 Rdnr. 31; Gnade/Kehrmann/Schneider, § 99 Rdnr. 12.

48 Adomeit, DB 1971, S. 2361; Bleistein, § 99 Rdnr. 451; Gnade/Kehrmann/Schneider, § 99 Rdnr. 19, 60; Meyer, BB 1982, S. 1616; Burghard, S. 354/355, Rdnr. 341; zum gleichen Ergebnis gelangen auch: ArbG Göttingen, v. 5.1.1973, DB 1973, S. 239; Fitting/Auffarth/-Kaiser, § 99 Rdnr. 64 a; jedoch nur dann, wenn der Arbeitgeber es unterläßt, das Verfahren

Arbeitsverhältnis begründet werden[49], das zwar nicht rückwirkend, ansonsten aber jederzeit durch einseitige Erklärungen jeder Vertragspartei für die Zukunft aufgelöst werden könne. Einige leiten die Unwirksamkeitsfolge dabei aus § 134 BGB her. Denn sie erblicken in § 99 und § 101 gesetzliche Verbote i. S. d. Vorschrift, wobei § 99 ein Abschluß- und § 101 ein Fortführungsverbot beinhalten soll[50].

Andere wiederum erschließen Unwirksamkeit des Arbeitsvertrages unmittelbar aus dem Begriffsverständnis des "Zustimmungserfordernisses" in § 99. Danach soll dem Wortlaut des Begriffs "Zustimmung" zu entnehmen sein, daß die Beteiligung des Betriebsrats zum Arbeitsvertrag hinzutreten müsse, um ihm die Wirksamkeit zu verleihen[51], so daß sie als Wirksamkeitsvoraussetzung für die Vernahme eines Rechtsgeschäftes anzusehen sei. Deshalb ergebe sich bereits aus dem Bedeutungsgehalt des Begriffs der Zustimmung eine Vermutung für die Richtigkeit der Theorie von der Wirksamkeitsvoraussetzung.

Auch das Verfahren nach § 100 über die vorläufige Wirksamkeit einer personellen Einzelmaßnahme böte nach Hanau[52] einen Hinweis auf die Unwirksamkeit des Arbeitsvertrages bei fehlender Zustimmung des Betriebsrats.

Darüber hinaus soll der dargestellte Lösungsansatz zum Problem des Pflichtenverstoßes durch den Arbeitgeber auch mit dem gesetzgeberischen Ziel, die Stellung des Betriebsrats im Rahmen des § 99 zu stärken[53], im Einklang stehen. Denn das BetrVG 1972 bewirkt eine Stärkung der Rechtsstellung des Betriebsrats dadurch, daß es nach § 99 Abs. 4 nunmehr Aufgabe des Arbeitgeber ist, das Arbeitsricht bei Verweigerung der Zustimmung anzurufen, um die Begründetheit des Widerspruchs überprüfen zu lassen, so daß der Arbeitgeber in die Position rückt, die der Betriebsrat nach früherem Recht innehatte[54]. Würde insoweit bei kollek-

---

nach § 99 durchzuführen.

49 Der Begriff geht auf Haupt, in: Festschrift für Silber, S. 1 - 37 zurück; vgl. auch Schaub, Arbeitsrechts-Handbuch, § 35 III 3, S. 174.

50 Adomeit, DB 1971, S. 2361; Meyer, DB 1982, S. 1615.

51 Boewer, RdA 1973, S. 73 (insbes. Fn. 12); ähnlich auch Martens, SAE 1982, S. 159.

52 Hanau, RdA 1973, S. 290, allerdings ohne nähere Begründung.

53 Alberty, S. 91; Richardi, DB 1973, S. 428; BT-Drucks. VI 1786, S. 32 u. 51.

54 Nach dem BetrVG 1952 konnte der Arbeitgeber ohne die Zustimmung des Betriebsrats die personelle Einzelmaßnahme durchfüren. Dem Betriebsrat war es demgegenüber gemäß § 61

tivrechtswidriger Durchführung der "Einstellung" alle Wirksamkeit des Arbeitsvertrages angenommen, so werde nach Ansicht einiger Vertreter der "Theorie der Wirksamkeitsvoraussetzung" der Betriebsrat erneut gezwungen, die Verletzung seines Mitbestimmungrechts im Wege des Gerichtsverfahrens geltend zu machen. Dies hätte zur Folge, daß eine Änderung der Rechtsstellung des Betriebsrats gegenüber dem BetrVG 1952 nicht eintreten würde. Denn das Beteiligungsrecht des Betriebsrats wäre entgegen dem erklärten Willen des Gesetzgebers auf das Zwangsverfahren gemäß § 101 reduziert[55].

Selbst wenn das Mitbestimmungsrecht des Betriebsrats bei betriebswidrigen "Einstellungen" für den Fall der Ablehnung der Theorie der Wirksamkeitsvoraussetzung auf das Verfahren gemäß § 101 beschränkt wäre[56], müßte dies allein nicht Anlaß sein, die Unwirksamkeit des Arbeitsvertrages mit der Begründung abzulehnen, daß andernfalls die Position des Betriebsrats ähnlich schwach wäre wie im BetrVG 1952. Denn dieser Argumentation ist entgegenzuhalten, daß die Stellung des Betriebsrats unabhängig von den individualrechtlichen Folgen eines Mitwirkungsverstoßes im Verhältnis zur früheren Rechtsordnung erheblich verstärkt worden ist[57]. Dies zeigt sich insbesondere darin, daß der Arbeitgeber bei Verletzung des Beteiligungsrechts des Betriebsrats pflichtwidrig handelt[58] und eine Umkehr der Feststellungslast zugunsten des Betriebsrats begründet worden ist[59]. Deshalb vermag die Behauptung, daß bei Wirksamkeit der personellen Einzelmaßnahme die Rechts-

---

Abs. 2 BetrVG 1952 nur möglich, das Arbeitsgericht zur Einwendung eines Zustimmungsverweigerungsgrundes anzurufen.

55 Boewer, RdA 1974, S. 73; Brauch, S. 119; Richardi, DB 1973, S. 428.

56 A. A. Matthes, DB 1974, S. 2008; auch nach der Theorie der Wirksamkeitsvoraussetzung kann der Betriebsrat nur durch das Verfahren gemäß § 101 erreichen, daß der Arbeitgeber veranlaßt wird, den Arbeitnehmer zu entfernen.

57 Alberty, S. 92.

58 Nach der früheren Rechtslage bestand für den Arbeitgeber keine Pflicht zur vorherigen Einholung der Zustimmung, vgl. § 61 Abs. 1 BetrVG 1952.

59 Nach dem Willen des Gesetzgebers sowie ganz h. M. trägt der Arbeitgeber im Rahmen des Verfahrens gemäß § 99 Abs. 4 das Risiko der Feststellbarkeit eines Zustimmungsverweigerungsgrundes, vgl. dazu die amtl. Begründung BT-Drucks. VI/1786, S. 51; Fitting/Auffarth/Kaiser, § 99 Rdnr. 69; Dietz/Richardi, § 99 Rdnr. 227; Gnade/Kehrmann/Schneider, § 99 Rdnr. 31; Hess/Schlochauer/Glaubitz, § 99 Rdnr. 142; a. A. Galperin/-Löwisch, § 99 Rdnr. 116.

stellung des Betriebsrats im Vergleich zum BetrVG 1952 nicht verbessert werde, nicht zu überzeugen. Vielmehr kann sogar angenommen werden, daß die Position des Betriebsrats bei Wirksamkeit des Vertrages sogar noch verstärkt werde, weil der Arbeitgeber in diesem Fall vertraglichen Ansprüchen des Arbeitnehmers ausgesetzt ist, die ihn dazu veranlassen werden, das Arbeitsverhältnis frühzeitig aufzulösen[60].

Ferner läßt sich die These der Wirksamkeitsvoraussetzung auch nicht mit dem Wortlaut der "Zustimmung" begründen, weil dem Begriff der "Zustimmung" nicht eindeutig die Bedeutung einer Wirksamkeitsvoraussetzung beizumessen ist[61]. Denn es besteht weder ein allgemeiner Rechtssatz[62] noch eine Rechtsvermutung dafür, daß die fehlende Zustimmung die Unwirksamkeit der Maßnahme nach sich zieht[63]. Vielmehr richtet sich die Bedeutung des Begriffes "Zustimmung" nach dem zugrunde liegenden Kontext[64].

Gegen das Argument, daß die Unwirksamkeit des Arbeitsvertrages aus § 134 BGB resultiere, wird zum Teil eingewandt, daß es zweifelhaft sei, ob die gesetzlichen Vorschriften über die Mitbestimmung bei personellen Einzelmaßnahmen als gesetzliche Verbote i. S. d. Norm anzusehen seien[65]. Setzte man sich jedoch über diesen Umstand hinweg und erblickte zumindest in § 99 ein Gebot zur Einhaltung des Mitbestimmungsverfahrens[66], so bliebe zu bedenken, daß § 134 BGB die Nich-

---

60 Welcher vertraglicher Art die Ansprüche sind, wird in einem späteren Abschnitt noch behandelt werden.

61 Es lassen sich Beispiele dafür finden, daß eine gesetzlich geforderte Zustimmung eine Wirksamkeitsvoraussetzung darstellt, z. B. §§ 107, 185 BGB. Zu den genannten und zu weiteren Beispielen siehe Flume, Allg. T. Bd. II, § 54 ff.; Schlüter, DB 1972, S. 95; Thiele, S. 143 ff. Andererseits existieren auch Gegenbeispiele, in denen die "Zustimmung" keine Wirksamkeitsvoraussetzung für die zustimmungspflichtige Maßnahme darstellt, vgl. § 1810 BGB; §§ 1726, 1735 Abs. 1 BGB, §§ 126 Abs. 1 i. V. m. 125 HGB. Zum Themenkomplex ist insbes. auf den Beitrag von Schlüter, DB 1972, S. 93 zu verweisen.

62 Eine gesetzliche Definition des Begriffs der Zustimmung liegt dem BetrVG 1972 nicht vor.

63 Frey, BB 1972, S. 925; Matthes, DB 1974, S. 2007; Meisel, Rdnr. 289, S. 136; Richardi, DB 1973, S. 428; GK-Kraft, § 99 Rdnr. 108/109.

64 Simitis/Weiss, DB 1973, S. 1241; Hahn, S. 44.

65 Alberty, S. 43.

66 Vgl. hierzu den Wortlaut des § 99 Abs. 1: "... hat der Arbeitgeber den Betriebsrat ... zu unterrichten, ... vorzulegen und Auskunft ... zu geben ... die Zustimmung des Betriebsrats

tigkeit des Rechtsgeschäfts nur für den Fall anordnet, daß sich aus dem Verbotsgesetz nicht etwas anderes ergibt. Insofern sagt § 134 BGB selbst nichts über die Nichtigkeit aus[67]. Eine Aussage hierzu läßt sich nur durch Auslegung der einzelnen Verbotsnorm treffen. Deshalb ist erst nach eingehender Analyse der §§ 99 und 101 die Entscheidung möglich, welcher Art die individualrechtlichen Folgen eines Mitwirkungsverstoßes sein können. Demgegenüber reicht der alleinige Hinweis auf § 134 BGB nicht zur Lösung des Wirksamkeitsproblems aus[68].

Darüber hinaus nötigt auch ein Vergleich mit der Regelung der vorläufigen Einstellung in § 100 nicht zu der Annahme, der ohne Zustimmung des Betriebsrates abgeschlossene Arbeitvertrag müsse unwirksam sein. Zwar befaßt sich § 100 Abs. 3 mit den Auswirkungen einer für den Arbeitgeber negativen rechtskräftigen Entscheidung auf das Individualarbeitsverhältnis, indem es dessen Ende zwei Wochen nach Rechtskraft statuiert. Hiervon sind jedoch nur Maßnahmen i. S. des § 100 Abs. 1 betroffen. Aus der gesetzlichen Regelung in § 100 Abs. 3 kann somit nicht gefolgert werden, daß dem Arbeitgeber generell die Befugnis zur Durchführung von betriebsverfassungswidrigen Maßnahmen fehle. Denn es geht eindeutig aus § 100 Abs. 1 hervor, daß der Arbeitgeber ohne Vorliegen eines dringenden Grundes, Maßnahmen i. S. des § 100 Abs. 1 S. 1 vorläufig nicht wirksam durchführen kann[69]. Im übrigen wäre die Regelung über die Beendigung der Wirksamkeit einer vorläufigen Maßnahme gemäß § 100 Abs. 3 1. Hs am Ende überflüssig, wenn der Arbeitsvertrag bei Fehlen der Zustimmung des Betriebsrates allgemein nichtig wäre[70]. Nähme man - wie die Vertreter dieser Varianten der Theorie der Wirksamkeitsvoraussetzung - die Nichtigkeit des Arbeitsvertrages an, so müßte auch beim Nichtvorliegen der materiellen und formellen Voraussetzungen für eine vorläufige Maßnahme von der Unwirksamkeit des Arbeitsvertrages ausgegangen werden.

Insofern wird deutlich, daß die Theorie von der absoluten Nichtigkeit des Ar-

---

einzuholen." Durch diese Formulierung wird eindeutig eine Pflicht des Arbeitgebers begründet, die aufgezählten Aufgaben zu erfüllen. Deshalb könnte hieraus ein Abschlußverbot mit der Folge zivilrechtlicher Nichtigkeit des Vertrages statuiert werden.

67 Soergel-Hefermehl, § 134 BGB Rdnr. 1.

68 Alberty, S. 43; Brauch, S. 121; Meisel, S. 136.

69 Rixecker, S. 239.

70 Matthes, DB 1974, S. 2008.

beitsvertrages vom Gesetz nicht zwingend geboten ist. Ein Blick auf die Interessenlage des von einer betriebswidrig durchgeführten Einstellung betroffenen Arbeitnehmers bestätigt dabei sogar die Richtigkeit der ablehnenden Haltung gegenüber dieser Theorie. Denn es muß davon ausgegangen werden, daß der Arbeitnehmer die individualrechtlichen Auswirkungen dieser Ansicht - nämlich das Entstehen eines faktischen Arbeitsverhältnisses - als rechtlich nachteilig empfinden wird, weil es für ihn zur Folge hätte, daß das Arbeitsverhältnis jederzeit vom Arbeitgeber durch einseitige Erklärung mit Wirkung für die Zukunft auflösbar wäre. Daher käme der Arbeitnehmer nicht in den Genuß des sozialen Bestandsschutzes für sein Arbeitsverhältnis, ihm würde insoweit das Wirksamkeitsrisiko aufgebürdet, was letztlich mit dem gesetzlich bezweckten Arbeitnehmerschutz nicht mehr vereinbar wäre[71].

b) Schwebende Unwirksamkeit des Arbeitsvertrages

Einige Vertreter der Theorie der Wirksamkeitsvoraussetzung nehmen nicht die sofortige (absolute), sondern die schwebende Unwirksamkeit an[72]. Danach soll der Schwebezustand durch Erklärung der Zustimmung bzw. Fiktion der Zustimmungserklärung gemäß § 99 Abs. 3 S. 2 beendbar sein, so daß ein endgültig wirksames Arbeitsverhältnis zur Entstehung kommen kann. Bei Verweigerung der Zustimmung bzw. der Ablehnung ihrer Ersetzung durch das Arbeitsgericht wird das von den Parteien angestrebte Vertragsverhältnis zivilrechtlich endgültig unwirksam[73]. Uneinheitlich behandelt wird von ihnen nur der Fall, daß der

71 Die Beteiligungsrechte bei den Einzelmaßnahmen i. S. d. § 99 stehen dem Betriebsrat auch zugunsten des einzelnen Arbeitnehmers zu. Vgl. BAG, v. 16.7.1985, DB 1986, S. 124 = AP Nr. 21 zu § 99 Bl. 951, II 3 e; Heither, AR-Blattei (D) Betriebsverfassung XIV C IV 1 b; Lörcher, BlStSozArbR 1981, S. 179; Meyer, BB 1982, S. 1616; Niederalt, S. 112, 280; Schaub, Arbeitsrechts-Handbuch, § 240 S. 1760; Weiss, § 99 Rdnr. 1.

72 Böhm, DB 1974, S. 727 f.; Boewer, RdA 1974, S. 74; End, S. 182; Fitting/Auffarth/Kaiser, § 99 Rdnr. 64. Sofern der Arbeitgeber es überhaupt unterläßt, das Verfahren nach § 99 durchzuführen, ist der abgeschlossene Arbeitsvertrag von vornherein unwirksam; siehe Fitting/Auffarth/Kaiser, § 99 Rdnr. 64 a; vgl. auch Fn. 48.

73 Boewer, RdA 1974, S. 74; Fitting/Auffarth/Kaiser, § 99 Rdnr. 64.

Betriebsrat innerhalb der Frist des § 99 Abs. 3 S. 1 die Erteilung der Zustimmung ablehnt. Streit herrscht hierbei über den Zeitpunkt der Beendigung des Schwebezustands[74].

Basieren soll die Annahme einer schwebenden Unwirksamkeit des Arbeitsvertrages als Folge eines Pflichtenverstoßes durch den Arbeitgeber auf einer entsprechenden Anwendung der Grundsätze der §§ 108, 177 Abs. 1 BGB[75]. Eine Analogie zu den genannten Vorschriften setzt jedoch voraus, daß eine Regelungs- oder Gesetzeslücke vorliegt, welche nicht im Wege der Auslegung geschlossen werden kann[76]. Bejahte man für den hier zu erörternden Fall das Bestehen einer Lücke, so sprächen gegen eine Analogie die unterschiedlichen Zielsetzungen der gesetzlichen Normen[77]. Denn Zweckbestimmung der §§ 108, 177 Abs. 1 BGB ist der umfassende Schutz des Minderjährigen vor jedermann. Zwar schützt auch § 99 Abs. 1 den einzelnen Arbeitnehmer[78], dessen Schutz ist jedoch nicht so ausgeprägt wie beim Minderjährigen. Zu bemerken bleibt noch, daß neben der unterschiedlichen Ausprägung des Arbeitnehmer- und Minderjährigenschutzes der Zweck des Mitbestimmungsrechts bei der Einstellung i. S. des § 99 Abs. 1 sogar vorrangig den Schutz der Betriebsgemeinschaft zum Ziel hat[79], worin ein weiteres Unterscheidungskriterium zu sehen ist. Folglich sind die Voraussetzungen für eine Analogie nicht gegeben, so daß es rechtlich bedenklich ist, die schwebende Unwirksamkeit des Arbeitsvertrages mit dem Hinweis auf eine entsprechende Anwendung der §§ 108, 177 Abs. 1 BGB zu begründen. Im übrigen spricht gegen diesen Lösungsansatz, daß er ebensowenig wie die Theorie der "absoluten Unwirksamkeit" die Interessen des einzelnen Arbeitnehmers ausreichend berücksichtigt. Vielmehr läßt sich sogar die Behauptung aufstellen, daß diese Auf-

74 Adomeit (BB 1972, S. 55, Abschnitt 5.4.8) hält das Arbeitsverhältnis bei Begründetheit des Widerspruchs für absolut unwirksam. Hingegen soll nach Richardi (ZfA 1972, S. 20 unt. 2 a) der Schwebezustand erst als beendet anzusehen sein, wenn der Arbeitgeber den Antrag auf Ersetzung der Zustimmung gestellt hat. Nach anderen Autoren ist der Schwebezustand erst dann beendet, wenn die Zustimmung vom Arbeitsgericht ersetzt wird, vgl. hierzu insbes. Böhm, DB 1974, S. 727 f.; Boewer, a.a.O.; Fitting/Auffarth/Kaiser, a.a.O.

75 Vgl. Ausführungen bei v. Hoyningen-Huene, RdA 1982, S. 205 (208).

76 Larenz, Allg. T., § 4 II S. 77.

77 v. Hoyningen-Huene, RdA 1982, S. 205 (209).

78 Siehe schon 2. Kap. B. II. 1.

79 Matthes, DB 1974, S. 2007 (2008); ders., DB 1975, S. 1651; Meisel, S. 188; Alberty, S. 94; vgl. auch unten 2. Kap. C III. 3.

fassung im Vergleich zur "Nichtigkeitstheorie" wegen des erzeugten Schwebezustandes und der daraus resultierenden Ungewißheit über die Frage der Wirksamkeit oder Unwirksamkeit des Rechtsverhältnisses eine größere Rechtsunsicherheit auf seiten des von der Einstellung betroffenen Arbeitnehmers erzeugt und ihn dadurch in seiner Rechtsstellung weitaus mehr beeinträchtigt[80]. Denn der Arbeitnehmer hat hiernach überhaupt keinen Einfluß darauf, inwieweit die Zustimmung verweigert oder ersetzt wird.

c) Vorläufige Wirksamkeit des Arbeitsvertrages

Küchenhoff[81] vertritt zum Problem der individualrechtlichen Folgen fehlender oder fehlerhafter Beteiligung des Betriebsrates die Meinung, daß dem Arbeitgeber ohne Mitwirkung des Betriebsrats die Befugnis zum Abschluß langfristiger Arbeitsverträge fehle. Daher sei eine Einstellung, die vor der Erteilung der Zustimmung oder nach der Zustimmungsverweigerung des Betriebsrates bzw. ganz ohne dessen Beteiligung durchgeführt worden sei, als vorläufig i. S. d. § 100 anzusehen. Dies habe zur Folge, daß die personelle Maßnahme bis zum Ablauf der zweiwöchigen Frist des § 100 Abs. 3, selbst bei einem die Ansicht des Arbeitgebers ablehnenden Gerichtsbeschluß, wirksam bleibe[82]. Küchenhoff geht somit - im Unterschied zu den übrigen Vertretern der Theorie der Wirksamkeitsvoraussetzung - von einem wirksamen Arbeitsverhältnis aus, dessen Dauer jedoch bei Nichtersetzung der Zustimmung durch das Arbeitsgericht auf zwei Wochen befristet ist. Nach seiner Ansicht kommt somit die Theorie der Wirksamkeitsvoraussetzung erst nach Ablauf des in § 100 Abs. 3 genannten Zeitraumes zur Anwendung.

---

80 So auch v. Hoyningen-Huene, RdA 1982, S. 205 (208).

81 Küchenhoff, § 100 Rdnr. 5.

82 Küchenhoff, § 100 Rdnr. 4.

d) Modifikationen der Theorie der Wirksamkeitsvoraussetzung

Wie bereits dargestellt, entsteht - in Entsprechung der Theorie der Wirksamkeitsvoraussetzung bei Verletzung der Beteiligungsrechte -bei der Einstellung i. S. des § 99 Abs. 1 ein faktisches Arbeitsverhältnis, das jederzeit für die Zukunft auflösbar ist[83]. Dadurch wird der Arbeitnehmer in seinem Vertrauen auf das Fortbestehen des Arbeitsverhältnisses beeinträchtigt und infolgedessen in seinem rechtlich geschützten Interesse am sozialen Bestandsschutz verletzt[84]. Da dem Arbeitnehmer ein ausdrückliches Antragsrecht - wie dasjenige des Arbeitgebers gemäß § 99 Abs. 4 - zur gerichtlichen Überprüfung der Rechtmäßigkeit der Zustimmungsverweigerung vom Gesetzgeber nicht eingeräumt worden ist, bleibt es ihm verwehrt, Einfluß auf den Bestand seines Arbeitsverhältnisses bei Meinungsverschiedenheiten zwischen Arbeitgeber und Betriebsrat zu nehmen[85].

Vielmehr ist er darauf angewiesen, daß in diesem Fall der Arbeitgeber das Verfahren nach § 99 Abs. 4 einleitet. Hierdurch avancierte der Arbeitgeber zum Anwalt der Rechte des betriebswidrig eingestellten Arbeitnehmers[86], der insoweit zum Objekt der Mitbestimmung degradiert würde[87].

Diese Darstellung verdeutlicht, daß die Theorie der Wirksamkeitsvoraussetzung aus Sicht des betroffenen Arbeitnehmers eine erhebliche Beeinträchtigung seiner betrieblichen Rechtsstellung bewirkt. Diese negative Begleiterscheinung der Theorie der Wirksamkeitsvoraussetzung wurde auch von ihren Vertretern erkannt und als unbillig empfunden. Sie sahen sich daher veranlaßt, Möglichkeiten aufzuzeigen, um die aus der Unwirksamkeit des Arbeitsvertrages resultierende Schmälerung der Rechtsposition des Arbeitnehmers aufzuheben bzw. abzumildern.

83 Der Arbeitgeber braucht in diesem Fall weder die vertraglichen, tariflichen oder gesetzlichen Kündigungsfristen einzuhalten, noch findet das Kündigungsschutzgesetz Anwendung, vgl. Hahn, S. 59.

84 Vgl. oben 2. Kap. C. III. 1. a).

85 Fitting/Auffarth/Kaiser, § 99 Rdnr. 67 a; Galperin/Löwisch, § 99 Rdnr. 114; GK-Kraft, § 99 Rdnr. 140; Heinze, Personalplanung, Rdnr. 352; Matthes, DB 1974, S. 2010. Ausführlich hierzu unten 3. Kap. D. II. 3. b) aa) (1).

86 Biedenkopf, BB 1972, S. 1516.

87 Boewer, RdA 1974, S. 72; Richardi, DB 1971, S. 631; ders., ZfA Sonderheft-1972, S. 15.

aa) Gewährung von Schadensersatzansprüchen des Arbeitnehmers gegen den Arbeitgeber

Um die Nachteile des faktischen Arbeitsverhältnisses für den Arbeitnehmer zu begrenzen, befürworten einige Vertreter der Theorie der Wirksamkeitsvoraussetzungen einen Anspruch des betriebswidrig eingestellten Arbeitnehmers auf Schadensersatz gegen den Arbeitgeber[88]. Erwogen wird eine Haftung des Arbeitgebers unter dem Gesichtspunkt der culpa in contrahendo (CIC)[89]. Denn zwischen Arbeitgeber und Arbeitnehmer besteht bei tatsächlicher betrieblicher Beschäftigung ein vorvertragliches Vertrauensverhältnis, aus dem für den Arbeitgeber die Pficht erwächst, den Arbeitnehmer über das Zustimmungserfordernis zu informieren[90]. Eine schuldhafte Verletzung dieser Pflicht führte insoweit zur Schadensersatzpflicht des Arbeitgebers. Eine Verpflichtung des Arbeitgebers zur Aufklärung des Arbeitnehmers folgt aber auch schon aus § 100 Abs. 1 S. 2, wonach der Arbeitgeber den Arbeitnehmer über die Sach- und Rechtslage[91] aufzuklären hat. Zwar ist dies ausdrücklich nur für vorläufige personelle Maßnahmen i. S. des § 100 bestimmt, jedoch muß diese Aufklärungspflicht auch dann bestehen, wenn der Arbeitgeber den Arbeitnehmer endgültig ohne Zustimmung einstellt[92].

Verletzt der Arbeitgeber nun schuldhaft diese Pflicht, so bestimmt sich der Umfang des Schadens nach § 249 BGB: Entsprechend §§ 122, 179 oder 307 BGB ist das negative Interesse (Vertrauensschaden) zu ersetzen[93]. Der Arbeitnehmer ist daher so zu stellen, wie er stehen würde, wenn der Arbeitgeber seine Aufklärungs-

---

88 Boewer, RdA 1974, S. 74 ff.; Brecht, § 99 Rdnr. 9.

89 Boewer (RdA 1974, S. 78) gewährt dem betriebswidrig eingestellten Arbeitnehmer unter bestimmten Voraussetzungen einen Schadensersatz, der auf Ersatz des positiven Interesses gerichtet ist.

90 Richardi, DB 1973, S. 428; Boewer, RdA 1974, S. 74.

91 Aufklärung über die Sachlage bedeutet, daß der Arbeitgeber den Arbeitnehmer darüber zu informieren hat, ob der Betriebsrat unterrichtet ist, er sich schon geäußert hat bzw. die Verweigerung der Zustimmung erklärt hat. Demgegenüber beinhaltet eine Aufklärung über die Rechtslage eine Belehrung über die möglichen Rechtsfolgen.

92 Dietz/Richardi, § 100 Rdnr. 13; Galperin/Löwisch, § 100 Rdnr. 9; Stege/Weinspach, §§ 99 - 101, Rdnr. 110 a.

93 Palandt, § 276 BGB Rdnr. 100.

pflicht erfüllt und der Arbeitnehmer nicht auf die Gültigkeit des abgeschlossenen Vertrages vertraut hätte[94].

Das Bestehen eines Schadens und somit eines Anspruchs auf Schadensersatz ist jedoch dann zweifelhaft, wenn der Arbeitgeber den Arbeitnehmer ordnungsgemäß über die Sach- und Rechtslage informiert hat. Hier könnte ein Schaden nur darin zu sehen sein, daß dem wegen Verstoßes gegen die Beteiligungsrechte des Betriebsrats nach § 99 und § 100 zur Entstehung gelangten faktischen Arbeitsverhältnis der soziale Bestandsschutz des Kündigungs- und Kündigungsschutzrechts fehlt[95]. Denn das fehlerhafte Arbeitsverhältnis kann jederzeit form- und fristlos beendet werden. Aus dem bestehenden vorvertraglichen Vertrauensverhältnis zwischen Arbeitgeber und Arbeitnehmer erwächst zwar eine Verpflichtung des Arbeitgebers, unverzüglich die Zustimmung des Betriebsrats gemäß § 99 Abs. 4 auf Ersetzung der Zustimmung durch das Arbeitsgericht zu stellen, kommt der Arbeitgeber dieser Pflicht jedoch nicht nach, so umfaßt ein Schadensersatzanspruch, basierend auf CIC nicht das Interesse an der Aufrechterhaltung des Arbeitsverhältnisses. Denn der Arbeitnehmer hat keinen Anspruch auf Begründung eines Arbeitsverhältnisses[96]. Ein derartiger Anspruch besteht nur, wenn der Arbeitgeber im Einstellungsgespräch ausdrücklich bzw. konkludent zugesagt hat, er werde alles seinerseits Mögliche tun, um die personelle Maßnahme durchführen zu können[97]. Aber auch bei Erteilung der Zusage des Arbeitgebers kann ein Schaden des Arbeitnehmers nur dann bejaht werden, wenn der Betriebsrat bei ordnungsgemäßer Beteiligung der Einstellung zugestimmt hätte oder die verweigerte Zustimmung durch das Arbeitsgericht ersetzt worden wäre[98].

Schließlich bleibt noch zu bemerken, daß sich auch der gerichtliche Nachweis eines Schadens für den Arbeitnehmer als wenig erfolgversprechend erweist. Denn Voraussetzung für die Annahme eines Schadens wäre, daß das Arbeitsgericht die grundlose Verweigerung der Zustimmung zur Einstellung durch den Betriebsrat feststellt. Diese Entscheidung kann es aber nicht im Rahmen des Urteilsverfahrens treffen, sondern sie kann nur im Beschlußverfahren erfolgen. Da das Gesetz dem

---

94 Richardi, ZfA Sonderheft-1972, S. 15; ders., DB 1973, S. 429.

95 Richardi, DB 1973, S. 428; Dietz/Richardi, § 99 Rdnr. 230.

96 Dietz/Richardi, § 99 Rdnr. 231.

97 Richardi, DB 1973, S. 428.

98 Richardi, DB 1973, S. 428.

einzelnen Arbeitnehmer insoweit aber kein Antragsrecht einräumt, sondern nur Arbeitgeber und Betriebsrat das Beschlußverfahren einzuleiten vermögen, ist dem Arbeitnehmer der Nachweis eines Schadens erheblich erschwert, wenn nicht gar unmöglich. Denn ihm bleibt nur die Möglichkeit, im Urteilsverfahren den Arbeitgeber zu verpflichten, ein Beschlußverfahren einzuleiten.

Zusammenfassend kann somit festgestellt werden, daß dem Arbeitnehmer Schadensersatz nur unter bestimmten Voraussetzungen gewährt wird und daß ihm eine gerichtliche Geltendmachung des Anspruchs nur erschwert möglich ist. Dementsprechend werden die aus der Unwirksamkeit des Arbeitsvertrages entstehenden Nachteile durch das Bestehen eines Schadensersatzanspruches nur unwesentlich abgemildert. Es ist mithin zu bezweifeln, daß die Gewährung von Schadensersatz zur Sicherung der Individualrechtsposition des Arbeitnehmers führt.

bb) Unwirksamkeit des Arbeitsverhältnisses mit Vertrauensschutz

Richardi[99] und Wiedemann[100] sind der Meinung, daß es unverhältnismäßig sei und mithin eine übermäßige Beeinträchtigung der Rechtsposition des Arbeitnehmers darstelle, wenn ein ohne Zustimmung des Betriebsrats begründetes faktisches Arbeitsverhältnis jederzeit beendet werden könne. Deshalb dürfe ein Verstoß des Arbeitgebers gegen Beteiligungsrechte des Betriebsrats im Verhältnis zum betriebsverfassungswidrig eingestellten Arbeitnehmer nicht zur Folge haben, daß ihm der soziale Bestandsschutz des allgemeinen und besonderen Kündigungsschutzrechts genommen werde. Daher soll es ihrer Ansicht nach dem Arbeitgeber untersagt sein, die Verletzung des Mitbestimmungsrechts des Betriebsrats gegenüber dem betroffenen Arbeitnehmer geltend zu machen. Begründet wird das damit, daß eine fristlose Kündigung des faktischen Arbeitsverhältnisses durch den Arbeitgeber unter Berufung auf die von ihm verschuldete, nicht ordnungsgemäße Beteiligung des Betriebsrats bzw. die Nichtanrufung des Arbeitgerichts eine unzulässige Rechtsausübung in Form einer "venire contra factum proprium"

99 Richardi, DB 1973, S. 429/430; ders., ZfA Sonderheft-1972, S. 22.

100 Wiedemann, Anm. zu AP Nr. 54 zu §§ 22, 23 BAT.

darstelle[101]. Entfallen soll diese auf dem Grundsatz von Treu und Glauben basierende Bindungswirkung jedoch dann, wenn durch arbeitsgerichtlichen Beschluß die Rechtmäßigkeit der Verweigerung der Zustimmung festgestellt worden ist[102].

An dieser Meinung zu begrüßen ist ihr Bemühen um eine Verbesserung der Rechtsstellung des Arbeitnehmers. Jedoch zeigt sie bei der Umsetzung ihres erklärten Zieles Schwächen: Denn die Tatsache, daß eine Bindung des Arbeitgebers an das faktische Arbeitsverhältnis begrenzbar ist, verdeutlicht bereits, daß der Schutz des Arbeitnehmers nicht lückenlos verbessert worden ist. Vielmehr läßt diese Unwägbarkeit bei der Feststellung des Arbeitnehmerschutzes erkennen, daß eine Stabilisierung der Rechtsstellung des Arbeitnehmers noch nicht eingetreten ist.

Schließlich bietet auch die Möglichkeit der Begrenzbarkeit des faktischen Arbeitsverhältnisses Raum zum Mißbrauch desselben, indem der Arbeitgeber das Recht zur Berufung auf die Unwirksamkeit des Arbeitsvertrages im Wege des Arbeitsgerichtsbeschlusses selbst herbeizuführen versuchen könnte.

Es ist somit deutlich geworden, daß die Modifizierung der Theorie der Wirksamkeitsvoraussetzung auf der Grundlage des Vertrauensschutzes eine insgesamt nur wenig praktikable Methode zur Verstärkung der Individualrechtsposition des von der betriebsverfassungsrechtlich fehlerhaften Einstellung betroffenen Arbeitnehmers darstellt.

cc) Relative Unwirksamkeit des Arbeitsvertrages

Eine andere Ansicht[103] versucht die Auswirkungen der Theorie der Wirksamkeitsvoraussetzung auf den Einzelarbeitsvertrag dadurch abzumildern, daß das ohne Zustimmung begründete Arbeitsverhältnis nicht absolut, sondern nur im Verhältnis

---

101 Richardi, DB 1973, S. 420; ähnlich ArbG Göttingen, v. 5.1.1973, DB 1973, S. 338 (339).

102 Richardi, DB 1973, S. 430; ders., ZfA Sonderheft-1972, S. 22; ähnlich Wiedemann, Anm. zu AP Nr. 54 zu §§ 22, 23 BAT; Hanau, RdA 1973, S. 291: Unter dieser Voraussetzung könne die unter Verletzung der Mitbestimmung durchgeführte personelle Maßnahme grundsätzlich für die Zukunft beseitigt werden.

103 Brauch, S. 121 ff.; im Ergebnis ebenso Hanau, RdA 1973, S. 291; Pouyadou, S. 18.

zum Betriebsrat unwirksam sein soll (= relative Unwirksamkeit). Insoweit bleibt der Arbeitsvertrag trotz fehlender Mitwirkung der Beschäftigtenvertretung wirksam, so daß dem Arbeitnehmer im Verhältnis zum Arbeitgeber der soziale Bestandsschutz zuteil wird. Daneben eröffnet dieser Lösungsansatz die Möglichkeit der Heilung des fehlerhaften Arbeitsverhältnisses[104], welche die volle (absolute) Wirksamkeit des Individualverhältnisses wiederherstellt. Wenn die aufgezählten Aspekte auch dafür sprechen, daß diese Lösungsmöglichkeit im Vergleich zu den übrigen Abwandlungen der Theorie der Wirksamkeitsvoraussetzung die Rechte des betroffenen Arbeitnehmers eher zu wahren vermag, so ist jedoch schon fraglich, ob der Begriff der relativen Unwirksamkeit[105] überhaupt auf den hier zu behandelnden Fall übertragbar ist. Zwar ist im Einklang mit dieser Meinung das Einstellungsverfahren als zwei-gliedriger Vorgang anzusehen, der zum einen durch Abschluß des Arbeitsvertrages die individualrechtliche, zum anderen mit der betrieblichen Eingliederung die betriebsverfassungsrechtliche Ebene berührt[106]; allerdings setzt diese begriffliche Zuteilung eine genaue Abgrenzung der Teilbereiche voraus. Dies wird jedoch bei der Annahme der relativen Unwirksamkeit des Arbeitsverhältnisses nicht genügend berücksichtigt, weil diese Konstruktion individualrechtliche und betriebsverfassungsrechtliche Elemente miteinander verzahnt. Denn die erwähnte Auffassung läßt außer acht, daß der Arbeitsvertrag als schuldrechtlicher Vertrag zwischen Arbeitnehmer und Arbeitgeber trotz der Beteiligungsrechte des Betriebsrats nur ihnen gegenüber Rechte und Pflichten entstehen läßt. Diese Relativität des zwischen Arbeitgeber und Arbeitnehmer bestehenden Schuldverhältnisses[107] schließt daher aus, daß der Einzelarbeitsvertrag auch Wirkungen gegenüber dem Betriebsrat entfaltet. Insofern ist die Frage der Wirksamkeit des Arbeitsverhältnisses nur im Verhältnis zwischen Arbeitgeber und Arbeitnehmer zu diskutieren; der Betriebsrat bleibt davon unberührt.

---

104 Palandt, Überbl. vor § 104 BGB Rdnr. 4 b; Argument von Köhler, § 22 IV, S. 245; auch Hahn, S. 37: Das Arbeitsverhältnis ist geheilt, wenn der Unwirksamkeitsgrund wegen späterer Zustimmung wegfällt bzw. der Betriebsrat auf die Stellung des Antrags gem. § 101 verzichtet.

105 Flume, Allg. T. Bd. I/1, § 17 b), geht davon aus, daß relative Unwirksamkeit nur angenommen werden kann, wenn sie ausdrücklich im Gesetz angeordnet wird. Nach Palandt (Überbl. vor § 104 BGB Rdnr. 46) geht darüber hinaus hervor, daß diese Konstruktion die Wirksamkeit von Verfügungen betrifft.

106 Vgl. 2. Kap. B. II. 2.

107 Esser/Schmidt, SchuldR Allg. T., § 5 I, S. 79.

Somit kann festgestellt werden, daß die Konstruktion der relativen Unwirksamkeit auf den vorliegenden Sachverhalt nicht übertragen werden kann und daher zur Lösung des Problems der Beschränkung der nachteiligen Wirkungen der Theorie der Wirksamkeitsvoraussetzung auf das Individualverhältnis nicht geeignet ist.

e) Zusammenfassung

Wie bereits erwähnt, führt die Theorie der Wirksamkeitsvoraussetzung aus der Sicht des betroffenen Arbeitnehmers zu einer erheblichen Beeinträchtigung seiner rechtlichen Interessen[108]. Diese Auswirkung wird auch von den Vertretern dieser Meinung erkannt und von ihnen durch Hilfskonstruktionen abzuwenden versucht. Wie im vorhergehenden Abschnitt gezeigt werden konnte, sind diese Modifikationen der Theorie der Wirksamkeitsvoraussetzung allesamt nicht in der Lage, die für den Arbeitnehmer aus der Unwirksamkeit des Arbeitsverhältnisses resultierenden Nachteile wesentlich abzumildern.

2. Die Wirksamkeit des Arbeitsvertrages

Die Gegenmeinung vermeidet die für den Arbeitnehmer nachteilige Rechtsfolge der Unwirksamkeit des Arbeitsvertrages dadurch, daß sie einem Verstoß der betrieblichen Beteiligungsrechte des § 99 keinerlei Rechtswirkungen auf individualrechtlicher Ebene beimißt. Zur Begründung der Rechtsfolgen werden unterschiedliche Argumente angeführt:

---

108 Vgl. oben 2. Kap. C. III. 1. d).

a) Die Vertreter des eingliedrigen Einstellungsbegriffes

Diejenigen Autoren[109], die unter dem Begriff der Einstellung lediglich die tatsächliche Eingliederung des Bewerbers in den Betrieb verstehen, den Abschluß des Arbeitsvertrages mithin nicht zum mitbestimmungspflichtigen Tatbestand des § 99 zählen, gelangen bei fehlender Mitwirkung des Betriebsrats ohne weiteres zur Wirksamkeit des Arbeitsvertrages. Dieser Meinung ist allerdings aus bereits genannten Gründen nicht zu folgen[110].

b) Die Zustimmung des Betriebsrates ist keine Wirksamkeitsvoraussetzung des Arbeitsvertrages

Andere[111] erfassen unter dem Begriff der "Einstellung" zwar auch den Abschluß des Arbeitsvertrages, qualifizieren die Zustimmung des Betriebsrats jedoch nicht als Wirksamkeitsvoraussetzung i. S. des Einzelarbeitsvertragsrechts, so daß ihrer Ansicht zufolge die Verletzung der Mitwirkungsrechte des § 99 keinen Einfluß auf die Wirksamkeit des Arbeitsvertrages zwischen Arbeitgeber und Arbeitnehmer hat. Dieser Auffassung hat sich auch der fünfte Senat des BAG angeschlossen[112], nachdem der vierte[113] und erste[114] Senat eher die Gegenmeinung, d. h. die Unwirksamkeit des Einzelarbeitsvertrages bei fehlender Mitwirkung des

---

109 Frauenkorn, § 99 Rdnr. 3; Galperin/Löwisch, § 99 Rdnr. 23; Heinze, Personalplanung, Rdnr. 204, 338 - 342; v. Hoyningen-Huene, RdA 1982, S. 206/207, 209 ff.; Matthes, DB 1974, S. 2007 (2011).

110 Siehe oben 2. Kap. B. II. 1.

111 Alberty, S. 82; Hahn, S. 124 (125); Frey, BB 1972, S. 923 (925); Meisel, Rdnr. 201 f.; GK-Kraft, § 99 Rdnr. 109; Hess/Schlochauer/Glaubitz, § 99 Rdnr. 6; Roemheld, BB 1972, S. 1331; Stahlhacke, BlStSozArbR 1972, S. 55; Zöllner/Loritz, ArbR, § 48 II 2 a.

112 BAGE 34, 1 = AP Nr. 3 zu Art. 33 II GG; BAG, AP Nr. 5 zu § 101.

113 BAG 24, 307 (312) = AP Nr. 54 zu §§ 22, 23 BAT; AP Nr. 95 zu §§ 22, 23 BAT: Hier ging es ausschließlich um die Höhergruppierung von Angestellten, die ohne Zustimmung des Personalrates nicht wirksam vorgenommen werden könne.

114 BAG, v. 6.4.1973, AP Nr. 1 zu § 101.

Betriebsrates, vertraten.

Im einzelnen führt das BAG aus, daß der Betriebsrat über § 101 S. 1 die Möglichkeit habe, ein Beschlußverfahren mit dem Ziel einzuleiten, die tatsächliche Aufhebung der personellen Einzelmaßnahme zu erreichen. Erwirke er eine solche Entscheidung, so soll es dem Arbeitgeber mit Rechtskraft des Beschlusses untersagt sein, den von der Einstellung betroffenen Arbeitnehmer im Betrieb weiterhin zu beschäftigen, bzw. bestehe für ihn eine Verpflichtung, eine bereits aufgenommene tatsächliche Beschäftigung des Arbeitnehmers rückgängig zu machen[115]. Dieser Lösungsansatz, der auch beim überwiegenden Schrifttum[116] auf Übereinstimmung stößt, hat somit zur Konsequenz, daß ein ohne Zustimmung des Betriebsrates mit einem Bewerber abgeschlossener Arbeitsvertrag zwar voll wirksam ist, jedoch der Arbeitgeber den betriebsverfassungswidrig eingestellten Arbeitnehmer nicht beschäftigen darf[117]. Zur Begründung der Wirksamkeitsvoraussetzung mit Beschäfti-

---

115 Da eine Frist, innerhalb derer der Arbeitgeber die Maßnahme aufzuheben hat, in § 101 nicht genannt ist, wird z. T. die Zwei-Wochen-Frist des § 100 Abs. 3 S. 1 für entsprechend anwendbar erklärt. Danach hat das Arbeitsgericht die Pflicht, das Beschäftigungsverhältnis spätestens 2 Wochen nach Rechtskraft der Entscheidung auszusprechen, vgl. GK-Kraft, § 101 Rdnr. 11; Fitting/Auffarth/Kaiser, § 101 Rdnr. 4; Hess/Schlochauer/Glaubitz, § 101 Rdnr. 12; Galperin/Löwisch, § 101 Rdnr. 7; Baumann, S. 56. Mit Abweichungen auch: ArbG Göttingen, v. 5.1.1973, DB 1973, S. 339; Adomeit, DB 1971, S. 2362; Richardi, ZfA Sonderheft-1972, S. 22: wonach das faktische Arbeitsverhältnis mit Ablauf von zwei Wochen nach Rechtskraft des Beschlusses enden sowie das tatsächliche Beschäftigungsverhältnis vom Arbeitgeber aufgehoben werden soll.

116 Stellvertretend für viele mit jeweils unterschiedl. Begründung: Alberty, S. 53; Adomeit, DB 1971, S. 2361; GK-Kraft, § 101 Rdnr. 7; Fitting/Auffarth/Kaiser, § 101 Rdnr. 4; Brecht, § 101 Rdnr. 3; Matthes, DB 1974, S. 2009; Hahn, S. 136 f. (141); Hess/Schlochauer/Glaubitz, § 101 Rdnr. 12; Stahlhake, BlStSoz 1972, S. 73; a. A. Meisel (Rdnr. 290) sieht in dem Beschluß des Arbeitsgerichts nach § 101 S. 1 die Pflicht des Arbeitgebers begründet, den eingestellten Arbeitnehmer unter Einhaltung der vertraglichen, tariflichen oder gesetzlichen Kündigungsfristen zum nächstmöglichen Kündigungstermin zu entlassen. So auch Richardi, DB 1973, S. 430.

117 Allerdings tritt nach dieser Meinung kein automatisches Beschäftigungsverbot in Kraft. Vielmehr kann der Betriebsrat aufgrund § 101 verlangen, daß der betreffende Arbeitnehmer im Betrieb nicht beschäftigt wird und der Arbeitgeber eine aufgenommene tatsächliche Beschäftigung des Arbeitnehmers rückgängig machen muß. Der Interpretation des BAG-Urteils v. 2.7.1980 durch Hoyningen-Huene (RdA 1982, S. 209), der hieraus ein automa-

gungsverbot wird vorrangig angeführt, daß hinsichtlich der Beurteilung der Auswirkungen eines Mitwirkungsverstoßes bei der Einstellung auf das Individualarbeitsverhältnis strikt zwischen kollektivrechtlicher und individualrechtlicher Ebene zu trennen sei.

Ein entscheidender Gesichtspunkt für die Trennung der beiden Bereiche sei dabei, daß die Zustimmung im Rahmen der personellen Einzelmaßnahme ein durch das BetrVG 1972 dem Betriebsrat übertragendes Recht darstelle. Somit sei es konsequent, die Rechtsfolgen der Verletzung des § 99 Abs. 1 auch im Bereich des BetrVG 1972 anzusiedeln[118]. Demgegenüber könne eine unmittelbare Auswirkung auf das Einzelarbeitsverhältnis zwischen dem Arbeitgeber und dem von der Einstellung betroffenen Arbeitnehmer nur dann in Betracht kommen, wenn sich dieser zivilrechtliche Bezug ausdrücklich aus dem Gesetz ergebe. Dies sei - so wird erklärt - bei der Einstellung nicht ersichtlich. Im übrigen könne eine individualrechtliche Folge aufgrund der Zustimmungsverweigerung nur dann eintreten, wenn die Parteien des Arbeitsvertrages der Zustimmung des Betriebsrats aufschiebenden oder aufklärenden Charakter beigemessen hätten[119]. Für die Richtigkeit dieser Betrachtungsweise der fehlenden Auswirkung eines Mitwirkungsverstoßes bei der Einstellung auf den Arbeitsvertrag soll sprechen, daß es im Gesetz an Anhaltspunkten fehle, wonach der Gesetzgeber die Dispositions- und Vertragsfreiheit des Arbeitgebers aufheben wollte[120].

Auch vom Standpunkt der durch den Betriebsrat repräsentierten Belegschaft sei es ausreichend, daß sich die Belegschaftsvertretung bei Verletzung ihrer Rechte ausschließlich mit Mitteln des BetrVG 1972 zur Wehr setzen könne, indem sie im Verfahren gemäß § 101 S. 1 die Aufhebung der unter Verstoß der § 99 Abs. 1 vorgenommenen personellen Maßnahmen beantragen könne. Denn die Ausübung des kollektiven Interessenschutzes erfordere keine Einflußnahme auf das Einzelarbeitsverhältnis[121]. Darüber hinaus erweise sich auch das Fortbestehen der Wirksamkeit des Arbeitsvertrages trotz Verletzung der Beteiligtenrechte des Betriebsrats für den betroffenen Arbeitnehmer als vorteilhaft. Dafür könne

---

tisches Beschäftigungsverbot ableitet, ist insoweit nicht zu folgen.

118 BAG, v. 2.7.1980 = AP Nr. 5 zu § 101.

119 Hess/Schlochauer/Glaubitz, § 99 Anm. 9.

120 GK-Kraft, § 99 Rdnr. 108; v. Hoyningen-Huene, RdA 1982, S. 209.

121 Matthes, DB 1974, S. 2008; v. Hoyningen-Huene, RdA 1982, S. 210; Baumann, S. 51.

angeführt werden, daß der Arbeitnehmer im Falle der Unwirksamkeit des Arbeitsvertrages vertraglich begründete Primäransprüche (Lohnanspruch) nicht mehr geltend machen könne, während ihm diese ansonsten verblieben[122]. Zudem habe der Arbeitnehmer keinen Einfluß auf das Zustimmungsverfahren[123], so daß er die für ihn negative Rechtsfolge der Unwirksamkeit des Arbeitsvertrages nicht abwenden könne. Dies mache deutlich, daß die Rechte des Einstellungsbewerbers bei einem bestehenden Arbeitsverhältnis besser gewahrt werden.

Schließlich werde auch nicht das Mitbestimmungsrecht des Betriebsrats dadurch geschwächt, daß das unter Verletzung des § 99 begründete Arbeitsverhältnis wirksam bleibe. Denn ein Vergleich der Situation des Betriebsrats bei Wirksamkeit des Arbeitsvertrages mit der Rechtslage bei Unwirksamkeit desselben bringe zum Ausdruck, daß ihm auch im Falle des unwirksamen Einzelarbeitsvertrages eine Sanktionierung des Mitwirkungsverstoßes nur im Verfahren gemäß § 101 S. 1 möglich sei[124]. Insofern stünden dem Betriebsrat bei angenommener zivilrechtlicher Auswirkung der Verletzung des § 99 Abs. 1 betriebsverfassungsrechtlich keine weiteren Sanktionsmittel als das Antragsrecht in § 101 S. 1 zur Verfügung. Daher bewirke eine Wirksamkeit des Arbeitsvertrages keine Vorteile für das Mitbestimmungsrecht des Betriebsrats. Im Gegenteil könne sogar davon auszugehen sein, daß der Schutz des Mitwirkungsrechts durch die Annahme der Wirksamkeit des Einzelarbeitsvertrages verstärkt werde[125]. Zu erklären sei dies damit, daß im Falle der Wirksamkeit die Gefahr gemindert sei, daß der Arbeitgeber die Beschäftigtenvertretung übergehen werde. Denn der Arbeitgeber bleibe dem Arbeitnehmer auch dann zur Zahlung des vereinbarten Lohnes verpflichtet, wenn die tatsächliche Durchführung der Maßnahme durch gerichtlichen Beschluß gemäß § 101 S. 1 festgestellt worden sei[126]. Dieser bei

---

122 Ob Lohnansprüche auch dann erhoben werden können, wenn durch Beschluß im Verfahren nach § 101 S. 1 ein tatsächliches Beschäftigungsverbot ergangen ist, wird noch zu behandeln sein.

123 GK-Kraft, § 99 Rdnr. 108.

124 Alberty, S. 95; Matthes, DB 1974, S. 2008; Glimm, S. 104; Hemmer, S. 133.

125 BAG, v. 2.7.1981, AP Nr. 9 zu Art. 33 II GG (Bl. 4); auch Anm. v. Misera zu AP Nr. 5 zu § 101 (Bl. 56); Alberty, a.a.O.; Baumann, S. 53/54; Glimm, S. 106; Galperin/Löwisch, § 101 Rdnr. 12; Maul-Backer, S. 156.

126 Matthes, DB 1974, S. 2009: leitet den Lohnanspruch trotz Nichterbringung der Arbeitsleistung aus § 324 I BGB her. Das BAG v. 2.7.1981, AP Nr. 9 zu Art. 33 II GG unt. III 3

vertraglicher Wirksamkeit dem Arbeitgeber drohende finanzielle Nachteil werde ihn weitaus mehr zur Beachtung des Mitbestimmungsrechts veranlassen, als dies bei einem unwirksamen Arbeitsvertrag der Fall sei, wonach der Arbeitgeber Ansprüchen dieser Art nicht ausgesetzt ist.

3. Stellungnahme

Gegenstand der vorstehenden Erörterungen war die Frage nach den individualrechtlichen Konsequenzen mitbestimmungswidrig durchgeführter Einstellungen nach § 99 Abs. 1. Hierzu erfolgte eine auf Grundzügen basierende Darstellung des kontroversen Meinungsstreites zwischen den Vertretern der Theorie der Wirksamkeitsvoraussetzung und deren Gegenansicht. In Ergänzung zu den bereits vorgenommenen Wertungen im Rahmen der Darlegung der "Wirksamkeitstheorie" soll im folgenden der Versuch einer abschließenden Auseinandersetzung mit den Argumenten der beiden richtungsweisenden Auffassungen unternommen werden.

Wie den vorangegangenen Ausführungen zu entnehmen ist, kennzeichnet die Theorie der Wirksamkeitsvoraussetzung, daß sie die Zustimmung des Betriebsrats zum mitbestimmungspflichtigen Tatbestand der "Einstellung" zählt, so daß ihr Fehlen unausweigerlich zur Unwirksamkeit des Einzelarbeitsvertrages zwischen Arbeitgeber und Arbeitnehmer führt. Die Gegenmeinung[127] subsumiert unter den Begriff der "Einstellung" zwar auch den Abschluß des Arbeitsvertrages sowie die tatsächliche, betriebliche Eingliederung des Arbeitnehmers, mißt aber gleichwohl einem mitbestimmungswidrigen Verhalten des Arbeitgebers keine individualrechtliche Rechtswirkung bei. Hiernach bleibt der Mitwirkungsverstoß durch den Arbeitgeber auf zivilrechtlicher Ebene sanktionslos, während der

---

e, stellt demgegenüber auf den Annahmeverzug nach § 615 BGB ab, gelangt jedoch zum gleichen Ergebnis. So nunmehr auch Matthes, DB 1975, S. 1652.

127 Diejenige Meinung, die unter Einstellung nur die tatsächliche Eingliederung in den Betrieb versteht und daher einem Mitwirkungsverstoß keine Auswirkungen auf das Individualrechtsverhältnis zuschreibt, ist aus bereits genannten Gründen abzulehnen. Vgl. 2. Kap. B. II. 1. Demzufolge wird diese Auffassung in den weiteren Verlauf der Prüfung nicht mehr miteinbezogen.

Betriebsrat in betriebsverfassungsrechtlicher Sicht gemäß § 101 S. 1 dazu ermächtigt ist, die tatsächliche Aufhebung des betriebswidrig beschäftigten Arbeitnehmers zu verlangen[128].

Wie schon erwähnt, läßt sich gegen die Theorie der Wirksamkeitsvoraussetzung generell anführen, daß sie aufgrund ihrer Einflußnahme auf die Rechtswirksamkeit des Arbeitsverhältnisses die Rechtsstellung des Einstellungsbewerbers verschlechtert, ohne das Mitbestimmungsrecht des Betriebsrats zu stärken[129]. Denn das infolge der Unwirksamkeit des Arbeitsvertrages entstehende faktische Arbeitsverhältnis[130] bietet zwar Rechtsschutz für die Vergangenheit, in der Zukunft kann es jedoch jederzeit einseitig gelöst werden. Daher kommt der Arbeitnehmer nicht in den Genuß des sozialen Bestandsschutzes, so daß sich die betriebsverfassungswidrige Pflichtwidrigkeit zu seinen Lasten auswirkt. Plädiert man demgegenüber für das Wirksambleiben des Individualrechtsverhältnisses als Folge eines Mitwirkungsverstoßes, so kann dies für den betroffenen Arbeitnehmer zur Konsequenz haben, daß die Anspruchsvoraussetzungen des § 615 S. 1 BGB gegeben sind, jedoch unter der Voraussetzung, daß der Betriebsrat zuvor den Antrag auf Aufhebung der Beschäftigung nach § 101 S. 1 gestellt hat. In diesem Fall wäre es dem Arbeitnehmer somit möglich, seinen vertraglichen Lohnanspruch bis zur rechtlichen Beendigung des Arbeitsverhältnisses geltend zu machen, weil der Arbeitgeber den Arbeitnehmer mit rechtskräftigem arbeitsrechtlichem Beschluß nicht mehr im Betrieb beschäftigen durfte und er hiermit in Annahmeverzug geriete.

Insofern macht gerade die Möglichkeit des Fortbestehens der vertraglichen Ansprüche auf Lohn deutlich, daß die Wirksamkeit des Arbeitsvertrages für den Arbeitnehmer die günstigere Auswirkung einer Verletzung des Beteiligungsrechts des Betriebsrats darstellt. Daneben darf auch nicht außer acht gelassen werden, daß der Arbeitnehmer auf das Zustimmungsverfahren gemäß § 99 keinen Einfluß ausüben kann, ihn trifft mithin keine Nachforschungspflicht, ob der Arbeitgeber die Zustim-

128 Vgl. schon oben 2. Kap. C. III. 2. b).

129 Vgl. oben 2. Kap. C. III. 3.

130 Vgl. oben 2. Kap. C. III. 1. a). Darüber hinaus führt die Theorie der Wirksamkeitsvoraussetzung zur Beschränkung der von der Rechtsordnung anerkannten Vertragsfreiheit des einzelnen Arbeitnehmers. Vgl. insbes. Alberty, S. 72. Näheres hierzu unt. 3. Kap. C. III. 2. a).

mung zur Einstellung eingeholt hat[131].

Auch hat der Gesetzgeber dem Arbeitnehmer keine Einwirkungsmöglichkeit auf das Beschlußverfahren gemäß § 99 Abs. 4 übertragen, sondern nur dem Arbeitgeber das Recht zugebilligt, die Zustimmung ersetzen zu lassen[132], so daß vom Wortlaut des Gesetzes her der Arbeitnehmer einem möglichen Konflikt zwischen Arbeitgeber und Betriebsrat machtlos ausgeliefert ist. Selbst wenn man dem von der betriebsverfassungswidrigen Einstellung betroffenen Arbeitnehmer eine irgendwie geartete Beteiligung[133] am Beschlußverfahren gewährte, könnte er zwar die Beseitigung des kollektivwidrigen Zustandes beeinflussen, seinem Ziel - der Durchführung der personellen Maßnahme - wäre er jedoch nur unerheblich nähergekommen. Eine Verbesserung seiner Rechtsstellung würde insoweit nicht bewirkt.

Würde man dem Arbeitnehmer - wie es Ziel der Lehre von der Wirksamkeitsvoraussetzung ist - nun auch noch die Wirksamkeit des Arbeitsvertrages bei einer kollektivrechtswidrig durchgeführten Einstellung entziehen, so verschlechterte dieser Umstand die schon schwache Position des Arbeitnehmers noch weitgehender. Dies führte zu einer übermäßigen Belastung des Arbeitnehmers und stünde daher im Widerspruch zum BetrVG 1972, dessen Zweck nicht darin zu

---

131 Boewer, RdA 1974, S. 74.

132 In der Literatur wird z. T. ein Antragsrecht des Arbeitnehmers angenommen. So z. B. Richardi, ZfA Sonderheft-1972, S. 17; Dietz/Richardi, § 99 Rdnr. 224; Blomeyer, S. 173; ähnlich auch Hahn, S. 65 ff. Ablehnend dagegen Galperin/Löwisch, § 99 Rdnr. 114; Fitting/Auffarth/Kaiser, § 99 Rdnr. 67 a; Heinze, Personalplanung Rdnr. 952; Matthes, DB 1974, S. 2010; GK-Kraft, § 99 Rdnr. 146. Da sich diese Ausführung zur eingangs erwähnten Problematik nur auf Grundzüge beschränkt, soll die Frage eines eigenen Antragsrechts des Arbeitnehmers hier nicht näher erörtert werden. Eine genaue Darstellung des Problems ist bei Maul-Backer, S. 128 ff. zu finden. Vgl. auch unten 3. Kap. D. II. 3. b) aa).

133 Neben dem schon erwähnten Antragsrecht des Arbeitnehmers wird als weitere Möglichkeit der Einflußnahme auf das Beschlußverfahren diskutiert, ob dem Arbeitnehmer bei Nichtanerkennung eines eigenen Antragsrechts nicht wenigstens ein Anspruch gegen den Arbeitgeber auf Einleitung eines Verfahrens gem. § 99 Abs. 4 zustehen soll. Streitig ist ferner auch, ob dem Arbeitnehmer eine Beteiligtenstellung in einem von dem Arbeitgeber eingeleiteten Beschlußverfahren zukommen kann. Eine ausführliche Darlegung des Streits enthalten die Ausführungen von Maul-Backer, S. 120 ff., die durch weitergehende Literaturangaben ergänzt sind. Vgl. auch unten 3. Kap. D. III. 3. b) aa).

sehen ist, den bestehenden Individualrechtsschutz durch das betriebsverfassungsrechtliche Mitwirkungsrecht aufzuheben[134].

Unter Beachtung der erwähnten Aspekte erweist sich die Meinung, die die Wirksamkeit des Arbeitsvertrages trotz Mitwirkungsverstoßes vertritt, als eine dem individualrechtlichen Interessenschutz förderliche Lösung.

Dem Einwand, daß das Mitbestimmungsrecht des Betriebsrats ausgehöhlt werde, wenn das unter Verletzung des Mitwirkungsrechts begründete Arbeitsverhältnis wirksam bleibe, kann entgegengehalten werden, daß das Recht des Betriebsrats aufgrund der Wirksamkeit des Einzelarbeitsvertrages sogar gesichert wird, weil sich der Arbeitgeber wegen der Möglichkeit der Lohnfortzahlung trotz Beschäftigungsverbots eher zur Beachtung des Beteiligungsrechts des Betriebsrats veranlaßt sehen wird[135].

Folglich läßt dies den vorläufigen Schluß zu, daß der Lösungsansatz der Meinung, die die Wirksamkeit des Arbeitsvertrages annimmt, dem Interessenschutz des Arbeitnehmers genüge tut, ohne dabei das Mitbestimmungsrecht des Betriebsrats einzuschränken.

Daß die Theorie der Wirksamkeitsvoraussetzung im Hinblick auf die Rechtsstellung des von der kollektivrechtswidrigen Einstellung betroffenen Arbeitnehmers eine Schwächung desselben bewirkt, wird von den Vertretern dieser Meinung nicht unbeachtet gelassen und auf verschiedenem Wege zu beheben versucht[136]. Ziel dieser Bestrebungen ist es, dem Arbeitsplatz des Arbeitnehmers trotz Unwirksamkeit des Arbeitsplatzes Bestandsschutz zu verleihen[137]. Der Verwirklichung dieser Zielvorstellungen sollen insbesondere die Gewährung von Schadensersatz oder das an den Arbeitgeber gerichtete Verbot der Geltendmachung der Unwirksamkeit des Arbeitsplatzes aus Vertrauensschutzerwägungen dienen[138].

Jedoch ist gerade das Inaussichtstellen von Schadensersatz wegen dessen ver-

---

134 Vielmehr sind die Befugnisse des Betriebsrats Mittel zur Stützung des individuellen Schutzes. Vgl. hierzu vor allem Wiese, RdA 1973, S. 1 (2). Siehe auch unten 3. Kap. D. III. 2. a) ff.

135 Siehe oben 2. Kap. C. III. 2. b).

136 Siehe oben 2. Kap. C. III. 1. d).

137 Hemmer, S. 135.

138 Siehe oben 2. Kap. C. III. 1. d).

schärften Anspruchsvoraussetzungen, vor allem der Bejahung eines Schadens, nur in wenigen Fällen realisierbar[139]. Der Meinung, die die Rechtsfolgen der Unwirksamkeit des Einzelarbeitsvertrages unter dem Gesichtspunkt der "venire contra faktum proprium" untersagt, kann zwar zugute gehalten werden, daß sie eine Schmälerung der Rechtsstellung des Arbeitnehmers weitgehend vermeidet und sich daher in ihren praktischen Auswirkungen der Gegenansicht zur Theorie der Wirksamkeitsvoraussetzung anzunähern vermag[140]. Gegen sie kann jedoch eingewandt werden, daß die von ihr entwickelte Methode zur Verbesserung der Rechtsposition des Einstellungsbewerbers aufgrund ihrer rechtlich komplizierten Struktur ein für die Betriebspraxis wenig geeignetes Mittel darstellt.

Da die Gegenmeinung dem dargelegten Ziel mit einfacheren Mitteln näherzukommen versucht, zeichnet sich dies als die betriebstauglichere Lösung ab und verdient daher den Vorzug. Jedoch nicht nur ihr klar strukturierter Aufbau weist sie als die bessere Alternative zu der vorstehend genannten Meinung aus, sondern auch ein Blick auf die Interessenslagen der am Einstellungsverfahren Beteiligten läßt - wie schon dargelegt - erkennen, daß sie den miteinander kollidierenden Interessen ausreichend Genüge tut, so daß sie auch unter diesem Aspekt vorzugswürdig ist.

Zwar besteht Anlaß zur Behauptung, daß das Wirksambleiben des Arbeitsvertrages mit der Möglichkeit der fortbestehenden Lohnzahlungspflicht gemäß § 615 BGB bei Vorlage eines rechtskräftigen Beschlusses im Verfahren gemäß § 101 Abs. 1 eine für den Arbeitgeber nachteilige Rechtsfolge darstellt, die ihn in größerem Maße belastet, als es bei Unwirksamkeit des Arbeitsvertrages der Fall sein würde. Hierbei muß jedoch dem Umstand Rechnung getragen werden, daß der Arbeitgeber die Ursache für diese Rechtsfolge selbst gesetzt hat. Denn es steht in seiner Rechtsmacht, den Eintritt des Nachteils durch Einhaltung der Verfahrensvorschriften zu vermeiden und somit steuernd auf den Ablauf des Verfahrens gemäß § 99 Abs. 1 einzuwirken. Insoweit kann die Tatsache des selbst verschuldeten Mitwirkungsverstoßes des Arbeitgebers als Rechtfertigung für die ihn belastende zivilrechtliche Folge angesehen werden. Denn es entspricht dem Gerechtigkeitsempfinden aller, daß derjenige das größere Schadensrisiko zu tragen hat, der auch für das Entstehen des gesetzeswidrigen Zustandes verantwortlich ist. Infolgedessen wäre es unbillig, den Arbeitnehmer, obwohl er am Streit zwischen

---

139 Siehe oben 2. Kap. C. III. 1. d) aa).

140 Blomeyer, ZfA 1975, S. 301.

Arbeitgeber und Betriebsrat über die Einstellung, dessen Wurzeln im Bereich des BetrVG 1972 anzusiedeln sind, unbeteiligt ist, mit der Gefahr der Unwirksamkeit des Arbeitsvertrages zu belasten und somit den betriebsverfassungsrechtlichen Konflikt zu Lasten des Arbeitnehmers in das Individualarbeitsverhältnis hineinzutragen. Wie schon erörtert, kann sich der Arbeitnehmer der konfliktbehafteten Situation im Verhältnis zum Arbeitgeber mangels Einwirkungsmöglichkeiten auf das Einstellungsverfahren nicht entziehen. Daher berechtigt dies zur Feststellung, daß die bei Wirksamkeit der Arbeitsverträge eintretenden Rechtsfolgen dem Arbeitgeber aus genannten Gründen zumutbar sind.

Es bleibt nun noch zu klären, ob das Fortbestehen der Wirksamkeit des Arbeitsverhältnisses mit dem Sinn und Zweck des Mitbestimmungsrechts des § 99 vereinbar ist. Nach der im Schrifttum vorherrschenden Meinung steht das Mitbestimmungsrecht dem Betriebsrat bei Einstellungen ausschließlich[141] oder primär[142] zur Wahrung der kollektiven Belange der von ihm repräsentierten Belegschaft zu. Erst in zweiter Hinsicht erwächst der Beschäftigtenvertretung eine Verpflichtung zum Schutz der Individualinteressen des von der Einstellung betroffenen Arbeitnehmers[143]. Dies folgt unmißverständlich aus dem Katalog der Gründe des § 99 Abs. 2, bei deren Vorliegen der Betriebsrat die Zustimmung zur personellen Einzelmaßnahme verweigern kann. Deutlich wird dieser Hauptzweck insbesondere in den Gründen der Ziffern 3 und 6 des § 99 Abs. 2[144]. Danach besteht eine Berechtigung zur Verweigerung der Zustimmung, wenn infolge der Einstellung betrieblich oder persönlich nicht gerechtfertigte Nachteile für die im Betrieb beschäftigten Arbeitnehmer entstehen oder eine Störung des Betriebsfriedens zu erwarten ist. Aber auch bei § 99 Abs. 2 Ziff. 2 und Ziff. 5 steht letztendlich der kollektive Interessenschutz im Vordergrund. Denn die Beachtung der Auswahlrichtlinien (§ 95) garantiert eine gerechte Behandlung aller Arbeitnehmer,

---

141 Heinze, Personalplanung, Rdnr. 309, 312, 319, 322, 331, 336: auch hinsichtlich § 99 Abs. 2 Ziff. 1 u. Ziff. 4 stellt er auf kollektive Gesichtspunkte ab; Dietz/Richardi, § 99 Rdnr. 1; Frey, BB 1972, S. 926; Galperin/Löwisch, § 99 Rdnr. 1; Schmitz, BlStSozArb 1983, S. 275; BVerwG, Urt. v. 13.2.1979 = BVerwGE 57, S. 280.

142 Vgl. BAG v. 14.5.1974, AP Nr. 2 zu § 99; Alberty, S. 53/54; Matthes, DB 1974, S. 2008; Meisel, S. 136 Rdnr. 289; Glimm, S. 95; Weiss, § 99 Rdnr. 1.

143 Vgl. BAG v. 16.7.1985, DB 1986, S. 124 (126); Plander, RdA 1985, S. 223 (228); Maul-Backer, S. 25; Meyer, DB 1982, S. 1614 (1616).

144 Matthes, DB 1974, S. 2008; Meyer, a.a.O.

während eine nach § 99 geforderte Ausschreibung der Wahrung der Chancengleichheit bei der Einstellung dient. Eine dem Individualschutz zu dienen bestimmte Vorschrift kann hingegen nur in § 99 Abs. 2 Ziff. 1 gesehen werden[145]; § 99 Abs. 2 Ziff. 4 ist demgegenüber nicht auf Einstellungen anwendbar[146]. Denn eine Einstellung stellt stets eine Verbesserung der Rechtsstellung des Arbeitnehmers dar, so daß sie für den betroffenen Arbeitnehmer zu keinem Nachteil i. S. des § 99 Abs. 2 Ziff. 4 führt.

Der durch die aufgezählten Zustimmungsverweigerungsgründe zum Ausdruck kommende Vorrang des kollektiven Interessenschutzes wird bei einer unter Verstoß gegen das Beteiligungsrecht des Betriebsrats erfolgten Einstellung nicht bereits bei Abschluß des Einstellungsvertrages, sondern erst bei der tatsächlichen Eingliederung des Arbeitnehmers in den Betrieb beeinträchtigt[147]. Denn hiermit erfolgt eine direkte Einwirkung auf die personelle Zusammensetzung der Belegschaft des Betriebes, so daß betriebliche Interessen unmittelbar berührt sind. Demgegenüber bewirkt das Fortbestehen der Wirksamkeit des Einzelarbeitsvertrages keine Störung der betrieblichen Belange[148].

Mithin ist dem kollektiven Schutzgedanken des § 99 Genüge getan, wenn eine tatsächliche Beschäftigung des betriebsverfassungswidrig eingestellten Arbeitnehmers unterbleibt bzw. im Falle ihres Vollzuges rückgängig gemacht wird[149]. Demgemäß steht der dargestellte Lösungsansatz - Wirksamkeit des Einzelarbeitsvertrages mit der Möglichkeit des tatsächlichen Beschäftigungsverbots - im Einklang mit Sinn und Zweck des Mitbestimmungsgedankens in § 99.

Zudem konnte festgestellt werden, daß diese Lösungsmöglichkeit eine optimale Absicherung des Mitbestimmungsrechts des Betriebsrats bei weitgehender Schonung der Individualinteressen des von der Einstellung betroffenen Arbeitnehmers

145 Meyer, DB 1982, S. 1614 (1616); eine genaue Darstellung hierzu erfolgt unten 3. Kap. C. I. 2. b) dd) (2).

146 Wie hier Hess/Schlochauer/Glaubitz, § 99 Rdnr. 120; Galperin/Löwisch, § 99 Rdnr. 93; Dietz/Richardi, § 99 Rdnr. 180; GK-Kraft, § 99 Rdnr. 130; a. A. Fitting/Auffarth/Kaiser, § 99 Rdnr. 55; Däubler/Kittner/Klebe, § 99 Rdnr. 192; Heinze, Personalplanung, Rdnr. 322: für Anwendung des § 99 Abs. 2 Ziff. 4 bei der Einstellung.

147 So etwa Matthes, DB 1974, S. 2008; Heinze, Personalplanung, Rdnr. 342.

148 Baumann, S. 51.

149 Alberty, S. 94; Matthes, a.a.O.

gewährleistet, wobei die Rechtsfolgen auch aus Sicht des Arbeitnehmers vertretbar sind. Insoweit stellt es einen Verstoß gegen das auch im BetrVG 1972 geltende Übermaßverbot dar, wenn der Verletzung des Mitbestimmungsrechts des Betriebsrats neben der betriebsverfassungsrechtlichen Sanktion noch eine weitergehende individualrechtliche Konsequenz beigemessen würde.

Im übrigen ist auch nicht ersichtlich, daß der bestehende Individualrechtsschutz durch die kollektiven Befugnisse des Betriebsrats eingeschränkt werden soll. Denn Ziel des BetrVG 1972 ist letztlich sogar eine Stärkung der Rechtsposition des einzelnen Arbeitnehmers[150].

Die bisherigen Ausführungen lassen daher den Schluß zu, daß es nicht im überwiegenden Interesse der am Einstellungsverfahren beteiligten Personen liegt, wenn der Einzelarbeitsvertrag infolge des Beteiligungsverstoßes unwirksam wird. Daneben macht auch die Zweckbestimmung des § 99 deutlich, daß dem in der Norm zum Ausdruck kommenden Vorrang des betrieblichen Interessenschutzes durch die Sanktion des § 101 Genüge getan ist.

Ob auch eine Analyse der in diesem Zusammenhang relevanten Vorschriften der §§ 100 - 101 zur Bestätigung des so gewonnenen Ergebnisses beiträgt, bedarf noch der Erörterung. Zunächst erweist sich die Vorschrift des § 101 als wenig aufschlußreich für die Lösung der Rechtsfrage, weil die Rechtsfolge des § 101 S. 1 keine eindeutige Aussage zur Wirksamkeit oder Unwirksamkeit des Arbeitsvertrages zuläßt[151]. Anhaltspunkte für die rechtliche Behandlung des Rechtsstreits könnte jedoch die Bestimmung des § 100 Abs. 3 S. 1 enthalten. Nach § 100 Abs. 1 kann der Arbeitgeber in dringenden Fällen unter besonderen Voraussetzungen die Einstellung des Bewerbers ohne Zustimmung des Betriebsrats vorläufig durchführen. Sie ist als solche dann zivilrechtlich wirksam. Allerdings kann die vorläufige Maßnahme durch rechtskräftigen Beschluß des Arbeitgebers gemäß § 100 Abs. 3 beendet werden, wobei der Gesetzgeber hinsichtlich der Rechtsfolgen eine Differenzierung vorsieht: Gemäß § 100 Abs. 3 S. 1 "endet" die vorläufige Maßnahme mit Ablauf von zwei Wochen, d. h. der persönlichen Einzelmaßnahme "Einstellung" fehlt es nach diesem Zeitpunkt an der zivilrechtlichen Wirksamkeit[152].

---

150 Niederalt, S. 112.

151 Vgl. Maul-Backer, S. 119.

152 H. M.: Dietz/Richardi, § 100 Rdnr. 53/54/55; Fitting/Auffarth/Kaiser, § 100 Rdnr. 10, 11;

Demgegenüber betrifft § 100 Abs. 3 S. 2 die tatsächliche Beschäftigung, die danach nicht mehr aufrechterhalten werden darf. Insofern liegt mit § 100 Abs. 3 S. 1 eine Regelung vor, die eine Rechtsaussage zu den zivilrechtlichen Beziehungen zwischen Arbeitgeber und Arbeitnehmer im Rahmen vorläufiger Maßnahmen trifft. Da der Gesetzgeber für den Fall des Fehlens der formellen und materiellen Voraussetzungen einer Maßnahme nach § 100 Abs. 1 eine Regelung zur rechtlichen Beendigung des der Einstellung zugrunde liegenden Arbeitsvertrages mit § 100 Abs. 3 S. 1 konstruiert hat, liegt - wie schon Matthes[153] feststellte - die Schlußfolgerung nahe, daß er von der generellen Wirksamkeit des Einzelvertrages bei der personellen Einzelmaßnahme "Einstellung" trotz des Mitwirkungsverstoßes ausgeht. Denn es hätte dieser Vorschrift nicht bedurft, wenn das Arbeitsverhältnis im Rahmen der vorläufigen Maßnahmen i. S. des § 100 bei Nichtvorliegen der Anspruchsvoraussetzungen des § 100 Abs. 1 sowie fehlender Auswirkung des Betriebsrats ohnehin unwirksam wäre. Zu diesem Ergebnis gelangte man jedoch, wenn man mit den Vertretern der Wirksamkeitstheorie argumentierte, weil wegen des Fehlens der anspruchsbegründenden Voraussetzungen des § 100 eine endgültige Maßnahme begründet würde, die hiernach aufgrund des Mitwirkungsverstosses unweigerlich unwirksam wäre. Vom Lösungsansatz der Theorie der Wirksamkeitsvoraussetzung her wäre die Regelung des § 100 Abs. 3 S. 1 über die rechtliche Beendigung der vertraglichen Grundlage der Einstellung somit überflüssig.

Dementsprechend kann nicht davon ausgegangen werden, daß der Gesetzgeber seinen Überlegungen zu den zivilrechtlichen Konsequenzen betriebswidrig durchgeführter Einstellungen die Theorie der Wirksamkeitsvoraussetzung zugrunde gelegt hat, weil ansonsten der § 100 Abs. 3 S. 1 unverständlich und sogar entbehrlich wäre. Vielmehr kann aus § 100 Abs. 3 S. 1 geschlossen werden, daß ein Verstoß gegen das Mitspracherecht nicht zur Unwirksamkeit des abgeschlossenen Vertrages führt. Daher enthält § 100 Abs. 3 S. 1 Anhaltspunkte für die Beantwortung der eingangs gestellten Frage nach Rückschlüssen für die

---

Hess/Schlochauer/Glaubitz, § 100 Rdnr. 39; Stege-Weinspach, §§ 99 - 101 Rdnr. 123 c; GK-Kraft, § 100 Rdnr. 44; Weiss, § 100 Rdnr. 8; a. A.: Galperin/Löwisch, § 100 Rdnr. 26 definieren Einstellung lediglich als tatsächliche Eingliederung in den Betrieb, ohne den zivilrechtlichen Vertragsschluß miteinzubeziehen. Insofern berührte § 100 Abs. 3 S. 1 auch nicht das Arbeitsverhältnis. Ähnlich Heinze, Personalplanung, Rdnr. 341.

153 Vgl. Matthes, DB 1974, S. 2008; zustimmend Alberty, S. 50.

Behandlung endgültiger Einstellungen.

Schließlich sprechen auch verfahrensrechtliche Erwägungen dafür, daß eine Verletzung des Beteiligtenrechts des Betriebsrats bei der Einstellung keine Auswirkungen auf das Verhältnis zwischen Arbeitgeber und Arbeitnehmer entfaltet. Denn die Klärung der Frage, ob das Mitbestimmungsrecht beachtet worden ist oder nicht, kann in der Regel nur im Wege eines Rechtsstreits bei Gericht erfolgen. Sinnvoll wäre es, den Konflikt gerichtlich unmittelbar zwischen den streitbaren Beteiligten des Mitbestimmungsverfahrens, also dem Arbeitgeber und dem Betriebsrat, auszutragen. Verknüpfte man jedoch Zustimmung und Wirksamkeit des Einzelarbeitsvertrages, müßten die Vertragsparteien zur Herbeiführung einer Entscheidung, ob die für die Wirksamkeit des Individualarbeitsvertrages erforderliche Zustimmung zu ersetzen ist, die Gerichte anrufen.

Zudem wäre die Notwendigkeit einer gerichtlichen Klärung vor allem für den von der betriebsverfassungswidrig durchgeführten Einstellung betroffenen Arbeitnehmer gegeben, weil er - wie bereits dargelegt - am Zustimmungsverfahren nicht beteiligt ist und in der Regel wegen fehlender Rechtskenntnisse nicht in der Lage ist festzustellen, ob die Zustimmung der Beschäftigtenvertretung erforderlich bzw. für Fälle ihrer Erforderlichkeit wirksam erteilt worden ist. Die Kopplung von Zustimmung und Wirksamkeit würde demnach für die Parteien des Arbeitsvertrages, insbesondere den Arbeitnehmer, einen nicht unbedeutenden Unsicherheitsfaktor im Hinblick auf die Rechtswirksamkeit des Arbeitsvertrages darstellen, der der Forderung nach Rechtssicherheit für die Vertragspartner nicht mehr gerecht würde.

IV. Ergebnis zu C

Die bislang erfolgte Untersuchung zum Problem der individualrechtlichen Auswirkungen einer Verletzung der Mitwirkungsrechte des Betriebsrats bei der Einstellung läßt die Feststellung zu, daß die Wirksamkeit des der personellen Maßnahme zugrunde liegenden Arbeitsvertrages nicht von der *Zustimmung des Betriebsrats abhängen* kann. Insoweit bleibt der Einzelarbeitsvertrag auch dann wirksam, wenn sich der Arbeitgeber über das Unterrichtungs- und Zustimmungsverfahren gemäß §§ 99 u. 100 hinwegsetzt. Der Betriebsrat hat allerdings gemäß § 101 S. 1 die Pflicht, die Aufhebung der *tatsächlichen Beschäftigung* des Arbeitnehmers im Betrieb durch Gerichtsbeschluß zu erreichen.

Entsprechend der rechtskräftigen Gerichtsentscheidung i. S. des § 101 hat der Arbeitgeber die tatsächliche Beschäftigung des Arbeitnehmers zu verhindern bzw. eine bereits erfolgte betriebliche Eingliederung des Arbeitnehmers rückgängig zu machen. Der Arbeitsvertrag bleibt jedoch trotz gerichtlicher Anordnung solange wirksam, bis er individualrechtlich aufgelöst wird. Die Richtigkeit dieser Ansicht konnte vor allem anhand der Auswirkungen, die eine Verknüpfung von Zustimmung und Wirksamkeit des Arbeitsvertrages für die rechtliche Stellung des Arbeitnehmers zur Folge hätte, belegt werden. Denn die Anwendung der hier abgelehnten Theorie der Wirksamkeitsvoraussetzung führte zur Unwirksamkeit des Arbeitsvertrages. Dies stellte eine Beeinträchtigung der Vertragsfreiheit[154] sowie eine Entwertung des Bestands- und Vertrauensschutzes[155] dar, die eine Schwächung der Rechtsposition des Arbeitnehmers im Betrieb bewirkte.

Aber nicht nur der Blick auf die Rechtsstellung des Arbeitnehmers, sondern auch auf die Stellung des Betriebsrats sowie die Interessen der übrigen Betriebsmitglieder und die des Arbeitgebers macht deutlich, daß die "Zustimmung" des Betriebsrats nicht als Wirksamkeitsvoraussetzung für den Einzelarbeitsvertrag anzusehen ist. Insoweit ist eine strikte Trennung zwischen der individual- und betriebsverfassungsrechtlichen Ebene vorzunehmen.

---

154 Im einzelnen hierzu Alberty, S. 72; Brauch, S. 114 ff., 134 ff.; Richardi, ZfA Sonderheft-1972, S. 16. Eine genaue Darstellung zur Beschränkung der Vertragsfreiheit in personellen Angelegenheiten, insbesondere bei der Versetzung, erfolgt im 3. Kap. C. III. 2. a).

155 Ausführlich Alberty, S. 72 ff. Siehe auch 3. Kap. C. III. 2. b).

D. Zusammenfassung der wesentlichen Aussagen in Thesen

I. Der Begriff der "Einstellung" i. S. des § 99 ist gesetzlich nicht definiert.

1. Die Notwendigkeit einer genauen Definition ergibt sich aus dem Bedürfnis nach einer Klärung der Frage, zu welchem Zeitpunkt das Mitbestimmungsrecht bei der Einstellung einsetzt.

2. Der Begriff der Einstellung ist umstritten: Fraglich ist, ob darunter der Abschluß des Arbeitsvertrages, die Eingliederung des Arbeitnehmers in den Betrieb oder eine Kombination von beiden Tatbeständen zu verstehen ist.

a) Anhand der Auslegung des Begriffs der "Einstellung" ist dessen Bedeutungsgehalt zu bestimmen:

aa) Eine philologische sowie historische Interpretation des Begriffs der "Einstellung" erweist sich als wenig zweckdienlich.

bb) Dagegen ergibt die gesetzessystematische Interpretation des Begriffs der "Einstellung", daß zumindest auch der Abschluß des Arbeitsvertrages der Mitbestimmungspflicht des Betriebsrats i. S. des § 99 unterliegt.

cc) Eine möglichst frühzeitige Beteiligung des Betriebsrats gebietet auch die teleologische Interpretation: Eine Mitbestimmung zum Zeitpunkt des Vertragsschlusses vermeidet die Entstehung von innerbetrieblichen Konflikten und steht somit im gemeinsamen Interesse sämtlicher Beteiligter.

b) Der Begriff der "Einstellung" umfaßt insoweit bereits den Abschluß des Arbeitsvertrages, der durch schriftliches, mündliches oder schlüssiges Verhalten zustande gekommen sein kann.

c) Ein so verstandener Begriff der "Einstellung" erweist sich in Sonderfällen - wie dem Fall der gewerbsmäßigen Arbeitnehmerüberlassung - als zu starr und von geringer praktischer Relevanz.

d) Dieses Problem ist dadurch zu beheben, daß unter dem Begriff der "Einstellung" sowohl die Eingliederung des Arbeitnehmers in den Betrieb als auch ein hierauf gerichteter Arbeitsvertrag zu verstehen ist.

II. Die individualrechtlichen Folgen mangelnder oder mangelhafter Beteiligung des Betriebsrats bei der Einstellung sind gesetzlich nicht geregelt.

1. Die Lösung des Problems ist umstritten: Das Meinungsspektrum reicht von der Annahme der absoluten Nichtigkeit über die Bejahung einer schwebenden, relativen Unwirksamkeit, einer vorläufigen Wirksamkeit bis hin zur vollen Wirksamkeit des Arbeitsvertrages.

a) Bei Zugrundelegung der Theorie der Wirksamkeitsvoraussetzung entsteht infolge der Verletzung des Beteiligungsrechts des Betriebsrats bei der Einstellung ein sogenanntes faktisches Arbeitsverhältnis.

aa) Das faktische Arbeitsverhältnis wird, solange tatsächlich Arbeit geleistet wird, als wirksam begründet angesehen. Es kann jedoch jederzeit ohne Einhaltung einer besonderen Frist aufgelöst werden. Dies hat zur Folge, daß der Arbeitnehmer in seinem Vertrauen auf den Fortbestand des Arbeitsverhältnisses beeinträchtigt und insoweit in seinem rechtlichen Interesse an sozialem Bestandsschutz verletzt wird.

bb) Da dem Arbeitnehmer, wenn überhaupt, nur in bestimmten Fällen Einwirkungsmöglichkeiten auf das Zustimmungsersetzungsverfahren übertragen sind, findet eine Kompensation für diese negativen Auswirkungen der Theorie der Wirksamkeitsvoraussetzung nicht statt. Mithin führt die Anwendung der Theorie der Wirksamkeitsvoraussetzung aus Sicht des betroffenen Arbeitnehmers zu einer Beeinträchtigung seiner Stellung im Betrieb.

cc) Diese negative Folge für den betriebsverfassungswidrig eingestellten Arbeitnehmer wird auch von den Vertretern der Theorie der Wirksamkeitsvoraussetzung erkannt und durch Hilfkonstruktionen zu beheben versucht:

(1) Um die Nachteile des faktischen Arbeitsverhältnisses für den Arbeitnehmer zu begrenzen, befürworten einige Anhänger der Theorie der Wirksamkeitsvoraussetzung einen Anspruch des betriebswidrig eingestellten Arbeitnehmers auf Schadensersatz gegen den Arbeitgeber. Erwogen wird vor

allem eine Haftung unter dem Gesichtspunkt der culpa in contrahendo. Allerdings ist es dem Arbeitnehmer nicht in jedem Fall möglich, den Nachweis für den Eintritt eines Schadens und somit das Bestehen eines Schadensersatzanspruchs zu führen. Zudem kann der Arbeitnehmer den Anspruch auf Schadensersatz nur erschwert gerichtlich geltend machen.

(2) Richardi und Wiedemann sind demgegenüber der Ansicht, daß es eine übermäßige Beeinträchtigung der Rechtsposition des Arbeitnehmers darstelle, wenn das "faktische Arbeitsverhältnis" jederzeit beendet werden könne. Daher soll es dem Arbeitgeber untersagt sein, die Verletzung des Mitbestimmungsrechts des Betriebsrats gegenüber dem betroffenen Arbeitnehmer geltend zu machen. Die Auffassung zeigt insoweit Schwächen, als das erklärte Ziel - die Verbesserung der Rechtsstellung des Arbeitnehmers - nur bedingt realisiert wird. Mithin erweist sich die Modifizierung der Theorie der Wirksamkeitsvoraussetzung auf der Grundlage des Vertrauensschutzes als eine wenig praktikable Methode zur Verstärkung des Individualschutzes.

(3) Eine andere Ansicht versucht die Auswirkungen der Theorie der Wirksamkeitsvoraussetzung dadurch abzumildern, daß das ohne Zustimmung begründete Arbeitsverhältnis nicht absolut, sondern nur im Verhältnis zum Betriebsrat unwirksam sein soll (= relative Unwirksamkeit). Da die Konstruktion der relativen Unwirksamkeit auf den Fall des betriebswidrig eingestellten Arbeitnehmers nicht übertragen werden kann, ist diese Meinung für das aufgeworfene Problem nicht sachdienlich.

b) Die Gegenmeinung vermeidet die für den Arbeitnehmer nachteilige Rechtsfolge der Unwirksamkeit dadurch, daß sie einer Verletzung des Mitbestimmungsrechts keinerlei Rechtswirkungen auf individualrechtlicher Ebene beimißt. Sie ist jedoch in ihrer Begründung uneinheitlich.

aa) Von den Vertretern des eingliedrigen Einstellungsbegriffs wird das Fortbestehen der Wirksamkeit damit begründet, daß der Abschluß des Arbeitsvertrages nicht vom Mitbestimmungstatbestand des § 99 umfaßt sei, so daß ein Mitwirkungsverstoß keinerlei Auswirkungen auf das Einzelarbeitsverhältnis haben könne.

bb) Andere Vertreter der Wirksamkeitslösung erfassen unter dem Begriff der "Einstellung" zwar den Abschluß des Arbeitsvertrages, qualifizieren die Zustimmung des Betriebsrats jedoch nicht als Wirksamkeitsvoraussetzung i. S. des Individualarbeitsvertragsrechts. Deshalb bleibt eine Verletzung des Beteiligungsrechts ohne Einfluß auf die Wirksamkeit des Arbeitsvertrages. Allerdings hat der Betriebsrat in diesem Falle gemäß § 101 S. 1 die Möglichkeit, durch einen Antrag an das Arbeitsgericht die tatsächliche Beschäftigung des Arbeitnehmers aufheben zu lassen. Sofern das Gericht dem Begehren des Betriebsrats stattgibt, weist es dem Arbeitgeber an, die tatsächliche Beschäftigung zu verhindern bzw. eine erfolgte Beschäftigung rückgängig zu machen.

cc) Folgende Argumente sprechen für diese Lösungsmöglichkeit:

(1) Die Wirksamkeit des Arbeitnehmers steht im überwiegenden Interesse aller am Einstellungsverfahren Beteiligten.

(2) Das Fortbestehen der Wirksamkeit des Arbeitsverhältnisses ist mit Sinn und Zweck des Mitbestimmungsrechts bei der Einstellung vereinbar.

(3) Auch gesetzessystematische Gründe, insbesondere das Argument aus § 100 Abs. 3 S. 1, lassen erkennen, daß ein Verstoß gegen das Beteiligungsrecht bei der Einstellung nicht zur Unwirksamkeit des Arbeitsvertrages führen muß.

(4) Schließlich sprechen auch verfahrensrechtliche Gründe dafür, daß ein Mitwirkungsverstoß auf individualrechtlicher Ebene folgenlos bleibt. Denn den betroffenen Arbeitnehmer ist es nur im begrenzten Maße möglich, Einfluß auf das Zustimmungsersetzungsverfahren zu nehmen.

2. Es ist daher festzustellen, daß der Arbeitsvertrag trotz fehlender oder fehlerhafter Beteiligung des Betriebsrats wirksam bleibt, der Betriebsrat jedoch ein Beschäftigungsverbot im Wege des Verfahrens gemäß § 101 S. 1 verlangen kann.

3. Kapitel: Die Auswirkungen einer fehlenden oder fehlerhaften Beteiligung des Betriebsrats im Rahmen der Versetzung gemäß § 99 Abs. 1 auf das Einzelarbeitsverhältnis

A. Problemstellung

In diesem Kapitel soll das Problem der Auswirkungen betriebsverfassungswidrigen Handelns bezogen auf das Individualarbeitsverhältnis bei der Versetzung gemäß § 99 Abs. 1 erörtert werden. Die Frage der individualrechtlichen Folgen einer unter einem Verstoß gegen § 99 Abs. 1 vorgenommenen Versetzung ist - nach wie vor - sehr umstritten[156].

Eine Erklärung hierfür könnte in der Vielschichtigkeit des Versetzungsvorgangs zu sehen sein, bei dem - wie noch zu zeigen sein wird -eine Differenzierung zwischen individualrechtlichen und betriebsverfassungsrechtlichen Voraussetzungen zu treffen ist[157]. Insofern könnte es dem Umstand der Zweiteilung der Versetzungsmaßnahme zuzuschreiben sein, daß hierdurch eine klare Grenzziehung zwischen den Bereichen erschwert wird, was jedoch im Hinblick auf die zu erörternde Rechtsfolgenproblematik erforderlich wäre. Denn für die hier zu erörternde Frage kann es bedeutsam sein, ob zwischen dem betriebsverfassungsrechtlichen und dem individualrechtlichen Begriff eine begriffliche Bezugnahme oder sonstige Verbindung erkennbar wird oder ob die genannten Bereiche weitgehend unabhängig voneinander sind.

Dies zu klären, soll die zunächst anstehende Aufgabe sein, wobei dem jeweiligen Ergebnis der Untersuchung Bedeutung für die Frage der individualrechtlichen Auswirkungen eines Beteiligungsverstoßes zukommen wird.

---

156 V. Hoyningen-Huene/Boemke, S. 195.

157 Siehe unten 3. Kap. B. I. 1.

B. Betriebsverfassungswidrige Versetzung

I. Der Begriff der Versetzung

1. Überblick

Das Vorgehen setzt zunächst voraus, daß Klarheit über die genaue Terminologie des Begriffes der "Versetzung" besteht.

Wie schon erwähnt, liegt mit dem terminus technicus "Versetzung" ein komplexer Begriff vor, der sowohl im Individualarbeitsrecht wie auch im Betriebsverfassungsrecht rechtliche Bedeutung erlangt, wenn auch mit unterschiedlicher Gewichtung. Daher wird bei einem Versetzungsvorgang überwiegend[158] zwischen zwei Bereichen unterschieden:

- Zum einen der individualrechtliche Bereich, der die Rechtsbeziehungen zwischen Arbeitgeber und Arbeitnehmer regelt.
- Zum anderen die betriebsverfassungsrechtliche Ebene, die die Mitbestimmung des Betriebsrats zum Gegenstand hat.

Demgegenüber will eine neuere Ansicht[159] die Versetzungsmaßnahme in drei Ebenen unterteilen, indem sie zwischen dem individualrechtlichen und kollektivrechtlichen Bereich eine dritte - tatsächliche - Ebene errichtet, welche den Vollzug der individualrechtlichen Versetzungsregelung beinhaltet, d. h. die tatsächliche Zuweisung einer anderen Tätigkeit. Da jedoch auch diese Auffassung zwischen der arbeitsvertraglichen und betriebsverfassungsrechtlichen Ebene unterscheidet, ist hiernach ebenfalls eine Präzisierung des arbeitsrechtlichen Versetzungsbegriffs erforderlich, um dem Versetzungsvorgang mehr Transparenz verleihen zu können,

158 Vgl. z. B. Stege, DB 1975, S. 1506; Meisel, BB 1974, S. 559; Palme, BlStSArbR 1976, S. 305; ähnlich auch Hromadka, DB 1972, S. 1532; Anm. v. Misera zu AP Nr. 33 zu BAG, v. 18.2.1986, § 99 unt. II, IV.

159 v. Hoyningen-Huene, NZA 1993, S. 146 f.; ders., in: v. Hoyningen-Huene/Boemke, S. 18, 33.

was für die Rechtsfolgenproblematik entscheidend sein könnte.

Insoweit steht im folgenden die Begriffsbestimmung der Versetzung im Bereich des BetrVG 1972 an, weil im Rahmen der Untersuchung der zivilrechtlichen Folgen eines Mitwirkungsverstoßes die Versetzung lediglich als Mitbestimmungstatbestand Bedeutung erhält.

2. *Der betriebsverfassungsrechtliche Begriff gemäß §§ 95 Abs. 3 i.V.m. 99 Abs. 1*

Im Unterschied zum Begriff der Einstellung enthält § 95 Abs. 3 für den Bereich des Betriebsverfassungsrechts eine Legaldifinition der Versetzung, die nur für das BetrVG 1972 gilt[160] und daher nicht ohne weiteres auf andere Bereiche übertragen werden kann[161]. Als Versetzung i. S. des § 95 Abs. 3 S. 1 wird die Zuweisung eines anderen Arbeitsbereichs angesehen,

- die voraussichtlich länger als einen Monat dauern wird oder aber
- bei kürzerer Zeit als einem Monat mit einer erheblichen Veränderung der Umstände verbunden ist, unter denen die Arbeit zu leisten ist.

Aus dem Gesetzeswortlaut läßt sich somit entnehmen, daß die Veränderung des Arbeitsbereichs unabdingbar Voraussetzung für alle Versetzungen ist, während die weiteren Merkmale der Definition lediglich Kriterien sind, die alternativ erfüllt werden müssen. Das BetrVG 1972 trifft somit eine positive Bestimmung des Begriffs der Versetzung, während § 60 Abs. 3 BetrVG 1952 noch eine negative Abgrenzung enthielt. Die Definition ist auch weiter gefaßt als die des BetrVG 1952. Denn für den Begriff der Versetzung ist es gemäß BetrVG 1972 unerheblich, ob die Veränderung der Tätigkeit für den Arbeitnehmer mit höheren, niedrigeren oder gleichwertigen Anforderungen einhergeht[162]. Im übrigen umfaßt der

---

160 Anm. von Misera zu BAG, v. 18.2.1986, AP Nr. 33 zu § 99 unt. I.

161 Vgl. BAG, v. 6.2.1985, DB 1985, S. 1481.

162 Vgl. Hess/Schlochauer/Glaubitz, § 99 Rdnr. 38.

Versetzungsbegriff nunmehr auch die sogenannten Umsetzungen innerhalb des Betriebes[163].

Trotz der positiv formulierten Definition der Versetzung ist es dem Gesetzgeber des BetrVG 1972 jedoch keineswegs gelungen, eine Konkretisierung des rechtlichen Gehalts der Versetzung herbeizuführen. Vielmehr ist durch die Neufassung ein weiteres Auslegungsproblem in der Form der Unbestimmtheit des Ausdrucks "Arbeitsbereichs" entstanden, über dessen genaue Begriffsbestimmung Unklarheit herrscht[164].

Voraussetzungen des Begriffes:

a) Zuweisung eines anderen Arbeitsbereichs

aa) Der Begriff des Arbeitsbereichs

Einigkeit besteht darüber, daß der Begriff "Arbeitsbereich" i. S. des § 95 Abs. 3 S. 1 den Ort der Arbeitsleistung, die Art der Tätigkeit und die Stellung des Arbeitnehmers in der betrieblichen Organisation umfaßt[165]. Daher ist "Arbeitsbereich"

---

163 Vgl. Begründung zum Reg.Entw., BT-Drucksache II/1486, S. 50; weiterhin Bericht des BT-Ausschusses für Arbeit und Sozialordnung zu BT-Drucksache VI/2729, S. 30. Vgl. dazu auch Richardi, DB 1979, S. 378; Hess/Schlochauer/Glaubitz, § 99 Rdnr. 46; Spiegelhalter, ArbR-Lexikon, "Versetzung" V 1.

164 Rückschlüsse auf eine genaue Interpretation des Ausdrucks "Arbeitsbereich" lassen sich auch nicht aus § 81 Abs. 2 i.V.m. Abs. 1 gewinnen, dessen Abs. 2 auch den Terminus "Arbeitsbereich" enthält. Denn die unterschiedliche Zweckbestimmung beider Vorschriften (vgl. nähere Ausführungen bei Gaul, ArbeitsR II, O XIII, Rdn. 104 ff.; a. A. Boewer, DB 1974, S. 1035, 1036 ff.) verbietet eine Übertragung des Schutzzweckes aus § 81 Abs. 2 auf den Ausdruck "Arbeitsbereich" in § 95 Abs. 3.

165 H. M. Dietz/Richardi, § 99 Rdnr. 74; Fitting/Auffarth/Kaiser, § 99 Rdnr. 22 a; Gnade/Kehrmann/Schneider, § 99 Rdnr. 8; Stege-Weinspach, §§ 99 - 101 Rdnr. 155; Etzel, HzA, Rdnr. 665; Hromadka, Die Betriebsverf., S. 103; Kleine-Wittke, S. 30; Meisel, BB 1974, S. 562; Meier, NZA-Beil. 3/1988, S. 3; wohl auch v. Hoyningen-Huene, BetrVR, S. 212; Schaub, Arbeitsrechts-Handbuch, § 241 II 3 a; BAG, v. 10.4.1984, AP Nr. 4 zu § 95 =

räumlich und funktional zu verstehen.

bb) Die Änderung des Arbeitsbereichs

Der Mitbestimmung des Betriebsrats ist jedoch nicht jede Veränderung des räumlichen oder funktionalen Arbeitsbereichs unterworfen[166]. Vielmehr muß die Veränderung so erheblich sein, daß ein anderer Arbeitsbereich angenommen werden kann.

(1) Eine inhaltlich-funktionale Veränderung beinhaltet insoweit eine Änderung des Arbeitsbereichs, wenn sie sich auf den Gegenstand der Arbeitsaufgabe erstreckt und hierdurch das Gesamtbild der Tätigkeit ein anderes wird[167]. Dies trifft problemlos auf Fälle zu, in denen sich die Art der Tätigkeit ändert; während Erweiterungen oder Verkleinerungen des bisherigen Arbeitsbereichs keine Versetzungen i. S. des § 95 Abs. 3 darstellen[168].

Auch die Änderung der materiellen Arbeitsbedingungen, wie etwa der Vergütung oder der Lage der Arbeitszeit, sind nur dann Versetzungen, wenn der räumliche oder funktionale Arbeitsbereich davon betroffen wird[169].

DB 1984, S. 2198; BAG, v. 3.12.1985, AP Nr. 8 zu § 95 = NZA 1986, S. 616; BAG, v. 26.5.1988, EzA Nr. 13 zu § 95. Gegen das Abstellen auf die betriebliche Organisation Steigerwald, S. 96/103; Schulze-Wilk, S. 4, der über den Arbeitsplatz und die Tätigkeit hinaus alles zum Arbeitsbereich zählt, was damit unmittelbar im Zusammenhang steht.

166 BAG, v. 10.4.1984, BB 1984, S. 1987; Stege-Weinspach, § 99 - 101 Rdnr. 155; Fitting/Auffarth/Kaiser, § 99 Rdnr. 22; Belling, DB 1985, S. 336; Heinze, Personalplanung, Rdnr. 207; Meisel, BB 1974, S. 562.

167 BAG, v. 10.4.1984, BB 1984, S. 1937; v. 26.1.1988, BB 1988, S. 1327; v. 26.5.1988, BB 1988, S. 2100; v. 28.9.1988, BB 1989, S. 286 f., ebenso LAG Hamm, v. 1.8.1979, DB 1979, S. 2499 f.

168 BAG, v. 27.3.1980, BB 1980, S. 1267.

169 Allg. M.: vgl. Dietz/Richardi, § 99 Rdnr. 80; Fitting/Auffarth/Kaiser, § 99 Rdnr. 23; Hess/Schlochauer/Glaubitz, § 99 Rdnr. 43; Hromadka, DB 1974, S. 1534; Meisel, BB 1978, S. 568; Neumann, AR-Blattei (D) Versetzung des Arbeitnehmers I, C. I. 3.

(2) Hinsichtlich einer räumlich-örtlichen Veränderung wird - von Bagatellfällen abgesehen - dann von einer Zuweisung eines anderen Arbeitsbereichs zu sprechen sein, wenn sich der Arbeitsort als das räumliche Gebiet, innerhalb dessen der Arbeitnehmer nach der Eigenart des Arbeitsverhältnisses eingesetzt werden soll, ändert[170]. Dies ist sowohl aus dem allgemeinen Sprachgebrauch[171] als auch der historischen Herkunft des Begriffes der Versetzung aus dem Beamtenrecht herzuleiten, wonach Versetzung die Zuweisung eines anderen Dienst- oder Arbeitsortes ist[172]. Zu diesem Schluß kann man ferner aber auch anhand des systematischen Zusammenhangs des § 95 Abs. 3 S. 1 und § 95 Abs. 3 S. 2 gelangen[173]. Streitig ist in diesem Rahmen jedoch, ob bereits der bloße Betriebswechsel innerhalb des gleichen Unternehmens, als Veränderung des Arbeitsortes, eine Zuweisung eines anderen Arbeitsbereichs darstellt[174]. Bei den innerbetrieblichen Veränderungen (den sogenannten Umsetzungen) gilt es zu beachten, daß sie trotz räumlicher Veränderung keinen Arbeitsortwechsel zur Folge haben, so daß bei ihnen eine Zuweisung eines anderen Arbeitsbereichs nur unter dem Gesichtspunkt der inhaltlich-funktionalen oder organisatorischen Veränderung in Betracht kommt[175].

(3) Eine Veränderung des Platzes in der betrieblichen Organisation ist dann eine Versetzung, wenn der Arbeitnehmer aus einer betrieblichen Einheit herausgenommen und einer anderen zugewiesen wird[176].

---

170 BAG, v. 18.2.1986, BB 1986, S. 2056 ff.; v. 1.8.1989, BB 1989, S. 2255; v. 8.8.1989, BB 1990, S. 143; v. 14.11.1989, BB 1990, S. 1129 f.; v. 20.9.1990, BB 1991, S. 550; Däubler/Kittner/Klebe, § 99 Rdnr. 95; Fitting/Auffarth/Kaiser, § 99 Rdnr. 22 b; Heinze, Personalplanung, Rdnr. 207 f.; Hromadka, DB 1972, 1532 (1533 f.); Wlotzke, § 99 Anm. II 4 a); Hess/Schlochauer/Glaubitz, § 99 Rdnr. 46; a. A.: Boewer, DB 1979, S. 1035 (1036); Kleiner/Wittke, S. 30; GK-Kraft, § 99 Rdnr. 55; Stege-Weinspach, §§ 99 - 101 Rdnr. 159.

171 BAG, v. 18.2.1986, BB 1986, S. 2056; v. 1.8.1989, BB 1989, S. 2255; v. 14.11.1989, BB 1990, S. 1129 f.; v. 20.9.1990, BB 1991, S. 550.

172 Ausführlich zur Geschichte des Beamtentums Hattenhauer, S. 423 ff.

173 Zutr. BAG, v. 8.8.1989, BB 1990, S. 143; v. 14.11.1989, BB 1990, S. 1129 f.

174 Dazu ausführlich unten 3. Kap. B. I. 5. a).

175 Dietz/Richardi, § 99 Rdnr. 79; Galperin/Löwisch, § 99 Rdnr. 17; Hess/Schlochauer/Glaubitz, § 99 Rdnr. 46.

176 KG Berlin, v. 18.3.1974, BB 1974, S. 885; Galperin/Löwisch, § 99 Rdnr. 17; Palme, BlStSozArbR 1976, S. 307; Stege, DB 1975, S. 1508; Däubler/Kittner/Klebe, § 99 Rdnr. 100.

Es läßt sich somit feststellen, daß der Begriff des "Arbeitsbereichs" von einer breit getragenen Meinung als der Ort, die Art und der Umfang der Tätigkeit des Arbeitnehmers innerhalb der betrieblichen Organisation angesehen wird. Über die nähere Bestimmung und Gewichtung der einzelnen Kriterien des Arbeitsbereichs herrscht jedoch - wie dargelegt - trotz der Neufassung weiterhin Unklarheit.

b) Versetzungen von über einem Monat Dauer i. S. des §§ 99 i.V.m. 95 Abs. 3 S. 1 1. Alt.

Für die Annahme einer betriebsverfassungsrechtlichen Versetzung ist neben der Zuweisung eines anderen Arbeitsbereichs erforderlich, daß die personelle Einzelmaßnahme voraussichtlich die Dauer von einem Monat überschreitet. Insofern sind die üblichen Urlaubs- und Krankheitsvertretungen in der Regel keine mitbestimmungspflichtigen Versetzungen. Für die Berechnung der Monatsfrist ist die geplante Dauer der Versetzung, nicht ihre tatsächliche Dauer maßgebend[177]. Die Frist ist vom vorgesehenen Zeitpunkt der Zuweisung an zu beurteilen. Ist ursprünglich eine kürzere Zeit geplant und stellt sich später heraus, daß die Zeitspanne von einem Monat überschritten wird, so liegt eine das Mitbestimmungsrecht auslösende Versetzung in dem Zeitpunkt vor, in dem voraussehbar ist, daß die Maßnahme insgesamt mehr als einen Monat andauern wird[178].

177 Dietz/Richardi, § 99 Rdnr. 82; Hess/Schlochauer/Glaubitz, § 99 Rdnr. 47.

178 Stege-Weinspach, §§ 99 - 101 Rdnr. 166; Dietz/Richardi, § 99 Rdnr. 82; Fitting/Auffarth/Kaiser, § 99 Rdnr. 27; Galperin/Löwisch, § 99 Rdnr. 19; Heinze, Personalplanung, Rdnr. 210; Hess/Schlochauer/Glaubitz, § 99 Rdnr. 47; Hromadka, DB 1972, S. 1535; Stege, DB 1975, S. 1509: a. A. GK-Kraft, § 99 Rdnr. 65: Mitbestimmungspflicht des Betriebsrats entsteht bei wesentlicher Überschreitung der Monatsfrist

c) Änderungen der Arbeitsumstände i. S. des §§ 99 Abs. 1 i.V.m. 95 Abs. 3 S. 1 2. Alt.

Sofern eine Versetzung den Zeitraum von einem Monat nicht überschreitet, ist sie mitbestimmungspflichtig, wenn sie mit einer erheblichen Änderung der Umstände verbunden ist, unter denen die Arbeit zu leisten ist. Arbeitsumstände sind nicht die materiellen Arbeitsbedingungen, sondern die äußeren Umstände, unter denen die Arbeit zu leisten ist, insbesondere die Arbeitsumgebung[179].

Ob eine Änderung der Umstände dabei erheblich ist, richtet sich nach den objektiven Gegebenheiten[180]. Es kommt also darauf an, wie ein verständig urteilender, neutraler Dritter die Situation beurteilen würde. Dabei ist es ohne Belang, ob in concreto eine Verschlechterung oder Verbesserung der Umstände für den Arbeitnehmer eintritt[181]. Überlegungen der Art, daß das Mitbestimmungsrecht des Betriebsrats nur bei einer Verschlechterung der Arbeitsumstände einzugreifen habe[182], stehen mit dem Wortlaut des Gesetzes, das nur von "Änderung" spricht, nicht in Einklang und sind somit abzulehnen. Entscheidend ist in diesem Zusammenhang nur, daß die Veränderung wesentlich ist.

Zu beachten ist im Rahmen des § 95 Abs. 3 S. 1 2. Alt. jedoch, daß eine Kurzzeitmaßnahme lediglich dann eine Versetzung darstellt, wenn dem Arbeitnehmer ein anderer Arbeitsbereich zugewiesen worden ist. Sollte das Vorliegen der zuletzt genannten Komponenten bereits zu verneinen sein, so liegt auch dann keine Versetzung vor, wenn sich die Umstände der Arbeitsleistung geändert haben sollten[183].

---

179 Dietz/Richardi, § 99 Rdnr. 84; Hess/Schlochauer/Glaubitz, § 99 Rdnr. 48; Galperin/Löwisch, § 99 Rdnr. 20; GK-Kraft, § 99 Rdnr. 64; Kleiner-Wittke, S. 32; Meisel, Rdnr. 352; Palme, BlStSozArbR 1976, S. 307.

180 Stege, DB 1975, S. 1509; Stege-Weinspach, § 99 - 101 Rdnr. 165; Meisel, BB 1974, S. 568; Dietz/Richardi, § 99 Rdnr. 84; Hess/Schlochauer/Glaubitz, § 99 Rdnr. 49.

181 Neumann, AR-Blattei (D) Versetzung des Arbeitnehmers I, C. I. 4; Meisel, BB 1974, S. 563; Hess/Schlochauer/Glaubitz, § 99 Rdnr. 50; Heinze, Personalplanung, Rdnr. 211 Fn. 307; wohl auch Dietz/Richardi, § 99 Rdnr. 85.

182 GK-Kraft, § 99 Rdnr. 67; Galperin/Löwisch, § 99 Rdnr. 20; Stege, DB 1975, S. 1509; Stege-Weinspach, §§ 99 - 101 Rdnr. 165.

183 Überwiegendes Schrifttum: vgl. u. a. GK-Kraft, § 99 Rdnr. 58; Stege-Weinspach, § 99 - 101

d) Ausnahmen von der Mitbestimmung gemäß § 95 Abs. 3 S. 2

Von dem Grundsatz, daß jede auf Dauer oder unter erheblicher Veränderung der Arbeitsumstände vorgenommene Zuweisung eines anderen Arbeitsbereichs eine mitbestimmungspflichtige Versetzung ist, macht das Gesetz in § 95 Abs. 3 S. 2 eine Ausnahme.

Hiernach ist die Bestimmung des jeweiligen Arbeitsplatzes dann keine Versetzung, wenn Arbeitnehmer nach der Eigenart ihres Arbeitsverhältnisses nicht ständig an einem bestimmten Arbeitsplatz beschäftigt werden. Die Bestimmung der Üblichkeit des Wechsels des Arbeitsverhältnisses richtet sich nicht nach dem Vertragsinhalt[184], sondern hängt davon ab, ob es für Arbeitsverhältnisse dieser Art typisch ist[185].

Rdnr. 158; Hunold, Anm. zu BAG, v. 26.5.1988, BB 1988, S. 2103; Eich, BB 1989, S. 145: vertritt diese Meinung mit dem Hinweis darauf, daß die Kennzeichnung eines anderen Arbeitsbereichs durch eine erhebliche Veränderung der Umstände nicht mit dem Wortlaut und der Systematik des § 95 Abs. 3 S. 1 in Einklang zu bringen sei. A. A.: BAG, v. 26.5.1988, BB 1988, S. 2100; einschr. BAG, v. 18.10.1988, BB 1989, S. 422; ähnlich Belling, DB 1985, S. 333 (338); Dietz/Richardi, § 99 Rdnr. 78; Däubler/Kittner/Klebe, § 99 Rdnr. 87; Fitting/Auffarth/Kaiser, § 99 Rdnr. 22; Hönn, kr. Anm. zur früheren gegenteiligen Entsch. des BAG, v. 10.4.1984, AP Nr. 4 zu § 95.

184 Hess/Schlochauer/Glaubitz, § 99 Rdnr. 51; Dietz/Richardi, § 99 Rdnr. 87; Fitting/-Auffarth/Kaiser, § 99 Rdnr. 29; GK-Kraft, § 99 Rdnr. 63; Galperin/Löwisch, § 99 Rdnr. 21.

185 Dies ist der Fall bei Montagearbeiten oder bei Arbeitnehmern im Baugewerbe. Da mit dem Arbeitsplatz nicht nur der geographische Ort der Arbeitsleistung, sondern auch der Arbeitsplatz innerhalb des Betriebes gemeint ist, gilt u.a. der Einsatz von Springern, Hilfsarbeitern, die je nach Bedarf im Betrieb angestellt werden, nicht als Versetzung. Vgl. dazu Galperin/-Löwisch, a.a.O.; Hess/Schlochauer/Glaubitz, a.a.O.; Dietz/Richardi, a.a.O.

3. Individualrechtliche Grundlagen der Versetzung

a) Überblick

Die Regelung des Einzelarbeitsvertrags ist demgegenüber bei den arbeitsvertraglichen Voraussetzungen der Versetzung von Bedeutung. Wie schon erwähnt, ist bei einer Versetzung neben der betriebsverfassungsrechtlichen Mitbestimmung des Betriebsrats auch die zugrunde liegende Versetzungsregelung zu beachten. Hierbei geht es um die schuldrechtliche Befugnis des Arbeitgebers gegenüber dem Arbeitnehmer, eine Änderung der Tätigkeit des Arbeitnehmers, d. h. der versprochenen Dienste i. S. des § 611 BGB, herbeizuführen. Die Berechtigung des Arbeitgebers kann im Einzelfall auf dem Direktionsrecht beruhen[186]. Es kann jedoch auch eine Änderung des Arbeitsvertrags im Wege der einvernehmlichen Änderung bzw. Änderungskündigung in Betracht kommen[187]. Dabei ist es für den arbeitsvertraglichen Versetzungsbegriff ohne Belang, auf welchen individualrechtlichen Grundlagen er basiert[188].

b) Der Begriff der Versetzung im Individualarbeitsrecht

Bevor jedoch näher auf die individualrechtlichen Rechtsgrundlagen der Versetzung einzugehen ist, bleibt noch zu klären, wie der Begriff der Versetzung im Einzelarbeitsvertrag definiert wird und ob anhand der Begriffsbestimmung Rechtsvoraussetzungen für die Versetzung herleitbar sind. Im Unterschied zum BetrVG 1972 besteht zu dem Begriff der Versetzung arbeitsvertragsrechtlich keine genaue Definition. Allgemein wird hierunter jede nicht vorübergehende Zuweisung eines anderen Arbeitsplatzes verstanden[189]. Dabei wird Arbeitsplatz nicht nur als der Ort

186 Siehe hierzu unten 3. Kap. B. I. 3. c) aa).

187 Näheres hierzu im 3. Kap. B. I. 3. c) bb) ff.

188 H. M.; u.a.; BAG, v. 3.11.1977, DB 1978, S. 1136; Meisel, Rdnr. 325; Stege/Weinspach, §§ 99 - 101 Rdnr. 151.

189 Hueck/Nipperdey, ArbeitsR Bd. I, S. 201/1, Bd. II/2, § 71 B III S. 1420/21; Schaub, Arbeitsrechts-Handbuch, § 241 II 3 a, S. 1547; Nikisch, ArbeitsR Bd. I, S. 258.

der Arbeitsleistung, sondern als die Gesamtheit des dem Arbeitnehmer zugewiesenen Tätigkeitsbereichs angesehen[190].

Der Begriff des "Arbeitsplatzes" ist somit räumlich und funktional zu verstehen. Diese Betrachtungsweise hat mithin zur Folge, daß auch eine innerbetriebliche Umsetzung als Veränderung des Arbeitsplatzes eine Versetzung im individualrechtlichen Sinn darstellt. Somit ist bei diesem Verständnis des Begriffs der "Versetzung" eine Unterscheidung zwischen der Umsetzung (= innerbetriebliche Versetzung) und der Versetzung (= Änderung des Arbeitsortes) entbehrlich[191].

Zu beachten ist jedoch, daß eine bloße Erweiterung oder Einschränkung des Tätigkeitsbereichs nicht von dem Versetzungsbegriff nach dem Einzelarbeitsvertragsrecht erfaßt wird[192]. Dementsprechend wird durch den arbeitsvertraglichen Versetzungsbegriff zwar der Tatbestand der Versetzung festgelegt; der Begriff sagt aber nichts zur Zulässigkeit der Versetzung aus, d. h. die Berechtigung des Arbeitgebers zur Versetzung[193]. Aussagen hierzu können nur der konkreten Ausgestaltung des Arbeitsvertrages entnommen werden[194].

Demzufolge interessiert im weiteren die Frage, inwieweit der Arbeitgeber einseitig aufgrund seines Weisungsrechts die zugewiesene Tätigkeit verändern kann bzw. in welchen Fällen eine solche Veränderung nur im Wege des Änderungsvertrages oder einer Änderungskündigung zu erreichen ist.

---

190 Hueck/Nipperdey, ArbeitsR Bd. I, § 33 III; Bd. II/2, a.a.O.; Schaub, DB 1968, S. 1669; Neumann, AR-Blattei (D) Versetzung des Arbeitnehmers I, A. I. 1.

191 Vgl. das in Fn. 190 aufgeführte Schrifttum. A. A. Meisel, Rdnr. 323 ff.: der als Versetzung im arbeitsvertraglichen Sinne nur die Änderung des vertraglich vereinbarten Arbeitsorts ansieht. Seiner Ansicht zufolge stellt somit der bloße Wechsel des Arbeitsplatzes (räumlich und funktional) innerhalb des Betriebes keine Versetzung, sondern lediglich eine innerbetriebliche Umsetzung dar. Vgl. näheres bei ders., DB 1974, S. 560; wie dieser Stege, DB 1975, S. 1506.

192 Zu weitgehend daher Schaub, DB 1968, S. 1609, wonach Versetzung bereits die Änderung des Aufgabenbereichs nach Art. Ort und Umfang der Tätigkeit sein soll. Eine solche Auffassung widerspricht dem betrieblichen Verständnis der Versetzung. Hingegen ist dann eine Versetzung im oben genannten Sinn gegeben, wenn diese Veränderung den Aufgabenschwerpunkt oder aber mehr als 50 % des Teilbereichs betrifft. Vgl. hierzu: Pelz, S. 90.

193 Vgl. v. Hoyningen-Huene/Boemke, S. 27; Boemke/Albrecht, BB 1991, S. 541 Fn. 8; Dietz/Richardi, § 99 Rdnr. 69; Staudinger/Richardi, § 611 BGB Rdnr. 280.

194 Meisel, BB 1974, S. 559/560.

c) Arbeitsvertragliche Voraussetzungen der Versetzung

aa) Versetzung im Wege des Direktionsrechts

Ob der Arbeitgeber einseitig zur Vornahme einer Versetzung berechtigt ist, bestimmt sich - wie schon erwähnt - nach dem Inhalt des Arbeitsvertrages[195]. Der Inhalt des Einzelarbeitsvertrages resultiert aus der einzelvertraglichen Vereinbarung und seiner Gestaltung durch Gesetz, Tarifvertrag, Betriebsvereinbarung oder Verkehrssitte, wobei die Grenzen der §§ 157, 242 BGB zu beachten sind[196]. Soweit dem Arbeitgeber ausdrücklich eine Versetzungsmöglichkeit im Vertrag[197] vorbehalten ist oder aus den Umständen ersichtlich ist, kann er die Zuweisung der konkreten Tätigkeit innerhalb des vertraglich festgelegten Rahmens einseitig kraft Direktionsrechts vornehmen[198].

Insoweit ist das Direktionsrecht des Arbeitgebers durch den Inhalt des Individualarbeitsvertrages bestimmt und begrenzt. Da der Arbeitgeber bei der Ausübung der Versetzungsbefugnis eine einseitige Leistungsbestimmung trifft, ist sein Handeln an die Grundsätze billigen Ermessens gemäß § 315 BGB gebunden[199] und kann gegebenenfalls durch ein arbeitsgerichtliches Gestaltungsurteil abgeändert werden.

Überschreitet der Arbeitgeber die Grenzen des Weisungsrechts, so ist die Versetzung unwirksam und gewährt dem Arbeitnehmer das Recht, die Leistung der

---

195 Siehe schon 3. Kap. B. I. 3. a). Vgl. auch Neumann, AR-Blattei (D) Versetzung des Arbeitnehmers I, A. II; Stege, DB 1975, S. 1507; Schaub, Arbeitsrechts-Handbuch, § 45 V 5; Berger-Delhey, DB 1990, S. 2266 (2267).

196 Berger-Delhey, a.a.O.; Schaub, Arbeitsrechts-Handbuch, § 45 IV 1.

197 Eine weitere Versetzungsmöglichkeit kann sich aus dem Tarifvertrag ergeben.

198 Vgl. BAG, v. 7.10.1982, AP Nr. 5 zu § 620 BGB = DB 1983, S. 1368; MünchKomm-Söllner, § 611 BGB Rdnr. 213; Schaub, Arbeitsrechts-Handbuch, § 45 V 5; ausführlich hierzu Birk, S. 404 ff.

199 BAG, v. 27.3.1980, AP Nr. 26 zu § 611 BGB Direktionsrecht; v. 7.10.1982, AP Nr. 5 zu § 620 BGB; Schaub, Arbeitsrechts-Handbuch, § 45 V 7; Boemke-Albrecht, BB 1991, S. 542; MünchKomm-Söllner, § 611 BGB Rdnr. 219; a. A. Berger-Delhey, DB 1990, S. 2267: wonach Weisungen im Bereich des Direktionsrechts nur in den weiten Grenzen des § 242 BGB der richterlichen Billigkeitskontrolle unterliegen.

zugewiesenen Arbeit zu verweigern[200]. Unzulässig ist die Versetzung auch dann, wenn sie unter Umgehung des zwingenden Kündigungsschutzes erfolgt[201] oder in der Übertragung einer geringerwertigen Tätigkeit, selbst bei Fortzahlung des bisherigen Lohns[202], besteht. Eine Versetzung des Arbeitnehmers auf einen geringer bezahlten Arbeitsplatz ist jedoch zulässig, wenn der Arbeitsvertrag einen entsprechenden Vorbehalt des Arbeitgebers enthält bzw. die Lohnänderung eine Folge des Tarifvertrages ist[203].

bb) Versetzung im Wege des Änderungsvertrages

Ist weder nach dem Inhalt des Arbeitsvertrages noch durch kollektivrechtliche Vereinbarung eine Versetzung im Wege des Direktionsrechts möglich, so bedarf es eines Änderungsvertrages bzw. einer Änderungskündigung.

Die Möglichkeit zur Abänderung des Vertrages folgt dabei aus § 305 BGB. Stimmt der Arbeitnehmer der ihm vom Arbeitgeber unterbreiteten Zuweisung eines anderen Arbeitsplatzes vor Abschluß der Arbeit oder später zu, d. h. nimmt er das Änderungsangebot uneingeschränkt an, basiert die Versetzung auf einer wirksamen Änderung des Arbeitsvertrages.

---

200 Allg. M., vgl. insbes. Schaub, Arbeitsrechts-Handbuch, § 45 V 8; Falkenberg, DB 1981, S. 1091.

201 BAG, v. 16.10.1965, AP Nr. 20 zu § 611 BGB Direktionsrecht.

202 Allg. M.: stellvertretend für viele BAG, AP Nr. 17, 18, 19, 22 zu § 611 BGB Direktionsrecht; Schaub, Arbeitsrechts-Handbuch, § 45 V 6.

203 BAG, v. 22.5.1985, NZA 1986, S. 166 u. 169; Hess/Schlochauer/Glaubitz, § 99 Rdnr. 40; Meisel, Rdnr. 326.

cc) Versetzung im Wege der Änderungskündigung

(1) Allgemeines zur Änderungskündigung

Wird die Zuweisung eines neuen Tätigkeitsbereichs nicht vom Arbeitsvertrag gedeckt und erklärt sich der Arbeitnehmer mit dieser auch nicht einverstanden, so bleibt dem Arbeitgeber nur die Möglichkeit einer Änderungskündigung[204]. Die Änderungskündigung ist gemäß § 2 KSchG eine Kündigung des bisherigen Arbeitsvertrages durch den Arbeitgeber, verbunden mit dem Angebot, das Arbeitsverhältnis unter geänderten Bedingungen fortzusetzen. Die Änderungskündigung kann allerdings auch als eine Kündigung unter der Bedingung gesehen werden, daß der Arbeitnehmer die vorgeschlagene Änderung des Arbeitsvertrages ablehnt (zulässige Potestativbedingung)[205]. Begrifflich spielt es jedoch keine Rolle, ob der Arbeitgeber die Form einer zulässigerweise unter einer Potestativbedingung gestellten Kündigung wählt oder eine unbedingte Kündigung mit dem Angebot einer Fortsetzung des Arbeitsverhältnisses zu geänderten Arbeitsbedingungen ausspricht. Zweifellos handelt es sich bei der Änderungskündigung um ein aus zwei Willenserklärungen zusammengesetztes Rechtsgeschäft[206]. Dieses besteht zum einen aus einer echten Kündigung[207], die die Beendigung des bisherigen Arbeitsverhältnisses bewirken kann und auf die die allgemeinen Grundsätze der Beendigungskündigung Anwendung finden. Insbesondere muß die Kündigung deutlich und zweifelsfrei erfolgen[208]. Etwaige Unklarheiten gehen zu Lasten des Kündigenden[209]. Zum anderen beinhaltet die Änderungskündigung auch einen Antrag des Arbeitgebers an den Arbeitnehmer i.

---

204 Hierzu ausführlich: Becker-Schaffner, BB 1991, S. 125 ff.; Ratajczak, S. 41 ff.

205 Vgl. Herschel/Löwisch, § 2 KSchG, Rdnr. 8; Löwisch, NZA 1988, S. 633, 634; Ratajczak, S. 41 ff.

206 Zutreffend Becker-Schaffner, BB 1991, S. 129; Ratajczak, S. 41; Schaub, RdA 1970, S. 230 (231); ders., Die Änderungskündigung, S. 73 (74).

207 Herschel/Löwisch, § 2 KSchG Rdnr. 3; Ratajczak, S. 41; KR-Rost, § 2 KSchG Rdnr. 9.

208 Es genügt hierbei jedes Verhalten, mit dem der Kündigende einseitig seinen Willen erklärt, das Arbeitsverhältnis zu lösen.

209 BAG, v. 11.6.1959, AP Nr. 1 zu § 130 BGB = BB 1959, S. 814; dazu auch Neumann, AR-Blattei (D) Versetzung des Arbeitnehmers I, A. I. 2.

S. des § 145 BGB auf Abschluß eines Änderungsvertrages[210].

Von ihrer Zielrichtung her ist die Änderungskündigung somit nicht auf die Beendigung, sondern auf die Fortsetzung des Arbeitsverhältnisses zu geänderten Arbeitsbedingungen gerichtet[211]. Insoweit trägt sie zur Schaffung einer Rechtsgrundlage für die Veränderung des Tätigkeitsbereichs bei[212]. Dem Arbeitnehmer obliegt die Wahl, dieses Angebot entweder mit oder ohne Vorbehalt i. S. des § 2 KSchG anzunehmen oder abzulehnen.

(2) Die Beteiligung des Betriebsrats bei der Änderungskündigung

Da die Änderungskündigung auch eine echte Kündigung darstellt, ist der Betriebsrat vor ihrem Ausspruch gemäß § 102 anzuhören[213]. Ist mit der Änderungskündigung eine Versetzung i. S. des § 95 Abs. 3 verbunden, so hat der Arbeitgeber den Betriebsrat noch gemäß § 99 Abs. 1 zu unterrichten und die Zustimmung einzuholen. Die Beteiligung gemäß § 102 tritt neben die Mitwirkung nach § 95 Abs. 1, weil sich beide Vorschriften auf unterschiedliche Tatbestände erstreken und verschieden strukturierte Beteiligungsrechte enthalten, so daß die Konkurrenz beider Normen nicht durch ein Spezialitäts- bzw. Subsidiaritätsverhältnis gelöst werden kann[214]. Daher sind beide Mitbestimmungsverfahren bei gegebenem Anlaß

---

210 BAG, v. 21.2.1990, BB 1990, S. 1136; Schaub, RdA 1970, S. 230 (231).

211 Richardi, DB 1974, S. 1285.

212 Vgl. v. Hoyningen-Huene/Boemke, VI 3 a, S. 76.

213 BAG, v. 3.11.1977, AP Nr. 1 zu § 75 BPersVG mit Anm. Richardi = SAE 1973, S. 201 mit Anm. Dütz; BAG, v. 10.3.1982, AP Nr. 2 zu § 2 KSchG mit Anm. Meisel = SAE 1983, S. 104 mit zust. Anm. v. Hoyningen-Huene; BAG, v. 20.3.1986, AP Nr. 14 zu § 2 KSchG; BAG, v. 30.11.1985, AP Nr. 53 zu § 102 = SAE 1991, S. 148 mit Anm. Schmitt. Dietz/Richardi, § 102 Rdnr. 276; Galperin/Löwisch, § 102 Rdnr. 10; Hess/Schlochauer/Glaubitz, § 102 Rdnr. 14; v. Hoyningen-Huene, BetrVR, § 14 IV 2; GK-Kraft, § 102 Rdnr. 24.

214 H. M. BAG, v. 3.11.1977, AP Nr. 1 zu § 75 BPersVG unt. II 1 mit Anm. Richardi; LAG Düsseldorf, v. 8.6.1984, AuR 1985, S. 162 (163); Becker-Schaffner, BB 1991, S. 125 (135); Dietz/Richardi, § 102 Rdnr. 279 u. § 95 Rdnr. 92; Galperin/Löwisch, § 102 Rdnr. 10; Fitting/Auffarth/Kaiser, § 102 Rdnr. 6; Hess/Schlochauer/Glaubitz, § 99 Rdnr. 54; § 102 Rdnr. 177; GK-Kraft, § 99 Rdnr. 68; 110; § 102 Rdnr. 24; Stege/Weinspach, §§ 99 - 101 Rdnr. 154;

nebeneinander durchzuführen, wobei die Verfahren verbunden werden können[215]. Auch wenn beide Rechtsvorschriften nicht miteinander konkurrieren, könnte es in diesem Zusammenhang von Bedeutung sein zu klären, ob die Unwirksamkeit der Kündigung infolge Nichtanhörung des Betriebsrats gemäß § 102 S. 2 nicht auch Auswirkungen auf die individualrechtliche Versetzungsregelung hat[216].

(a) Eindeutig ist die Rechtslage für den Fall, daß der Arbeitnehmer das Änderungsangebot zur Fortsetzung des Arbeitsverhältnisses unter anderen Bedingungen abgelehnt hat. Da es hier bereits an einer individualrechtlichen Grundlage für die Versetzung fehlt, hat ein Verstoß gegen § 102 Abs. 1 nur Auswirkungen in bezug auf die Kündigung:

(b) Weniger klar stellt sich die Situation für den Fall dar, daß der Arbeitnehmer das Änderungsangebot vorbehaltlos angenommen hat. Denn hier ist nicht ohne weiteres auszuschließen, daß die Unwirksamkeit der Kündigung gemäß § 102 Abs. 1 S. 3 nicht auch mit Folgen für die zugrunde liegende Individualregelung der Versetzung einhergeht. Da es sich bei der Änderungskündigung jedoch um ein aus zwei Willenserklärungen zusammengesetztes Rechtsgeschäft handelt, könnte sich die Regelung zur Teilnichtigkeit i. S. des § 139 BGB zur Lösung des Rechtsfolgenproblems als zweckdienlich erweisen. § 139 BGB bestimmt, daß die Teilnichtigkeit dann zur Nichtigkeit des gesamten Rechtsgeschäfts führt, wenn nicht anzunehmen ist, daß es auch ohne den nichtigen Teil abgeschlossen worden sei.

Dadurch, daß der Arbeitgeber bei Ausspruch der Änderungskündigung weniger an der Beendigung des Arbeitsverhältnisses als an der Fortsetzung des Arbeitsverhältnisses unter geänderten Bedingungen interessiert sein wird, ist davon auszugehen, daß das Änderungsangebot trotz der Unwirksamkeit der Kündigung aufrechterhalten bleiben soll[217]. Insoweit hat die Unwirksamkeit der Kündigung gemäß

Schlochauer, S. 221 (227 f.); Weiss, § 99 Rdnr. 10; a. A. Hanau, BB 1972, S. 451 (455); Kallmeyer, BB 1973, S. 970 halten § 99 für die speziellere Norm.

215 LAG Frankfurt, v. 18.3.1987, BB 1987, S. 2353; Richardi, DB 1974, S. 1336.

216 Welche Auswirkungen ein Mitwirkungsverstoß bei § 99 auf die Änderungskündigung haben kann, wird im 3. Kap. C. IV. 3. erörtert.

217 Galperin/Löwisch, § 102 Rdnr. 10; KR-Rost, § 2 KSchG Rdnr. 121.

§ 102 Abs. 1 S. 3 keinen Einfluß auf den Bestand eines wirksam zustande gekommenen Änderungsvertrages.

(c) Entsprechendes hat bei der Annahme des Änderungsangebots unter Vorbehalt i. S. des § 2 S. 1 KSchG zu gelten. Hierbei bleibt jedoch zu bedenken, daß der Änderungsvertrag unter der auflösenden Bedingung gerichtlicher Feststellung der Sozialwidrigkeit geschlossen wird[218]. Demzufolge tritt die auflösende Bedingung mit der rechtskräftigen Entscheidung über die soziale Ungerechtigkeit der Änderung der Arbeitsbedingungen ein. Dadurch entfällt die individualrechtliche Grundlage für die Versetzung, das ursprüngliche Arbeitsverhältnis lebt jedoch wieder auf.

Abschließend läßt sich feststellen, daß die Wirksamkeit der Versetzung nach dem Arbeitsvertragsrecht nur dann gegeben ist, wenn den Anforderungen der jeweiligen Versetzungsgrundlage Genüge getan ist.

4. *Das Verhältnis zwischen der individualrechtlichen Befugnis zur Versetzung und der Versetzung nach dem BetrVG 1972:*

a) Die Bedeutung des arbeitsvertraglichen Versetzungsbegriffes für die Versetzung nach dem BetrVG 1972

Wie schon erwähnt, ist der betriebsverfassungsrechtliche Versetzungsbegriff mit dem individualrechtlichen Begriff der Versetzung nicht identisch, wenn auch hinsichtlich der Begriffsbestimmung Überschneidungen möglich sind[219]. Auf jeden Fall ist es für das Tatbestandsmerkmal der Versetzung i. S. des § 99 Abs. 1 irrelevant, ob sich der Begriff mit der individualrechtlichen Definition der

---

218 KR-Rost, § 2 KSchG Rdnr. 58.

219 Meisel, BB 1974, S. 559; Stege, DB 1975, S. 1506; Hromadka, DB 1972, S. 1532; Anm. von Misera zu AP Nr. 33 zu § 99 unt. I; Neumann, AR-Blattei (D) Versetzung des Arbeitnehmers I, C. I. 1.: bei der Betrachtung beider Versetzungsbegriffe stellt man fest, daß der arbeitsvertragliche und betriebsverfassungsrechtliche Begriff im Rahmen des Kriteriums "Art der Tätigkeit" Übereinstimmungen aufweisen.

Versetzung deckt oder nicht[220]. Denn nach der in § 95 Abs. 3 enthaltenen Legaldefinition ist es für die betriebsverfassungsrechtliche Versetzung maßgebend, daß dem Arbeitnehmer ein anderer Arbeitsbereich unter Einhaltung der in dieser Vorschrift aufgeführten Interessen zugewiesen wird. Dementsprechend ist es für die Versetzung nach dem BetrVG 1972 auch unbedeutend, auf welcher individualrechtlichen Grundlage die Veränderung der Arbeitsumstände basiert[221]. Insbesondere spielt es für den Bestand des Mitbestimmungsrechts keine Rolle, ob die personelle Einzelmaßnahme mit Zustimmung des Arbeitnehmers erfolgt[222]. Insoweit wird bereits deutlich, daß die für die individualrechtliche Versetzungsebene bedeutsamen Gesichtspunkte - vor allem deren Ausgestaltung - für die Frage des Bestehens einer Versetzung i. S. des § 95 Abs. 3 nicht von Bedeutung sind.

aa) Der maßgebliche Beurteilungsmaßstab für die Bestimmung der betriebsverfassungsrechtlichen Versetzungsvoraussetzungen i. S. des § 95 Abs. 3

Entscheidendes Kriterium für die Bestimmung des betriebsverfassungsrechtlichen Versetzungsbegriffs ist ausweislich der Definition in § 95 Abs. 3 die "Zuweisung eines anderen Arbeitsbereichs". Hierbei ist es entscheidend, daß sich die Tätigkeit des Arbeitnehmers vor und nach der Zuweisung durch den Arbeitgeber so voneinander unterscheidet, daß sich die neu zugewiesene Aufgabe in den Augen eines mit den betrieblichen Verhältnissen vertrauten Dritten als eine andere darstellt[223]. Maßgeblicher Beurteilungsmaßstab für die Feststellung, ob die

---

220 Heinze, Personalplanung, Rdnr. 214; Stege/Weinspach, §§ 99 - 101 Rdnr. 152: Die individualrechtliche Definition kann sich, muß sich aber nicht mit dem Mitwirkungsrecht aus § 95 Abs. 3 S. 2 decken.

221 H. M.: Dietz/Richardi, § 99 Rdnr. 70, 90; Hess/Schlochauer/Glaubitz, § 99 Rdnr. 54; GK-Kraft, § 99 Rdnr. 68; Stege/Weinspach, §§ 99 - 101 Rdnr. 151; v. Hoyningen-Huene, BetrVR, S. 213; Heinze, Personalplanung, Rdnr. 212; BAG, v. 3.11.1977, DB 1978, S. 1135; LAG Bremen, v. 21.7.1978, DB 1978, S. 2493; a. A. Erdmann/Jürging/Kammann, § 99 Rdnr. 22.

222 LAG Hamm, v. 11.5.1979, DB 1979, S. 2042; Dietz/Richardi, § 99 Rdnr. 90; Hess/Schlochauer/Glaubitz, § 99 Rdnr. 54; a. A. Galperin/Löwisch, § 99 Rdnr. 23.

223 Vgl. BAG, v. 26.5.1988, EzA Nr. 13 zu § 95 unt. B. 3.

Zuweisung eines anderen Arbeitsbereichs i. S. des § 99 Abs. 1 vorliegt, sind somit die objektiven betrieblichen Gegebenheiten.

Dementsprechend kommt es für die Bestimmung des betriebsverfassungsrechtlichen Versetzungsbegriffs nicht auf die ihm zugrunde liegende Versetzungsregelung an, insbesondere auch nicht deren konkrete Zulässigkeit, sondern es ist auf das tatsächliche betriebliche Geschehen abzustellen[224].

bb) Die betriebsverfassungsrechtlichen Voraussetzungen als selbständige Kriterien im Rahmen des Versetzungsvorgangs

Nach alledem sind die betriebsverfassungsrechtlichen Versetzungsvoraussetzungen selbständige, d. h. von der jeweiligen Ausgestaltung und Zulässigkeit der zugrunde liegenden individualrechtlichen Versetzungsregelung unabhängige Merkmale. Diese strikte Trennung der zivilrechtlichen von den kollektivrechtlichen Tatbestandsmerkmalen der Versetzung zeigt sich besonders dann, wenn die vertragliche Grundlage der Versetzung fehlerhaft ist. Denn Fehler im Bereich des Vertragsverhältnisses können bei der Versetzung nicht durch eine zulässige Mitbestimmung des Betriebsrats geheilt werden. Dies bedeutet, daß die Zustimmung des Betriebsrats eine nach dem Arbeitsvertrag erforderliche Einverständniserklärung nicht ersetzen kann[225].

---

224 H. M.: vgl. insbes. BAG, v. 30.4.1981, BB 1981, S. 1833; BAG, v. 26.5.1988, a.a.O.; v. 14.11.1989, NZA 1990, S. 357 (358); Däubler/Kittner/Klebe, § 99 Rdnr.88; Stege, DB 1975, S. 1508; Stege/Weinspach, §§ 99 - 101 Rdnr. 151.

225 LAG Düsseldorf, v. 29.9.1977, DB 1978, S. 2494; Dietz/Richardi, § 99 Rdnr. 92.

b) Die Verflechtung von arbeitsvertraglicher und betriebsverfassungsrechtlicher Versetzung

Wenn auch die kollektivrechtlichen Voraussetzungen der Versetzung selbständige Kriterien darstellen[226] und das Mitbestimmungsrecht des Betriebsrats mithin unabhängig von der vertraglichen Zulässigkeit der Versetzung ist[227], so ist jedoch ausdrücklich darauf hinzuweisen, daß die arbeitsvertraglichen Grundlagen der Versetzung in jedem Fall vorliegen müssen, damit eine Versetzung nach dem BetrVG 1972 überhaupt möglich ist[228]. Deshalb müssen die kollektivrechtlichen Bestimmungsmerkmale der Versetzung stets zusätzlich zu den arbeitsvertraglichen Voraussetzungen gegeben sein[229]. Insoweit schließt sich bei einer bestehenden individualrechtlich wirksamen Versetzung stets die Prüfung an, ob das Beteiligungsrecht des Betriebsrats gem. § 99 Abs. 1 zu beachten ist bzw. beachtet worden ist[230].

Umgekehrt bleibt allerdings zu bemerken, daß auch eine vertraglich rechtswirksame Versetzung ohne Mitwirkung des Betriebsrats, sofern die Voraussetzungen des § 95 Abs. 3 gegeben sind, nicht denkbar ist[231]. Infolgedessen lassen diese Ausführungen die Vermutung zu, daß zwischen der individualrechtlichen und betriebsverfassungsrechtlichen Ebene der Versetzung trotz der unterschiedlichen Begriffsbildung und weitgehender Unabhängigkeit eine Wechselwirkung besteht, deretwegen der betriebsverfassungsrechtliche und individualrechtliche Bereich der Versetzung nicht losgelöst voneinander betrachtet werden können[232].

Daß die zivilrechtliche Grundlage nicht gänzlich unbedeutend für die Versetzung nach dem BetrVG 1972 sein kann[233], wird auch dadurch deutlich, daß

---

226 Siehe oben 3. Kap. B. I. 4. a) bb).

227 Vgl. Meisel, Rdnr. 930.

228 Däubler/Kittner/Klebe, § 99 Rdnr. 88; Fitting/Auffarth/Kaiser, § 99 Rdnr. 21.

229 H. M., vgl. Fitting/Auffarth/Kaiser, § 99 Rdnr. 9; Däubler/Kittner/Klebe, § 99 Rdnr. 88.

230 Neumann, AR-Blattei (D) Versetzung des Arbeitnehmers I, C. I. 2. Derartiges wurde auch schon zum BetrVG 1952 vertreten, vgl. Schaub, DB 1968, S. 1670.

231 BAG, v. 26.5.1988, DB 1988, S. 2158; v. 14.11.1989, DB 1990, S. 1093.

232 Vgl. dazu Meisel, BB 1974, S. 559; Stege, DB 1975, S. 1506.

233 Dietz/Richardi, DB 1974, S. 1287.

allein im Arbeitsvertrag der zukünftige Tätigkeitsbereich des von der Versetzung betroffenen Arbeitnehmers - wenn auch meist nur nach allgemein formulierten Kriterien - festgelegt ist, so daß die Eigenart des Arbeitsverhältnisses erkennbar wird.

Wenn auch die aus dem Arbeitsvertrag resultierende Information als solche nicht ausreichen wird, um sich ein hinlänglich objektives Bild über die betrieblichen Gegebenheiten des zukünftigen Arbeitsbereichs zu verschaffen, so ist dies jedoch dann gewährleistet, wenn zusätzlich noch auf die Verträge vergleichbarer Arbeitnehmer im Betrieb abgestellt wird[234]. Deshalb lassen sich aus dem Arbeitsvertrag des von der Versetzung betroffenen Arbeitnehmers unter Hinzuziehung der Arbeitsverträge vergleichbarer Arbeitnehmer Anhaltspunkte für die Bestimmung der objektiven betrieblichen Gegebenheiten gewinnen.

Bei diesen Informationen handelt es sich wiederum um wichtige Bestimmungsmerkmale für das Kriterium der "Zuweisung eines anderen Arbeitsbereichs i. S. des § 95 Abs. 3"[235], bei deren Vorliegen unter Bejahung der weiteren Voraussetzungen des § 95 Abs. 3 S. 1 das Mitbestimmungsrecht des Betriebsrats gemäß § 99 Abs. 1 auszulösen ist.

Nicht nur der Arbeitsvertrag als solcher läßt eine Verbindung der individualrechtlichen Grundlage mit den betriebsverfassungsrechtlichen Voraussetzungen der Versetzung erkennen, sondern auch der Mitbestimmungstatbestand des § 95 Abs. 3 S. 2 enthält entsprechende Hinweise. Der Tatbestand des § 95 Abs. 3 S. 2 ist so ausgestaltet, daß eine Versetzung dann ausscheidet, wenn sich aus dem zugrunde liegenden Individualarbeitsverhältnis ergibt, daß der von der persönlichen Maßnahme betroffene Arbeitnehmer nicht ständig an einem bestimmten Arbeitsplatz beschäftigt wird. In diesem Fall fehlt es bereits am Bestehen des Mitbestimmungstatbestandes[236].

---

234 Däubler/Kittner/Klebe/Schneider, § 99 Rdnr. 97.

235 Siehe schon oben 3. Kap. B. I. 2. a).

236 Vgl. Richardi, DB 1974, S. 1287, 1288 f.

c) Ergebnis

Nach alledem läßt sich die Feststellung treffen, daß der betriebsverfassungsrechtliche Begriff der Versetzung, unabhängig von der Ausgestaltung der ihm zugrunde liegenden individualrechtlichen Akte bzw. ungeachtet deren Zulässigkeit, lediglich anhand der Legaldefinition des § 95 Abs. 3 zu bestimmen ist. Wenn auch Anknüpfungspunkt für die Beurteilung der Versetzung als Mitbestimmungstatbestand die objektiven betrieblichen Gegebenheiten sind[237], so darf dies jedoch nicht zur Annahme führen, daß das Bestehen der vertraglichen Versetzungsbefugnis für die Versetzung nach dem BetrVG 1972 gänzlich irrelevant, im Sinne von verzichtbar, wäre[238]. Denn einerseits ist die betriebsverfassungsrechtliche Versetzung nur möglich, wenn die arbeitsvertraglichenVersetzungsvoraussetzungen gegeben sind[239], andererseits ist die individualrechtliche Grundlage auch im Rahmen der betriebsverfassungsrechtlichen Versetzungsvoraussetzungen von Bedeutung[240].

Demzufolge ist die zugrunde liegende Versetzungsregelung nicht ohne Einfluß auf die Versetzung nach dem BetrVG 1972. Eine rechtliche Würdigung des betriebsverfassungsrechtlichen Versetzungsvorgangs kann nur mit Blick auf die individualrechtliche Ebene der Versetzung erfolgen. Mithin können beide Bereiche der Versetzung nicht losgelöst voneinander betrachtet werden.

5. Sonderfälle der Versetzung

Abschließend bleibt im Rahmen der Ausführungen zum Begriff der Versetzung noch zu klären, ob auch ein Betriebswechsel innerhalb desselben Unternehmens bzw. in ein fremdes Unternehmen als Versetzung i. S. des § 95 Abs. 3 zu qualifizie-

---

237 Siehe oben 3. Kap. B. I. 4. a) aa).

238 So aber LAG Bremen, v. 21.7.1978, DB 1978, S. 2493; LAG Hamm, v. 28.5.1973, DB 1973, S. 1407; Heinze, Personalplanung, Rdnr. 212; v. Hoyningen-Huene/Boemke, S. 32, 119.

239 Vgl. schon oben 3. Kap. B. I. 4. b).

240 Siehe Fn. 239.

ren ist und inwieweit das Mitbestimmungsrecht des Betriebsrats gemäß § 99 Abs. 1 hierdurch tangiert wird.

a) Der Betriebswechsel innerhalb desselben Unternehmens und das in § 99 Abs. 1 fixierte Mitbestimmungsrecht des Betriebsrats

aa) Kurzfristige unternehmensinterne Maßnahmen

Steht von vornherein fest, daß der Arbeitnehmer nach Beendigung des unternehmensinternen Betriebswechsels in seinen Stammbetrieb zurückkehren wird, ist dieser Vorgang von der Abordnung bis zur Rückkehr als einheitliche Maßnahme zu werten, die dann eine "Versetzung" i. S. des § 95 Abs. 3 darstellt, sofern die Kriterien des § 95 Abs. 3 erfüllt sind[241]. Dementsprechend unterliegt nach einhelliger Meinung in Rechtsprechung[242] und Literatur[243] auch der vorübergehende Wechsel des Arbeitnehmers innerhalb des Unternehmens der Mitbestimmung des Betriebsrats gemäß § 99 Abs. 1. Individualrechtlich gelten dabei die gleichen Grundsätze wie bei der innerbetrieblichen Versetzung des Arbeitnehmers.

---

241 St. Rspr., zuletzt BAG, v. 14.11.1989, NZA 1990, S. 357; a. A. Hassan, NZA 1989, S. 373 (378), jedoch mit unzutreffender, formalistischer Berufung auf Organisationsprinzipien des BetrVG 1972.

242 BAG, v. 18.2.1986, AP Nr. 33 zu § 99 mit Anm. Misera = BB 1986, S. 2050 zu B II 1 a der Gründe; v. 16.12.1986, AP Nr. 40 zu § 99 = BB 1972, S. 900 zu B II 2 der Gründe; v. 18.10.1988, AP Nr. 56 zu § 99 = BB 1989, S. 358, 422 zu B II b der Gründe; v. 1.8.1989, AP Nr. 17 zu § 95 = DB 1990, S. 382 unt. B II 2 a der Gründe; v. 8.8.1989, AP Nr. 18 zu § 95 = BB 1990, S. 143 zu B II der Gründe; v. 14.11.1983, AP Nr. 76 zu § 99 = NZA 1990, S. 357.

243 Fitting/Auffarth/Kaiser, § 99 Rdnr. 32 a; Rüthers/Bakker, ZfA 1990, S. 245; Stege/Weinspach, §§ 99 - 101 Rdnr. 162 b; kritisch GK-Kraft, § 99 Rdnr. 89; a. A. Hassan, NZA 1989, S. 373 (376 ff.).

bb) Dauerhafter Wechsel von einem Unternehmensbetrieb zum anderen

Uneinheitlich wird hingegen die Frage der rechtlichen Qualifizierung eines dauerhaften Betriebswechsels erörtert.

(1) Nach überwiegender Ansicht[244] soll die dauerhafte Versetzung in einen anderen Betrieb des Unternehmens nicht von dem Versetzungsbegriff des § 95 Abs. 3 erfaßt sein und daher nicht das Mitwirkungsrecht des Betriebsrats nach § 99 Abs. 1 auslösen können. Begründet wird diese Auffassung im wesentlichen mit der Betriebsbezogenheit der Beteiligungsrechte des § 99 Abs. 1 und dem Umstand, daß sich der unternehmensinterne Betriebswechsel sachlich in zwei Vorgänge aufteilen lasse, nämlich für den abgebenden Betrieb als Ausscheiden des Arbeitnehmers, für den aufnehmenden Betrieb als Einstellung, wobei Mitbestimmungsrechte i. S. des § 99 Abs. 1 lediglich für den aufnehmenden Betriebsrat in Betracht kommen sollen. Für die Beteiligung des abgebenden Betriebsrats bleibe insoweit nur gemäß § 102 Raum, sofern zur individualrechtlichen Durchsetzung die Änderungskündigung erforderlich sei. Denn das Beteiligungsrecht beim Ausscheiden aus dem Betrieb werde abschließend in § 102 geregelt.

(2) Der unternehmensinterne Betriebswechsel wird auch von der Gegenauffassung[245] in die Aufgabe und Aufnahme des von dem Wechsel betroffenen

---

244 LAG Düsseldorf, v. 10.12.1973, BB 1974, S. 1250; LAG Hamm, v. 5.11.1980, DB 1981, S. 800; v. 11.1.1989, DB 1989, S. 1732; ArbG Bochum, v. 22.10.1975, DB 1975, S. 2449; Boewer, DB 1979, S. 1035 (1038 f.); Fitting/Auffarth/Kaiser, § 99 Rdnr. 32; Hassan, NZA 1990, S. 373 (376 ff.); Hess/Schlochauer/Glaubitz, § 99 Rdnr. 57; GK-Kraft, § 99 Rdnr. 88; Neumann, AR-Blattei (D) Versetzung des Arbeitnehmers I, C. I. 6; Stege/Weinspach, §§ 99 - 101 Rdnr. 162; Rüthers/Bakker, ZfA 1990, S. 245 (321); - ebenso für den Fall des Einverständnisses des Arbeitnehmers LAG Berlin, v. 31.5.1978, BB 1979, S. 1142; Löwisch, Anm. zu BAG, v. 30.4.1981, AP Nr. 12 zu § 99; Etzel, BetrVR, Rdnr. 765; Wlotzke, § 99 Anm. 2 d; für das BetrVG 1952 ebenso Nikisch, ArbeitsR Bd. III, § 115 II 1; Dietz, § 63 BetrVG 1952 Rdnr. 7 a - jeweils m. w. N.

245 Bobke, Anm. zu BAG, v. 30.4.1981, AuR 1981, S. 355; Boemke-Albrecht, BB 1991, S. 541 (543); Dietz/Richardi, § 99 Rdnr. 95; Heinze, Personalplanung, Rdnr. 215; Hromadka, DB 1974, S. 1532 (1534); Galperin/Löwisch, § 99 Rdnr. 22; Löwisch, § 99 Rdnr. 6; Richardi, DB 1974, S. 1285 (1288); Stege, DB 1975, S. 1505 (1508); Palme, BlStSozArbR 1976, S. 305 (307); Weiss, § 99 Rdnr. 9; Wlotzke, § 99 Anm. 2 d. - Grundsätzlich auch BAG, v. 20.9.1990, EzA § 99 Nr. 95 zu § 99 = NZA 1990, S. 195 (197).

Arbeitnehmers gespalten, wobei der Betriebsrat des aufnehmenden Betriebes stets unter dem Aspekt der Einstellung gemäß § 99 Abs. 1 zu beteiligen ist. Hingegen soll die Abgabe des Arbeitnehmers für den abgebenden Betrieb eine Versetzung, d. h. Zuweisung eines anderen Arbeitsbereichs, i. S. des § 95 Abs. 3 darstellen, weil sich der Arbeitsort ändere und zudem der Arbeitnehmer aus seiner bisherigen betrieblichen Organisationseinheit ausgegliedert und in eine neue eingegliedert werde, so daß vom klassischen Fall der Versetzung zu sprechen sei. Demzufolge wird mehrheitlich[246] von den Vertretern dieser Meinung angenommen, daß die Versetzung in einen anderen Betrieb desselben Unternehmens auch Gegenstand der Mitbestimmung des Betriebsrats des abgebenden Betriebes gemäß § 99 Abs. 1 sei.

(3) Für die zuletzt dargestellte Ansicht spricht, daß der Einwand der Gegenauffassung, die Betriebsbezogenheit der Beteiligungsrechte schließe eine Mitbestimmung des Betriebsrats des abgebenden Betriebes aus, einer gesetzlichen Bestätigung entbehrt. Denn ausweislich des Wortlauts enthält weder die Legaldefinition der Versetzung in § 95 Abs. 3 noch die Mitbestimmungsregelung des § 99 Abs. 1 eine Beschränkung auf Veränderungen innerhalb des Betriebes[247]. Überdies ist gerade nach dem allgemeinen Sprachgebrauch die Zuweisung eines anderen Arbeitsorts eine Versetzung i. S. des § 95 Abs. 3, ohne daß danach differenziert wird, ob sich der neue Arbeitsort im selben oder einem anderen Betrieb des Unternehmens befindet.

Ebensowenig vermag das Argument zu überzeugen, daß die Mitwirkung des Betriebsrats beim Ausscheiden aus dem Betrieb abschließend in § 102 geregelt sei. Hierbei wird von den Vertretern der herrschenden Meinung übersehen, daß die

---

246 Bobke, Anm. zu BAG, v. 30.4.1981, AuR 1981, S. 355; Boemke-Albrecht, BB 1991, S. 541 (544); Gamillscheg, ArbR II, Nr. 426; Gnade/Kehrmann/Schneider, § 99 Rdnr. 10; Heinze, Personalplanung, Rdnr. 215, 445; v. Hoyningen-Huene, BetrVR, § 14 III 26, S. 277. Nur bei einer gegen den Willen des Arbeitnehmers erfolgten Versetzung wird ein Mitbestimmungsrecht des abgebenden Betriebsrats bejaht: vgl. Galperin/Löwisch, § 99 Rdnr. 22, 23; Löwisch, Anm. zu BAG, v. 30.4.1981, AP Nr. 12 zu § 99; ders., § 99 Rdnr. 10; Etzel, BetrVR, § 99 Rdnr. 765; auch BAG, v. 18.10.1988, DB 1989, S. 732; v. 29.9.1990, BB 1991, S. 550 f. Noch anders Dietz/Richardi, § 99 Rdnr. 75 - 98; Richardi, DB 1974, S. 1208; ebenso noch Stege, DB 1975, S. 1506 (1509); Weiss, § 99 Rdnr. 9, die in diesem Fall von einer Zuständigkeit des Gesamtbetriebsrats nach § 15 Abs. 1 BetrVG 1972 ausgehen. Hiergegen überzeugend Heinze, Personalplanung, Rdnr. 444 f. sowie v. Hoyningen-Huene, BetrVR, § 5 II 2 a, S. 94.

247 Dietz/Richardi, § 99 Rdnr. 95; Heinze, Personalplanung, Rdnr. 215.

Kündigung gemäß § 102 auf die Auflösung des Arbeitsverhältnisses und daher auf ein Ausscheiden des Arbeitnehmers aus dem Unternehmen als solchem gerichtet ist[248]. Demgegenüber hat die Versetzung in einen anderen Betrieb des Unternehmens zwar ein Ausscheiden aus dem abgebenden Betrieb zur Folge, jedoch verbleibt der Arbeitnehmer durch den Betriebswechsel weiterhin im selben Unternehmen, seine Unternehmenszugehörigkeit wird somit nicht berührt. Insoweit liegt § 102 ein anderer Sachverhalt als der des betriebsübergreifenden unternehmensinternen Arbeitnehmerwechsels zugrunde. Es ist nicht nachvollziehbar, warum nach der herrschenden Ansicht ein Ausscheiden des Arbeitnehmers aus einem Betrieb innerhalb desselben Unternehmens abschließend von § 102 erfaßt sein soll. Zudem ist die Argumentation der herrschenden Meinung auch unter dem Aspekt nicht schlüssig, daß eine Beteiligung des Betriebsrates gemäß § 102 dessen Mitwirkung nach § 99 Abs. 1 nicht ausschließt, sondern beide Vorschriften nebeneinander anwendbar sind[249].

Nach alledem spricht wenig für die Argumente der herrschenden Meinung, während die Gegenansicht, die in einer betriebsübergreifenden unternehmensinternen Maßnahme eine Versetzung i. S. des § 95 Abs. 3 sieht und sie als solche der Mitbestimmung des Betriebsrats des abgebenden Betriebs unterwirft, zu überzeugen vermag[250]. Für diese Meinung läßt sich überdies anführen, daß sich ihr nunmehr auch das BAG[251] - wenn auch mit kleinen Abwandlungen im Einzelfall -, angeschlossen hat.

Mithin ist festzustellen, daß bei einer dauerhaften Versetzung des Arbeitnehmers von einem Betrieb des Unternehmens in einen anderen sowohl der Betriebsrat des aufnehmenden Betriebes (Einstellung) als auch der des abgebenden Betriebes (Versetzung) gemäß § 99 Abs. 1 zu beteiligen ist.

---

248 Huljus, S. 110; v. Hoyningen-Huene/Boemke, S. 134.

249 Siehe schon 3. Kap. B. I. 3. c) cc) (2).

250 Uneinigkeit herrscht jedoch über die Frage, ob das Einverständnis des Arbeitnehmers das Mitbestimmungsrecht des Betriebsrats des abgebenden Betriebes entfallen läßt. Näheres hierzu unten 3. Kap. D. IV. 2. b) u. c).

251 BAG, v. 20.9.1990, NZA 1991, S. 195 (197/198): Nach Ansicht des ersten Senats soll das Mitbestimmungsrecht des Betriebsrats jedoch dann entfallen und statt dessen nur ein Unterrichtungsrecht des Betriebsrats bestehen, wenn der Arbeitnehmer mit dem Betriebswechsel einverstanden ist und auf Dauer in den aufnehmenden Betrieb eingegliedert wird. Kritik hierzu von v. Hoyningen-Huene/Boemke, S. 135 ff.

b) Der Betriebswechsel außerhalb des Unternehmens

aa) innerhalb des Konzerns

Im folgenden ist das Augenmerk auf den Fall zu richten, daß der Betriebswechsel außerhalb des Unternehmens, jedoch innerhalb des Konzerns[252], stattfindet. Dabei bestehen für die vorübergehende Versetzung in ein anderes Konzernunternehmen keine Besonderheiten. Sie bedarf zunächst einer individualrechtlichen Grundlage[253]. Betriebsverfassungsrechtlich wird die konzernbezogene personelle Maßnahme im abgebenden Unternehmen als Versetzung, im aufnehmenden Unternehmen als Einstellung gem. § 99 Abs. 1 zu werten sein[254].

Im Unterschied hierzu unterliegt der dauerhafte Wechsel in ein anderes Unternehmen desselben Konzerns nur hinsichtlich der Eingliederung in das neue Unternehmen der Zustimmung des Betriebsrats i. S. des § 99 Abs. 1[255]. Der Betriebsrat des abgebenden Unternehmens ist hingegen nicht unter dem Aspekt einer Versetzung zu beteiligen[256]. Denn dem früheren Arbeitgeber ist in diesem Fall die Leitungsmacht entzogen, so daß der Betriebsrat des abgebenden Konzern-Unternehmens auch keine Kontrollmöglichkeit über ihn mehr ausüben kann. Individualrechtlich setzt die dauerhafte Versetzung in ein anderes Konzern-Unternehmen voraus, daß der Arbeitnehmer seine Zustimmung hierzu erteilt hat[257].

Schließlich ist zu beachten, daß solche Arbeitnehmereinsätze innerhalb des Konzerns nicht von den Voraussetzungen der gewerblichen Arbeitnehmerüberlassung

252 Zum Begriff des Konzerns vgl. § 18 AktG, im übrigen hierzu: Windbichler, Arbeitsrecht im Konzern, S. 114 f.

253 Ausführlich Windbichler, Arbeitsrechtliche Vertragsgestaltung im Konzern, S. 18 ff.

254 Vgl. BAG, v. 19.2.1991, NZA 1991, S. 565 (568); Däubler/Kittner/Klebe, § 99 Rdnr. 19; Windbichler, Arbeitsrecht im Konzern, S. 390.

255 Vgl. v. Hoyningen-Huene/Boemke, S. 219.

256 Windbichler, Arbeitsrecht im Konzern, S. 389; a. A. Dietz/Richardi, § 99 Rdnr. 100: Der Arbeitseinsatz in einem anderen Betrieb desselben Unternehmens ist trotz Arbeitgeberwechsels als Versetzung zu werten und unterliegt daher der Mitbestimmung des Konzernbetriebsrats.

257 V. Hoyningen-Huene/Boemke, S. 218.

erfaßt sind (§ 1 Abs. 3 Nr. 2 AÜG)[258].

bb) Sonstige Unternehmen

Die Versetzung in konzernunabhängige, fremde Unternehmen wird dem Grundsatz nach genauso behandelt wie die Versetzung in ein Konzernunternehmen[259]. Ein vorübergehender Wechsel ist im abgebenden Betrieb als Versetzung, im aufnehmenden Betrieb als Einstellung gemäß § 99 Abs. 1 mitbestimmungspflichtig. Bei einem dauerhaften Unternehmenswechsel kommt hingegen nicht der Mitbestimmungstatbestand der Versetzung zur Anwendung, sondern es liegt lediglich eine mitbestimmungsbedürftige Einstellung vor. Zu beachten ist bei derartigen Arbeitnehmereinsätzen jedoch, daß die Vorschrift des § 1 Abs. 2 AÜG - im Gegensatz zur Versetzung im Konzern - anwendbar ist[260].

II. Mitbestimmungsverstöße bei der Versetzung

Bevor die einzelnen Rechtsverletzungen des Arbeitgebers bei der Versetzungsmaßnahme i. S. des § 99 Abs. 1 aufgeführt werden, bedarf es zunächst eines Überblicks über die Pflichten des Arbeitgebers gegenüber dem Betriebsrat bei der Versetzung.

1. Die Pflichten des Arbeitgebers zur Beteiligung des Betriebsrats bei der Versetzung nach § 99 Abs. 1

Das Mitbestimmungsverfahren i. S. des § 99 Abs. 1 ist für alle personellen Ein-

258 Vgl. Däubler/Kittner/Klebe, § 99 Rdnr. 18. Für die vorübergehende Arbeitnehmerüberlassung im Konzern geht die Nichtanwendung des AÜG bereits aus § 1 Abs. 3 Nr. 2 AÜG hervor.

259 Vgl. v. Hoyningen-Huene/Boemke, S. 219.

260 Vgl. BAG, v. 21.3.1990, BB 1991, S. 275 f.; Becker/Wulfgramm, § 1 AÜG Rdnr. 46 f.

zelmaßnahmen gleichermaßen geregelt, wenngleich die "Einstellung" als Grundmodell fungiert[261]. Insofern richtet sich das Beteiligungsverfahren bei der Versetzung nach den gleichen Verfahrensgrundsätzen wie die Einstellung[262]. Der Betriebsrat ist vor jeder Versetzung umfassend und rechtzeitig zu unterrichten, ihm ist unter Vorlage der erforderlichen Unterlagen Auskunft über die Person des betroffenen Arbeitnehmers und die Auswirkungen des geplanten Maßnahme zu geben. Darüber hinaus ist ihm der in Aussicht genommenen Arbeitsplatz und die vorgesehene Eingruppierung mitzuteilen.

a) Die Unterrichtungspflicht dient der Sicherung und zweckmäßigen Wahrnehmung des Zustimmungsverweigerungsrechts des Betriebsrats. Die Unterrichtung ist zwar an kein Formerfordernis gebunden, erfolgt unter Zweckmäßigkeitserwägungen aber schriftlich[263]. Aufgrund der einwöchigen Widerspruchsfrist des Betriebsrats nach § 99 Abs. 3 S. 1 sollte die Unterrichtung mindestens eine Woche vor der geplanten Versetzung erfolgen[264], wobei diese Wochenfrist auch bei den übrigen Pflichten einzuhalten ist. Der Umfang der Unterrichtungspflicht bei der Versetzung wird angesichts der Weite des Versetzungsbegriffes davon abhängen müssen, wie intensiv und dauerhaft die durch die Personalmaßnahme eingetretene Veränderung des Arbeitsbereichs ist[265]. Insofern muß die Unterrichtungspflicht um so geringer sein, je weniger die Arbeitsumstände verändert werden[266]. In concreto bedeutet dies, daß bei einer wenig einschneidenden Veränderung des Arbeitsbereichs des betroffenen Arbeitnehmers die Unterrichtungspflicht des Arbeitgebers sich auf die Mitteilung der geplanten

---

261 Siehe schon 1. Kap. B.

262 Vgl. GK-Kraft, § 99 Rdnr. 86. Im Rahmen der Darstellung der Pflichten des Arbeitgebers soll vor allem auf die Besonderheiten bei der Versetzung eingegangen werden.

263 Fitting/Auffarth/Kaiser, § 99 Rdnr. 39; Galperin/Löwisch, § 99 Rdnr. 55; GK-Kraft, § 99 Rdnr. 92; Stege/Weinspach, §§ 99 - 101 Rdnr. 25; LAG Hamm, v. 29.5.1973, DB 1973, S. 1407.

264 Hess/Schlochauer/Glaubitz, § 99 Rdnr. 99; Däubler/Kittner/Klebe, § 99 Rdnr. 121; Galperin/Löwisch, § 99 Rdnr. 58; Stege/Weinspach, §§ 99 - 101, Rdnr. 172.

265 Dietz/Richardi, § 99 Rdnr. 126; Stege/Weinspach, §§ 99 - 101, Rdnr. 175; Richardi, DB 1972, S. 380.

266 Dietz/Richardi, § 99 Rdnr. 126, 127.

Maßnahme sowie stichwortartige Erläuterungen hierzu beschränkt[267].

b) Bei Erteilung der Information hat der Arbeitgeber den Betriebsrat gleichzeitig, wenigstens jedoch eine Woche vor der Durchführung der geplanten Maßnahme (vgl. Abs. 3), um seine Zustimmung zu ersuchen.

2. *Die Pflicht des Arbeitgebers zur Beteiligung des Betriebsrats bei der vorläufigen Versetzung gemäß § 100 Abs. 1*

Zur Vermeidung von Einschränkungen des Betriebsablaufs räumt § 100 dem Arbeitgeber das Recht ein, die personelle Einzelmaßnahme vorläufig durchzuführen, wenn dies aus sachlichen Gründen erforderlich ist. Dies setzt jedoch voraus, daß eine Äußerung des Betriebsrats noch nicht erfolgt ist bzw. die Zustimmung zur Versetzung verweigert worden ist. Die Notwendigkeit einer umgehenden Versetzung ergibt sich insbesondere bei kurzfristigen Versetzungen, wenn durch plötzlichen Ausfall eines Arbeitnehmers wegen Krankheit oder sonstigen unvorhergesehenen Ereignissen dessen Arbeit kurzfristig von einem anderen Arbeitnehmer übernommen werden muß, um den Betriebsablauf nicht zu gefährden. Bestünde in diesem Fall nicht die Möglichkeit des § 100, müßte der Arbeitgeber das Verfahren über § 99 abwickeln. Dabei könnte jedoch nicht ausgeschlossen werden, daß der Betrieb einen Schaden erleiden würde.

a) Die Durchführung der Versetzung aus sachlichen Gründen gilt dann als dringlich, wenn zur Sicherung eines ordnungsgemäßen Betriebsablaufs ein Arbeitsplatz besetzt werden muß[268]. Die Beurteilung muß anhand objektiver Kriterien erfol-

267 Dietz/Richardi, § 99 Rdnr. 66; Galperin/Löwisch, § 99 Rdnr. 60; GK-Kraft, § 99 Rdnr. 86; Löwisch, § 99 Rdnr. 22.

268 BAGE 29, 345 (352 f.) = AP Nr. 1 zu § 100 unt. III 3 mit Anm. Richardi = SAE 1978, S. 228 mit Anm. Koller; Dietz/Richardi, § 100 Rdnr. 8; GK-Kraft, § 100 Rdnr. 13.

gen[269], wobei auf den Zeitpunkt der Durchführung der Maßnahme abzustellen ist[270]. Demgemäß ist zu vermuten, daß bei einer kurzfristigen Versetzung eher eine dringende Notwendigkeit i. S. des § 100 Abs. 1 bestehen wird als bei einer längerfristigen oder auf Dauer geplanten Versetzung[271].

b) Zur Durchführung einer vorläufigen Versetzung bedarf es neben der Aufklärung des Arbeitnehmers über die Sach- und Rechtslage gemäß § 100 Abs. 1 S. 2 der unverzüglichen, d. h. ohne schuldhaftes Zögern (vgl. § 121 BGB) vorgenommenen Unterrichtung des Betriebsrats nach § 100 Abs. 2 S. 1. Die Unterrichtung kann vor, jedoch auch nach der durchgeführten Maßnahme erfolgen[272]. Sie umfaßt insbesondere die Darlegung der sachlichen Gründe, die nach Ansicht des Arbeitgebers die Versetzung dringend erforderlich machen. Insoweit ist sie von der Unterrichtungspflicht in § 99 Abs. 1 zu unterscheiden[273], die sie mithin nicht zu ersetzen vermag. Im Dringlichkeitsfall des § 100 hat der Arbeitgeber den Betriebsrat nach § 99 Abs. 1 und gemäß § 100 Abs. 2 S. 1 zu unterrichten[274]. Beide Unterrichtspflichten können jedoch miteinander verbunden werden[275]. Stimmt der Betriebsrat der vorläufigen Durchführung zu oder macht er Einwendungen hiergegen nicht rechtzeitig geltend (vgl. § 100 Abs. 2 S. 2), so kann der Arbeitgeber die vorläufige Versetzung durchführen bzw. aufrechterhalten.

c) Hat der Betriebsrat die Eilbedürftigkeit der Versetzung rechtzeitig bestritten, darf der Arbeitgeber die vorläufige Versetzung nur aufrechterhalten, wenn er innerhalb von drei Tagen beim Arbeitsgericht die Ersetzung der Zustimmung des Betriebsrats (vgl. § 99 Abs. 4) und die Feststellung beantragt, daß die Maßnahme aus sachlichen Gründen dringend erforderlich war (vgl. § 100 Abs. 2 S. 3). Ein

269 Hess/Schlochauer/Glaubitz, § 100 Rdnr. 9; GK-Kraft, § 100 Rdnr. 9; Gesichtspunkte der sozialen Auswahl spielen in diesem Zusammenhang keine Rolle.

270 BAG, v. 7.11.1977, BB 1978, S. 1166 = AP Nr. 1 zu § 100 unt. III 4 mit Anm. Richardi = SAE 1978, S. 228 mit Anm. Koller; BAG, v. 6.10.1978, BB 1979, S. 373 = AP Nr. 10 zu § 99 unt. II 2 = SAE 1979, S. 158 mit Anm. Bohn; Galperin/Löwisch, § 100 Rdnr. 56.

271 Dietz/Richardi, § 100 Rdnr. 8; Stege/Weinspach, §§ 99 - 101 Rdnr. 182; Heinze, Personalplanung, Rdnr. 367.

272 BAG, v. 7.11.1977, BB 1978, S. 1166; Löwisch, § 100 Rdnr. 3.

273 Adomeit, DB 1977, S. 2361; Dietz/Richardi, § 100 Rdnr. 17; Richardi, ZfA Sonderheft-1972, S. 17; ders., DB 1972, S. 383; Galperin/Löwisch, § 100 Rdnr. 2.

274 Vgl. Dietz/Richardi, § 100 Rdnr. 17.

275 Dietz/Richardi, § 100 Rdnr. 17; Galperin/Löwisch, § 100 Rdnr. 12; GK-Kraft, § 100 Rdnr. 15.

isolierter Feststellungsantrag zur Berechtigung der vorläufigen Versetzung ist hingegen unzulässig[276]. Bei Versäumung der Frist muß die vorläufige Versetzung zurückgenommen werden, andernfalls ist der Betriebsrat zur Geltendmachung der Rechte aus § 101 berechtigt.

d) Der Arbeitgeber kann die Maßnahme durchführen, wenn das Arbeitsgericht die Zustimmung ersetzt hat (vgl. § 99 Abs. 4). Bei ablehnender Entscheidung des Arbeitsgerichts über den Ersetzungsantrag bzw. Feststellung, daß die Maßnahme offensichtlich nicht aus sachlichen Gründen dringend erforderlich war, endet die vorläufige Maßnahme mit Ablauf von zwei Wochen nach Rechtskraft der Entscheidung (vgl. § 100 Abs. 3 S. 1). Von diesem Zeitpunkt an darf die personelle Maßnahme nicht mehr aufrechterhalten werden (§ 100 Abs. 3 S. 2). Bei Mißachtung der Verpflichtung kann der Betriebsrat das Aufhebungsverfahren nach § 101 einleiten.

3. *Die einzelnen Fälle betriebsverfassungswidriger Beteiligung durch den Arbeitgeber*

Nach diesem Überblick über die Pflichten des Arbeitgebers gegenüber dem Betriebsrat bei der Versetzung sind folgende Fälle mangelnder, d. h. fehlender oder fehlerhaften Beteiligung des Betriebsrats denkbar:

a) Der Arbeitgeber versetzt den Arbeitnehmer gemäß § 99 Abs. 1,

aa) bevor die Zustimmung des Betriebsrats erteilt ist. Nachstehende Fallkonstellationen sind hierbei zu unterscheiden:

- der Betriebsrat hat seine Zustimmung nicht erteilt,
- die Zustimmung wird auch nicht wegen Fristablaufs gemäß § 99 Abs. 3 fingiert oder

---

276 BAG, v. 15.9.1987, BB 1988, S. 482.

- sie ist nicht gemäß § 99 Abs. 4 gerichtlich ersetzt worden. Dem steht gleich, daß der Arbeitgeber einen Antrag gemäß § 99 Abs. 4 zurückgenommen hat[277].

In den Fällen fehlender Zustimmung des Betriebsrats ist es unerheblich, ob der Arbeitgeber seiner Unterrichtungspflicht ordnungsgemäß, unvollständig bzw. unrichtig, verspätet oder gar nicht nachgekommen ist. Bei nicht ordnungsgemäß erteilter Information liegt zusätzlich eine Verletzung der Unterrichtungspflicht nach § 99 Abs. 1 vor.

bb) Die Zustimmung des Betriebsrats ist zwar vor Durchführung der Maßnahme gegeben, der Arbeitgeber hat den Arbeitnehmer jedoch überhaupt nicht, unvollständig bzw. unrichtig unterrichtet.

b) Der Arbeitgeber versetzt einen Arbeitnehmer gemäß § 100 vorläufig,

aa) ohne den Betriebsrat vorher oder unverzüglich nachher über die nach § 99 mitzuteilenden Umstände informiert zu haben oder ihn darüber zwar zu unterrichten, jedoch nicht ordnungsgemäß;

bb) ohne den Betriebsrat anschließend unverzüglich über die vorläufige Versetzung und die sie dringend erfordernden sachlichen Gründe gemäß § 100 Abs. 2 S. 1 zu unterrichten oder den Betriebsrat zwar nach § 100 S. 1 zu unterrichten, dies aber nicht unverzüglich erfolgt ist;

cc) der Arbeitgeber hat den Betriebsrat unverzüglich informiert, es jedoch unterlassen, innerhalb von drei Tagen nach Bestreiten der Dringlichkeit durch den Betriebsrat das Arbeitsgericht anzurufen (vgl. § 100 Abs. 2 S. 3).

c) Der Arbeitgeber versetzt den Arbeitnehmer gemäß § 100 und hält die Versetzung aufrecht

aa) entgegen § 100 Abs. 2 S. 3, obwohl der Betriebsrat die Eilbedürftigkeit der

277 Fitting/Auffarth/Kaiser, § 101 Rdnr. 2.

Maßnahme bestritten hat und der Arbeitgeber nicht binnen drei Tagen beim Arbeitsgericht die Ersetzung der Zustimmung des Betriebsrats und die Feststellung beantragt hat, die Maßnahme sei aus sachlichen Gründen nicht dringend erforderlich gewesen,

bb) entgegen § 100 Abs. 3, obwohl das Arbeitsgericht die Ersetzung der Zustimmung abgelehnt bzw. die dringende Erforderlichkeit verneint hat und der Arbeitgeber gehalten ist, 2 Wochen nach Rechtskraft der Entscheidung die Maßnahme rückgängig zu machen.

C. Die individualrechtlichen Folgen betriebsverfassungswidriger Versetzungen

I. Die gesetzliche Behandlung des Problems

Während im Falle einer ohne Beteiligung des Betriebsrats ausgesprochenen Kündigung die zivilrechtliche Folge, d. h. die Unwirksamkeit der Kündigung, unmittelbar aus § 102 Abs. 1 S. 2 hervorgeht, sieht § 99 Entsprechendes für die Versetzungsregelung nicht vor[278]. Jedoch weist das BetrVG 1972 für Fälle mangelnder Beteiligung des Betriebsrates bei personellen Einzelmaßnahmen auf drei weitere Rechtsfolgenregelungen hin.

1. Die Vorschrift des § 121

Nach § 121 begeht der Arbeitgeber, der der Pflicht zur Unterrichtung des Betriebsrats nach § 99 I nicht, wahrheitswidrig, unvollständig oder verspätet nachkommt, eine Ordnungswidrigkeit, welche mit einer Geldbuße bis zu 20.000 DM

278 § 102 Abs. 1 S. 3 gewinnt jedoch Bedeutung im Rahmen der Versetzung im Wege der Änderungskündigung. Dazu unten 3. Kap. C. I. 3.

geahndet werden kann. Die Norm sagt jedoch nichts darüber aus, ob die mangelnde bzw. fehlerhafte Beteiligung des Betriebsrats das Individualarbeitsverhältnis beeinflußt.

2. Die Vorschrift des § 101

Demgegenüber enthält § 101 eine Sanktionsmöglichkeit für die Durchführung einer Personalmaßnahme i. S. des § 99 Abs. 1 ohne Zustimmung des Betriebsrats bzw. für die Aufrechterhaltung einer vorläufigen Maßnahme entgegen § 100 Abs. 2 S. 3 oder Abs. 3.

Gemäß Satz 1 der Vorschrift kann der Betriebsrat beim Arbeitsgericht beantragen, dem Arbeitgeber aufzugeben, die personelle Einzelmaßnahme aufzuheben bzw. im Weigerungsfalle die Festsetzung eines Zwangsgeldes zu erwirken (vgl. § 101 S. 2).

Allgemein[279] wird unter dem Begriff "Aufheben" die Beseitigung des tatsächlich bestehenden betriebsverfassungswidrigen Zustandes verstanden. Dies bedeutet für den Fall der Versetzung, daß der Arbeitgeber zur Rückgängigmachung der durch Zuweisung eines anderen Arbeitsbereichs erfolgten Versetzung des Arbeitnehmers sowie zu dessen Rückführung an seinen früheren Arbeitsbereich verpflichtet ist. Daß der Begriff "Aufheben" einzig und allein als Verpflichtung des Arbeitgebers zur Vornahme einer tatsächlichen Handlung zu deuten ist und insoweit keine Verpflichtung zur Rückgängigmachung der der Versetzung zugrunde liegenden Individualakte beinhaltet, wird überwiegend[280] mit dem Sinngehalt des § 101 begründet. Danach soll das Aufhebungsverfahren der Sicherung der Mitbestimmungsrechte des Betriebsrats bei den personellen Einzelmaßnahmen zu dienen bestimmt sein. Demzufolge sei dem Zweck dieser Vorschrift bereits dann Genüge

279 GK-Kraft, § 101 Rdnr. 7; Galperin/Löwisch, § 101 Rdnr. 1, 3; Fitting/Auffarth/Kaiser, § 101 Rdnr. 1; Däubler/Kittner/Klebe, § 101 Rdnr. 2, 6; Matthes, DB 1989, S. 1285 (1288). Schlochauer, S. 229.

280 Däubler/Kittner/Klebe, § 101 Rdnr. 1; Galperin/Löwisch, a.a.O.; Gnade/Kehrmann/Schneider, § 101 Rdnr. 1; Löwisch, § 101 Rdnr. 1; Fitting/Auffarth/Kaiser, a.a.O.; Schlochauer, a.a.O.

getan, wenn der Begriff "Aufheben" als die tatsächliche Rückgängigmachung der erfolgten Versetzung verstanden werde.

Nach alledem steht fest, daß die Norm des § 101 keine Aussagen zu den individualrechtlichen Folgen eines Mitwirkungsverstoßes bei der Versetzung trifft.

3. Die Vorschrift des § 102 Abs. 1 S. 3

Wenn auch die §§ 99 - 101 und 121 im unklaren lassen, welche Auswirkungen ein Beteiligungsverstoß auf das Individualarbeitsverhältnis hat, so ist jedoch für den Fall, daß die Versetzung im Wege der Änderungskündigung erfolgt, die zivilrechtliche Rechtsfolge der fehlenden Beteiligung des Betriebsrats aus § 102 Abs. 1 S. 3 zu entnehmen: Hiernach ist eine ohne Anhörung des Betriebsrats ausgesprochene Kündigung unwirksam[281]. Diese Regelung nimmt jedoch nur bezug auf die individualrechtlichen Auswirkungen eines Mitwirkungsverstoßes bei der Kündigung[282]. Davon zu unterscheiden ist die Beteiligung des Betriebsrats nach § 99 Abs. 1, bei deren Verletzung sich erneut die Frage nach den zivilrechtlichen Folgen stellt[283]. Zu diesem Problem hat der Gesetzgeber - im Unterschied zum Fall der Kündigung - keine eindeutige Regelung getroffen.

---

281 Auch die Änderungskündigung fällt hierunter. Siehe schon oben 3. Kap. B. I. 3. cc) (1).

282 Die Unwirksamkeit der Änderungskündigung gemäß § 102 Abs. 1 S. 3 hat nicht zugleich die Unwirksamkeit der der Versetzung zugrunde liegenden Individualregelung zur Folge. Siehe bereits oben 3. Kap. B. 3. c) cc) (2).

283 Inwieweit die Rechtsfolge des § 102 Abs. 1 S. 3 entsprechend auf den Fall der mangelnden Beteiligung des Betriebsrats bei der Versetzung übertragen werden kann, ist im 3. Kap. C. IV. 3. c) cc) (2) zu erörtern.

4. Ergebnis

Da die Frage nach den individualrechtlichen Folgen mangelnder Beteiligung des Betriebsrats gesetzlich nicht geregelt worden ist, besteht mithin ein gesetzesfreier Raum, der Ausgangspunkt für das Entstehen unterschiedlicher Lösungsmöglichkeiten in Rechtsprechung und Literatur gewesen ist.

II. Überblick zum Meinungsstand in Rechtsprechung und Literatur

1. Die individualrechtliche Unwirksamkeit als Folge einer betriebsverfassungswidrigen Versetzung

Vor allem in der Rechtsprechung der Instanzgerichte[284] und zum Teil in der Literatur[285] wird die Ansicht vertreten, daß die Zustimmung des Betriebsrats als Wirksamkeitsvoraussetzung für den individualrechtlichen Versetzungsvorgang anzusehen sei. Begründet wird dies zum einen damit, daß § 99 ein Schutzgesetz i. S. des § 134 BGB darstelle, das eine Versetzung ohne Zustimmung des Betriebsrats

---

284 LAG Düsseldorf, v. 25.1.1986, LAGE § 99 Nr. 33; LAG München, v. 30.12.1986, LAGE § 95 Nr. 3; LAG Frankfurt, v. 18.3.1987, BB 1987, S. 2453; LAG Hamm, v. 11.7.1979, DB 1979, S. 2042 (2043); LAG Bremen, v. 21.7.1978, DB 1978, S. 2493; ArbG Bochum, v. 22.10.1975, DB 1975, S. 2443 (2450). Offengelassen von LAG Baden-Württemberg, NZA 1985, S. 326, wonach der Arbeitnehmer nicht verpflichtet sei, seine Dienste am zugewiesenen neuen Arbeitsplatz zu erbringen, solange der Arbeitgeber betriebsverfassungsrechtlich pflichtwidrig auf der Durchführung der Versetzung bestehe.

285 Boewer, RdA 1974, S. 72 (73 f.); Brecht, § 99 Rdnr. 9; Bleistein, § 99 Rdnr. 451; Fitting/Auffarth/Kaiser, § 99 Rdnr. 66; Däubler/Kittner/Klebe, § 99 Rdnr. 215, 218; Gnade/Kehrmann/Schneider, § 99 Rdnr. 18; Galperin/Löwisch, § 99 Rdnr. 117, 119; Meyer, BB 1982, S. 1614 (1617); Heither, AR-Blattei (D) Betriebsverf. X IV. C. 6; Frey, Neues ArbR, Teil Q Rdnr. 77; Neumann, AR-Blattei (D) Versetzung des Arbeitnehmers I, C. I. 5; Etzel, HzA Rdnr. 769 a; Richter, DB 1989, S. 2430 (2433); Wlotzke, § 99 Anm. II 4 e.

- von den Fällen einer vorläufigen Versetzung abgesehen - verbiete[286]. Daher sei eine Versetzung ohne Beteiligung des Betriebsrats entsprechend § 134 BGB unwirksam. Daneben soll aus dem Umkehrschluß des § 100 Abs. 1 zwingend folgen, daß die Versetzung - abgesehen von Eilfällen - der Zustimmung des Betriebsrats zur Wirksamkeit bedürfe[287]. Zudem soll diese Schlußfolgerung auch aus dem Rechtsinstitut der Zustimmung herleitbar sein, weil hiermit ein Tatumstand gegeben sei, der das Hinzutreten der Mitwirkung eines Dritten erfordere, um dem Rechtsgeschäft die Wirksamkeit zu verleihen[288]. Schließlich wird für die individualrechtliche Unwirksamkeit der betriebsverfassungswidrig durchgeführten Versetzung der Schutzzweck des § 99 angeführt[289]. Denn das Mitbestimmungsrecht des Betriebsrats bei der Versetzung bestehe auch zum Schutz des zu versetzenden Arbeitnehmers. Darüber hinaus sichere die Unwirksamkeitsfolge die Berücksichtigung der Interessen des Betriebsrats[290].

2. Die schwebende Unwirksamkeit als Folge der Betriebsverfassungswidrigkeit

Eine andere Ansicht[291] lehnt zwar die uneingeschränkte Unwirksamkeit ab, nimmt jedoch zunächst die schwebende Unwirksamkeit des Arbeitsvertrages bei einem Beteiligungsmangel an. Die Parteien sollen solange an die schwebende Unwirksamkeit der Versetzung gebunden sein, wie die Zustimmung noch nicht erteilt bzw. gerichtlich ersetzt worden ist. Liegt die Zustimmung nachträglich vor, wird die Versetzung endgültig wirksam. Hingegen ist die ohne Zustimmung des Betriebsrats erfolgte Versetzung von Anfang an als unwirksam zu betrachten, wenn der Arbeitgeber es unterläßt, die Zustimmung des Betriebsrats einzuholen oder das Arbeitsgericht die Ersetzung der Zustimmung ablehnt.

---

286 LAG Hamm, v. 11.7.1979, DB 1979, S. 2042 (2043); LAG Düsseldorf, v. 25.1.1990, LAGE § 99 Nr. 33.

287 Steigerwald, S. 128.

288 Boewer, RdA 1974, S. 73 Fn. 12; Steigerwald, S. 126.

289 Fitting/Auffarth/Kaiser, § 99 Rdnr. 66; Meyer, BB 1982, S. 1615 (1617); vor allem auch BAG, v. 26.1.1988, BB 1988, S. 1327 (1329) = AP Nr. 50 zu § 99 unt. II 4.

290 Mathes, DB 1975, S. 1651.

291 Steigerwald, a.a.O.

Gegen diese Auffassung spricht jedoch, daß gerade der Schwebezustand den Interessen des einzelnen Arbeitnehmers nach Rechtssicherheit zuwiderläuft[292]. Mithin kann dieser Ansicht aus diesem Grund nicht gefolgt werden.

3. Die relative Unwirksamkeit als Folge des Mitwirkungsverstoßes

Brauch[293] vertritt die Meinung, daß die Rechtsstellung des einzelnen Arbeitnehmers durch die Ausübung des Mitbestimmungsrechts nicht bei allen in § 99 Abs. 1 genannten Maßnahmen tangiert werde; eine negative Auswirkung sei insoweit nur möglich bei Einstellungen und bei Versetzungen, die im Einverständnis mit dem betroffenen Arbeitnehmer erfolgen und auf die dieser keinen Rechtsanspruch besitze[294]. Bei der Versetzung sei der Normalfall eines Interessenkonflikts zwischen Betriebsrat und Arbeitnehmer darin zu sehen, daß ein Widerstreit zwischen den Interessen des betroffenen Arbeitnehmers, den Interessen der Belegschaft bzw. anderer Arbeitnehmer und dem Interesse an einer einheitlichen Ordnung bestehe[295]. Verweigere der Betriebsrat aufgrund dieses Interessenkonflikts die Zustimmung zu einer einverständlichen Versetzung, so sei in diesem Fall die Rechtslage zwischen Einstellung und einverständlicher Versetzung grundsätzlich gleich[296], so daß die beiden Maßnahmen auch hinsichtlich der Rechtsfolgen mangelnder Beteiligung des Betriebsrats auf das Individualarbeitsverhältnis einheitlich zu behandeln seien. Demgemäß führe ein Mitwirkungsmangel bei der einverständlichen Versetzung -

---

292 Siehe oben 2. Kap. C. III. 1. b).

293 Brauch, S. 114 ff. (115).

294 Brauch, a.a.O.: Für den Fall, daß der Arbeitnehmer einen Rechtsanspruch auf die Versetzung habe, sei das Mitbestimmungsrecht des Betriebsrats auf eine Richtigkeitskontrolle beschränkt. Dies habe zur Folge, daß die Rechtsstellung des Arbeitnehmers nicht beeinträchtigt werde, wenn die Rechte des Betriebsrats nach § 99 Abs. 1 mißachtet werden. Denn der Arbeitnehmer habe die Möglichkeit, das Arbeitsgericht anzurufen, um im Urteilsverfahren feststellen zu lassen, ob die Maßnahme des Arbeitgebers berechtigt war. So auch Dietz/Richardi, § 100 Rdnr. 62; Richardi, DB 1973, S. 429.

295 Brauch, S. 117.

296 Brauch, S. 117 Fn. 47.

wie auch bei der Einstellung - zur relativen Unwirksamkeit[297] des Einzelarbeitsverhältnisses mit der Folge, daß sich nur der Betriebsrat hierauf berufen könne[298].

Ungeachtet dessen, ob die Rechtslage bei einer Einstellung und einer einverständlichen Versetzung vergleichbar ist[299], spricht bereits gegen den Lösungsvorschlag von Brauch, daß diese Konstruktion außer acht läßt, daß der Arbeitsvertrag als schuldrechtlicher Vertrag zwischen Arbeitgeber und Arbeitnehmer nur ihnen gegenüber Rechte und Pflichten begründet. Insoweit schließt die Relativität des Schuldverhältnisses aus, daß der Einzelarbeitsvertrag auch Wirkungen gegenüber dem Betriebsrat entfaltet[300].

4. Die Wirksamkeit der Versetzung als Folge der Betriebsverfassungswidrigkeit

Nach anderer Meinung[301] soll ein Pflichtenverstoß im Rahmen des Betriebsverhältnisses keine Auswirkungen auf die individualrechtliche Grundlage der Versetzung haben. Die Wirksamkeit der Versetzungsregelung bleibe trotz fehlender oder fehlerhafter Beteiligung des Betriebsrats bestehen.

---

297 Brauch, S. 121/122.

298 Siehe oben 2. Kap. C. III. 1. d) cc).

299 Siehe 3. Kap. D. II. 2. b) bb).

300 Siehe 2. Kap. C. III. 1. d) cc).

301 Alberty, S. 85 f. (86); Heinze, Personalplanung, Rdnr. 343; v. Hoyningen-Huene, RdA 1982, S. 205 (213); ders., BetrVR, § 14 III 8; Meisel, Rdnr. 371; GK-Kraft, § 99 Rdnr. 110; Hess/Schlochauer/Glaubitz, § 99 Rdnr. 9, 59, 139; Schlochauer, S. 221 (228); Löwisch, Anm. zu BAG, v. 26.1.1988, AR-Blattei (D) Versetzung des Arbeitnehmers, Entsch. 9 unt. 3: der zwar eine Unwirksamkeitsfolge nach § 134 BGB ablehnt, jedoch die Regeln über die nachträgliche Unmöglichkeit der Leistung zur Anwendung bringen will. Insoweit soll für den Fall der Betriebsverfassungswidrigkeit der Maßnahme gelten, daß der Arbeitnehmer an der Arbeitsleistung und der Arbeitgeber an dessen Beschäftigung zunächst nur zeitweilig gehindert seien, diese Verpflichtungen jedoch gemäß § 275 BGB untergehen, wenn das Arbeitsgericht die Ersetzung der Zustimmung rechtskräftig abgelehnt habe.

Begründet wird dies zum einen damit, daß die ordnungsgemäße Beteiligung des Betriebsrats keine zivilrechtliche Wirksamkeitsvoraussetzung für die Versetzung darstelle[302]. Zum anderen soll die Wirksamkeit der Versetzung darauf basieren, daß unter dem betriebsverfassungsrechtlichen Begriff der Versetzung ein tatsächlicher Vorgang zu verstehen sei[303], so daß ein Beteiligungsverstoß im Bereich des BetrVG 1972 keine Auswirkungen auf die ihm zugrunde liegende individualrechtliche Ebene herbeiführen könne. Denn der kollektive Bereich der Versetzung sei strikt von der zivilrechtlichen Ausgestaltung des Arbeitsverhältnisses zu trennen[304]. Dies habe zur Folge, daß die Zustimmung bzw. Zustimmungsverweigerung ohne Einfluß auf die Wirksamkeit des Individualarbeitsverhältnisses bleiben müsse. Es könne in diesem Fall "lediglich" - wie vereinzelt angenommen wird - die Unmöglichkeit der Pflichterfüllung eintreten[305].

Im übrigen könne für diese Lösung angeführt werden, daß sie mit den Aussagen der neueren Rechtsprechung des BAG und der h. M. in der Literatur zum gleichlautenden Problem bei der Einstellung übereinstimme[306]. Denn auch hiernach lasse die fehlende Zustimmung des Betriebsrats die Wirksamkeit des Arbeitsvertrages unberührt[307]. Die Übertragung der bei der Einstellung entwickelten Grundsätze auf die Versetzung sei aufgrund eines einheitlichen Verständnisses der Vorschrift des § 99 geboten, die alle personellen Einzelmaßnahmen gleichermaßen benennt.

---

302 Meisel, a.a.O.

303 Vgl. v. Hoyningen-Huene, RdA 1982, S. 205 (212); ders., in: v. Hoyningen-Huene/Boemke, IV 3. b. und VI 1, IX 3 a; Schreiber, RdA 1987, S. 259; Wlotzke, § 99 Anm. II 4 c; vgl. auch schon oben 3. Kap. B. I. 4. a) aa).

304 Daher ist es auch unbeachtlich, ob der Arbeitnehmer mit der Versetzung einverstanden ist oder nicht, vgl. Heinze, Personalplanung, Rdnr. 344.

305 Vgl. Heinze, a.a.O.; Löwisch, Anm. zu BAG v. 26.1.1988, AR-Blattei (D) Versetzung des Arbeitnehmers, Entsch. 9 unt. 3; im Ergebnis auch LAG Baden-Württemberg v. 16.1.1985, NZA 1985, S. 326 (327); ähnlich auch Hanau, JuS 1985, S. 360 (363): der die rechtliche Unmöglichkeit einer Beschäftigung bei einer mitbestimmungswidrigen Versetzung aus § 100 herleitet und hinsichtlich der Rechtsfolgen auf §§ 323, 324 BGB verweist.

306 So insbes. v. Hoyningen-Huene/Boemke, IX 3 a.

307 Vgl. BAG, v. 2.7.1980, BB 1981, S. 119 = AP Nr. 5 zu § 101 unt. II 3 mit Anm. Misera; Galperin/Löwisch, § 99 Rdnr. 11; Heinze, Personalplanung, Rdnr. 340; v. Hoyningen-Huene, RdA 1982, S. 205 (209 ff.); Löwisch, § 99 Rdnr. 3; Meisel, Rdnr. 263.

Für die Vertreter der Wirksamkeitslösung schließt sich jedoch die Überlegung an, ob der Arbeitnehmer einer individualrechtlich wirksam angeordneten Versetzung trotz Mitwirkungsverstoßes des Arbeitgebers auch Folge zu leisten hat. Diese Frage wird nicht einheitlich beantwortet. Nach einer Meinung soll die Arbeitspflicht des Arbeitnehmers fortbestehen[308], während andere in diesem Fall dem Arbeitnehmer ein Leistungsverweigerungsrecht zubilligen wollen[309].

Auf den Meinungsstreit ist an dieser Stelle nicht näher einzugehen[310]. Vielmehr soll die Feststellung genügen, daß ein Teil der Rechtslehre eine betriebsverfassungswidrig durchgeführte Versetzung individualrechtlich für wirksam hält, wobei dem Arbeitnehmer z. T. ein Leistungsverweigerungsrecht zugebilligt wird.

5. Differenzierende Meinungen

Schließlich wird neben der uneingeschränkten Wirksamkeit bzw. Unwirksamkeit der individualrechtlichen Versetzungsregelung als Folge eines betriebsverfassungswidrigen Handelns des Arbeitgebers noch eine differenzierende Meinung vertreten. Im einzelnen basiert die Betrachtungsweise auf unterschiedlichen Differenzierungskriterien:

a) Das Einverständnis des Arbeitnehmers als Differenzierungskriterium

Teilweise wird für die Frage nach den individualrechtlichen Auswirkungen eines Mitwirkungsverstoßes danach differenziert, ob das Einverständnis des Arbeitnehmers vorliegt oder nicht.

---

308 Insbesondere Heinze, Personalplanung, Rdnr. 343; v. Hoyningen-Huene, RdA 1982, S. 205 (213); v. Hoyningen-Huene, BetrVR, § 14 III 8, S. 288. Ausführlich hierzu 3. Kap. D. II. 3. a) aa).

309 GK-Kraft, § 99 Rdnr. 110; ausführlich hierzu 3. Kap. D. II. 3. a) aa).

310 Eine ausführliche Darstellung erfolgt unten 3. Kap. D. II. 3. a) aa).

aa) Insoweit geht Maul-Backer[311] dann von der Wirksamkeit der individualrechtlichen Versetzungsregelung aus, wenn das Einverständnis des Arbeitnehmers vorliegt. Unbeachtlich sei, ob eine solche Maßnahme individualrechtlich durch einverständliche Änderung des Arbeitsvertrages oder im Wege eines entsprechend weitreichenden Weisungsrechts erfolge. Demgegenüber führe die Versetzung zur Unwirksamkeit der Individualregelung, wenn der betroffene Arbeitnehmer mit ihr nicht einverstanden sei[312].

bb) Nach anderer Auffassung soll die Art der Ausgestaltung der individualrechtlichen Rechtsgrundlage für die Beantwortung der Frage nach den zivilrechtlichen Folgen der Verletzung des Mitbestimmungsrechts nicht unmaßgeblich sein. Neben der Unterscheidung, ob das Einverständnis des Arbeitnehmers vorliege oder nicht, sei zusätzlich festzustellen, ob die Versetzung aufgrund des Direktionsrechts oder im Wege der Vertragsänderung erfolge. Im einzelnen soll gelten, daß eine betriebsverfassungswidrig durchgeführte Versetzung, die auf dem Direktionsrecht des Arbeitgebers basiert, individualrechtlich wirksam sei, wenn der Arbeitnehmer in die Versetzung eingewilligt habe[313]. Fehle in diesem Fall jedoch die Zustimmung des Arbeitnehmers, so sei die Versetzung unwirksam mit der Folge, daß der Arbeitnehmer ihr nicht nachzukommen habe und seine Weigerung, die Anordnung des Arbeitgebers zu befolgen, keine Verletzung des Arbeitsvertrages beinhalte. Zu beachten sei bei einer auf dem Direktionsrecht des Arbeitgebers beruhenden Versetzung jedoch, daß auch im Falle des Einverständnisses des Arbeitnehmers mit der Versetzung ein Anspruch auf die neu zugewiesene Tätigkeit nicht begründet werde. Denn es werde durch diese Art der Versetzung eine Änderung des Arbeitsvertrages nicht herbeigeführt. Demzufolge sei es dem Arbeitgeber auch ohne weiteres möglich, eine Rückversetzung des Arbeitnehmers auf gleichem Wege durchzuführen, ohne dabei in Rechte des betroffenen Arbeitnehmers einzugreifen.

---

311 Vgl. Maul-Backer, S. 208.

312 Maul-Backer, a.a.O.: Insbesondere eine mittels Änderungskündigung ausgesprochene betriebsverfassungswidrige Versetzung sei individualrechtlich unwirksam, wenn der Arbeitnehmer mit der Maßnahme nicht einverstanden sei.

313 So Mathes, DB 1975, S. 1651; Galperin/Löwisch, § 99 Rdnr. 119; ArbG Bochum, v. 5.12.1980, BB 1981, S. 1706.

Erfolge die Versetzung demgegenüber unter Änderung des Arbeitsvertrages, wobei es gleichgültig sei, ob der Arbeitsvertrag einvernehmlich oder über eine Änderungskündigung geändert werde, so sei der geänderte Vertrag ohne Rücksicht auf die Zustimmung des Betriebsrats zur Versetzung wirksam[314]. Machte der Betriebsrat in diesem Fall von seinem Recht aus § 101 Gebrauch und ordne das Arbeitsgericht die Aufhebung der tatsächlichen Versetzungsmaßnahme an, so dürfe der Arbeitgeber den Arbeitnehmer nicht mehr beschäftigen. Da die Versetzung individualrechtlich wirksam bleibe, behalte der Arbeitnehmer trotz des Beschäftigungsverbots einen Anspruch auf die der neuen Tätigkeit entsprechende, in der Regel auch höhere Vergütung nach § 615 BGB. Sofern der Arbeitgeber die Wiederherstellung des ursprünglichen vertraglichen Zustands anstrebe, sei ihm dies nur im Wege einer einvernehmlichen Rücknahme der Änderung des Arbeitsvertrages oder bei fehlendem Einverständnis des Arbeitnehmers durch Ausspruch einer Änderungskündigung möglich.

b) Die Arbeitsbedingungen als Differenzierungskriterium

Nach Meinung Richardis[315], der von Sacher[316] uneingeschränkt gefolgt wird, ist es nicht angemessen, die Zustimmung des Betriebsrats generell als Wirksamkeitsvoraussetzung anzusehen. Wäre dies der Fall, so würde der von der Versetzung betroffene Arbeitnehmer im Vergleich zum Arbeitgeber übermäßig belastet. Denn die Theorie der Wirksamkeitsvoraussetzung lasse unberücksichtigt, daß der Arbeitgeber selbst die Betriebsverfassungswidrigkeit der Versetzung verursacht habe. Daher müsse es als unbillig erachtet werden, wenn dem Arbeitgeber trotz betriebsverfassungswidrigen Handelns noch Rechtsvorteile im Bereich des Einzelarbeitsvertrags eingeräumt würden. Richardi differenziert bei der Frage nach den Auswirkungen betriebsverfassungswidrigen Handelns auf das Individualarbeitsverhältnis danach, ob die Versetzung die Rechtsstellung des Arbeitnehmers verbessere oder verschlechtere, d. h., ob eine Veränderung der Arbeitsbedingun-

---

314 Vgl. hierzu Matthes, DB 1975, S. 1651 (1652); Galperin/Löwisch, § 99 Rdnr. 120.

315 Richardi, ZfA Sonderheft-1972, S. 20; ders., DB 1973, S. 428 f.; Dietz/Richardi, § 99 Rdnr. 238.

316 Sacher, S. 101.

gen[317] in positiver oder negativer Weise für den Arbeitnehmer eintrete. Dementsprechend wird die individualrechtliche Unwirksamkeit nur bei einer für den Arbeitnehmer nachteiligen Versetzung, nicht aber bei einer für ihn vorteilhaften Versetzung vertreten[318].

c) Geltendmachung des Zustimmungsverweigerungsrechts des § 99 Abs. 2 Ziff. 4

Nach anderer Ansicht[319] sollen die Auswirkungen eines Mitbestimmungsverstoßes bei der Versetzung auf den individualrechtlichen Bereich davon abhängen, welcher Schutzzweck den einzelnen Zustimmungsverweigerungsgründen gemäß § 99 Abs. 2 zugrunde liegt:

aa) Sofern der Betriebsrat unter Berufung auf einen konkreten Nachteil für den Arbeitnehmer die Zustimmung zur Versetzung gemäß § 99 Abs. 2 Ziff. 4 verweigere, müsse die ohne Beteiligung des Betriebsrats durchgeführte Versetzung im Interesse des betroffenen Arbeitnehmers zur individualrechtlichen Unwirksamkeit gemäß § 134 BGB führen. Denn in diesem Fall sei das BetrVG 1972 mit dem Individualarbeitsrecht verzahnt, so daß die Effektivität des Mitbestimmungsrechts im Individualinteresse die Unwirksamkeitsfolge gebiete. Demgemäß komme es für die individualrechtliche Unwirksamkeit ausschließlich auf die Geltendmachung eines individualschutz-orientierten Zustimmungsverweigerungsgrundes an. Demgegenüber sei das Einverständnis des Arbeitnehmers mit der Versetzung ohne Bedeutung.

bb) Anders sei die Sachlage dann zu beurteilen, wenn Kollektivinteressen von der Versetzung betroffen seien, also die Interessen der anderen im Betrieb

---

317 Beispiele führt das LAG Baden-Württemberg in seiner Entscheidung vom 16.1.1985, NZA 1985, S. 326 (327) an.

318 Ähnlich Hahn, S. 270: der von der Unwirksamkeit einer Versetzungsmaßnahme in entsprechender Anwendung des § 102 Abs. 1 S. 3 ausgeht, sofern die Maßnahme für den Arbeitnehmer ungünstig ist. Bei günstigen Maßnahmen plädiert Hahn für eine Anlehnung an die zur Einstellung vorgeschlagene Lösung: Eine ohne Zustimmung des Betriebsrats durchgeführte Versetzung ist als wirksam anzusehen.

319 Ch. Weber, Anm. zu BAG v. 26.1.1988, EzA Nr. 58 zu § 99 unt. III. b) und c).

beschäftigten Arbeitnehmer, etwa der alten und neuen Kollegen des zu versetzenden Arbeitnehmers, berührt werden (vgl. § 99 Abs. 2 Ziff. 3 und 6). In diesem Falle wäre es "unangemessen", den von der Versetzung betroffenen Arbeitnehmer, dem kein Nachteil drohe, mit der individualrechtlichen Unwirksamkeit zu belasten. Denn hier könne dem Schutz der kollektiven Interessen schon dadurch Genüge getan werden, daß der Betriebsrat über § 101 erreichen könne, daß der Arbeitnehmer nicht an dem neuen Arbeitsplatz beschäftigt werde. In Grenzfällen, in denen Kollektivinteressen und Individualinteressen nicht genau voneinander abzugrenzen sind, soll es für die Feststellung der individualrechtlichen Unwirksamkeit ausreichen, daß der Betriebsrat seine Zustimmungsverweigerung nach § 99 Abs. 2 Ziff. 4 "wenigstens auch mit einem nicht offensichtlich unbeachtlichen Hinweis auf einen konkreten Nachteil des betroffenen Arbeitnehmers" begründet habe.

d) Die Meinung Schaubs

Schaub[320] trifft im Falle fehlender Unterrichtung des Betriebsrats bei gleichzeitig durchgeführter Versetzung folgende Differenzierung:

- Sofern die Versetzung im Wege des Direktionsrechts erfolge, führe ein Beteiligungsmangel zur Unwirksamkeit des Arbeitsvertrages.
- Demgegenüber berühre bei einer Versetzung mittels Änderungskündigung die fehlende Mitwirkung des Betriebsrats nicht die Wirksamkeit der der Versetzung zugrunde liegenden Änderungskündigung. Allerdings dürfe der Arbeitgeber den Arbeitnehmer nicht auf dem neu zugewiesenen Arbeitsplatz beschäftigen. Insoweit bewirke in diesem Fall der Beteiligungsverstoß ein automatisches Beschäftigungsverbot.

320 Schaub, Arbeitsrechts-Handbuch, § 241 VI 1 a, S. 1555.

Die Rechtsprechung des BAG zur Auswirkung der fehlenden Zustimmung des Betriebsrats auf das Individualarbeitsverhältnis ist im Bereich der personellen Mitbestimmung nicht einheitlich[321]. Für die personelle Einzelmaßnahme "Einstellung" hat der 5. Senat des BAG[322] entschieden, daß ein Mitwirkungsverstoß auf individualrechtlicher Ebene folgenlos bleiben müsse. Denn eine systematische Betrachtung der einschlägigen Vorschriften unter Berücksichtigung von Sinn und Zweck der Regelung des § 99 Abs. 1 spräche gegen die Unwirksamkeit eines ohne Zustimmung abgeschlossenen Arbeitsvertrages. Demgegenüber vertritt der 1. Senat des BAG[323] für den Fall der Versetzung die Meinung, daß die Maßnahme auch individualrechtlich unwirksam sei, wenn die Zustimmung des Betriebsrats fehle. Zur Begründung seiner Ansicht verweist der 1. Senat auf die Entscheidung des 4. Senats des BAG, wonach die Zuweisung einer höherwertigen Tätigkeit bei fehlender Mitwirkung des Betriebsrats unwirksam sein soll[324]. Im übrigen knüpft der 1. Senat hiermit auch an die Entscheidungen der Instanzgerichte an[325].

Inhaltlich führt der Senat in seiner Begründung aus, daß für die Beantwortung der Frage nach den individualrechtlichen Auswirkungen eines Beteiligungsverstoßes bei der Versetzung vom Schutzzweck des Mitbestimmungsrechts auszugehen sei. Da das Mitbestimmungsrecht des Betriebsrats bei einer Versetzung auch dem Schutz des von der Versetzung betroffenen Arbeitnehmers diene - dies gehe aus dem Zustimmungsverweigerungsgrund des § 99 Abs. 2 Ziff. 4 deutlich hervor -, handele es sich bei § 99 um eine Regelung, die dem

321 Gemeint sind hiermit nur die Entscheidungen des BAG zu den Auswirkungen fehlender Beteiligung des Betriebsrats bei Einstellung und Versetzung auf das Einzelarbeitsverhältnis.

322 BAG, v. 2.7.1980, BAGE 34, 1 = AP Nr. 9 zu Art. 33 II GG = EzA Nr. 28 zu § 99.

323 BAG, v. 26.1.1988, EzA Nr. 58 zu § 99 unt. II 4 a - b = AP Nr. 50 zu § 99 BetrVG 1972 = AR-Blattei (D) Versetzung eines Arbeitnehmers, Entsch. Nr. 9 = BB 1988, S. 1327 ff.

324 BAG, v. 14.7.1972, BAGE 24, 307 = AP Nr. 54 zu §§ 22, 23 BAT.

325 ArbG Bochum, v. 22.10.1975, DB 1975, S. 2449; LAG Hamm, v. 11.5.1979, EzA Nr. 27 zu § 99; LAG Baden-Württemberg, v. 10.1.1985, NZA 1985, S. 326; ebenso LAG Frankfurt, v. 18.3.1987, NZA 1988, S. 760 für die Notwendigkeit der Zustimmung bei auf Versetzung abzielender Änderungskündigung, LAG Düsseldorf, v. 25.1.1990, v. LAGE Nr. 33 zu § 99. Siehe auch schon oben 3. Kap. C. II. 1.

Arbeitgeber eine Versetzung verbiete, welcher der Betriebsrat die Zustimmung verweigert habe. Entsprechend § 134 BGB sei die Versetzung unwirksam.

III. Zusammenfassung

Das Meinungsspektrum zum Problem der Auswirkungen eines Mitwirkungsverstoßes im Rahmen der Versetzung auf das Arbeitsverhältnis ist vielfältig. Wie dargelegt wurde, reicht es von der Annahme der absoluten Unwirksamkeit mit ihren Abstufungen bis zur Wirksamkeit des Individualarbeitsverhältnisses, wobei daneben noch differenzierende Meinungen vertreten werden.

D. Auseinandersetzung mit den in Schrifttum und Rechtsprechung entwickelten Lösungsmöglichkeiten

I. Die Rechtfertigung einer Parallelbehandlung mit der Einstellung

1. Die Parallelbehandlung mit der Einstellung

Die Vielzahl der zum Problem vorgebrachten Lösungsansätze erinnert an das bei der Einstellung vorgefundene Meinungsbild zur gleichlautenden Frage nach den individualrechtlichen Auswirkungen eines Mitwirkungsverstoßes. Vergleicht man die Ergebnisse der Untersuchungen zur Einstellung und Versetzung miteinander, so fällt auf, daß die Lösungen zum Teil übereinstimmen, andererseits aber auch gänzlich andere Wege zur Problembewältigung beschritten werden. Gleiche Lösungsansätze finden sich sowohl auf Seiten der Verfechter der Theorie der Wirksamkeitsvoraussetzung, die die Zustimmung des Betriebsrats als Wirksamkeitsvoraussetzung für das Einzelarbeitsverhältnis ansehen, als auch bei deren Gegnern, die dem Mitwirkungsverstoß keinerlei individualrechtliche Auswirkungen beimessen. Daß einige Autoren die vorliegende Frage für beide personellen Einzelmaßnahmen gleich beantwortet wissen wollen, wirft die Überlegung auf, ob die Rechtsfolgenproblematik bei der Versetzung nicht grundsätzlich ebenso zu beurteilen ist wie der Fall der ohne Zustimmung erfolgten Einstellung. Zu dieser Schlußfolgerung könnte man schon aufgrund der Systematik des § 99 gelangen, die eine einheitliche Ausgestaltung des Mitbestimmungsverfahrens für alle personellen Einzelmaßnahmen vorsieht. Insoweit wäre es konsequent, wenn umgekehrt auch die Wirkungen mangelnder Beteiligung des Betriebsrats für alle Personalmaßnahmen - vergleichbarer Art - gleich bewertet würden. Dies bedeutete nach der hier zur Einstellung vertretenen Auffassung, daß ein Beteiligungsverstoß im Rahmen des Versetzungsvorgangs ohne unmittelbare Auswirkungen auf den individualrechtlichen Bereich bliebe[326].

Ob allerdings die Übertragung der zur Einstellung gewonnenen Erkenntnisse, die - wie dargelegt - im Rahmen dieser Einzelmaßnahme die geeigneteste Lösung

---

326 Siehe Problemerörterung bei der Einstellung oben 2. Kap. C. III. 3.

im Hinblick auf den bestehenden Interessenwiderstreit zwischen Arbeitgeber, Arbeitnehmer und Betriebsrat darstellen, das Parallelproblem bei der Versetzung ebenso sachgemäß löst, ist im folgenden näher zu erörtern.

2. Das Bestehen einer Rechtfertigungslage

Eine Parallelbehandlung des Problems der individualrechtlichen Auswirkungen eines Beteiligungsverstoßes bei der Versetzung mit der Einstellung setzte voraus, daß beide Personalmaßnahmen - obschon sie nach Begriffsbestimmung und zugrunde liegendem Sachverhalt verschieden sind - dergestalt miteinander vergleichbar sind, daß keine offensichtlichen sachlichen Unterschiede bestehen. Denn entsprechend dem Grundsatz, daß nur Gleiches auch gleich behandelt werden kann[327], wäre nur im Falle der Vergleichbarkeit beider Personalmaßnahmen eine Parallelbehandlung der Rechtsfolgenproblematik gerechtfertigt.

a) Die Gemeinsamkeiten zwischen den Mitbestimmungstatbeständen "Einstellung" und "Versetzung"

aa) Der Aussagegehalt der Systematik des § 99

(1) Der Oberbegriff "personelle Einzelmaßnahmen" sowie die einheitliche Ausgestaltung des Mitbestimmungsverfahrens in § 99 Abs. 1

Bevor ein direkter Vergleich zwischen den personellen Einzelmaßnahmen "Einstellung" und "Versetzung" durchzuführen ist, bedarf es vorab der Feststellung, ob sich Aussagen zur Vergleichbarkeit beider "Personalmaßnahmen" nicht schon aus der Systematik des § 99 gewinnen lassen. Denn "Einstellung" und "Versetzung" sind dem gemeinsamen Oberbegriff der "personellen Einzelmaßnahme" zuzuordnen. Insoweit könnte die Vermutung naheliegen, daß

---

327 Larenz, Methodenlehre der Rechtswissenschaft, S. 321.

ihnen gemeinsame Voraussetzungen zu eigen sind. Darüber hinaus könnte man wegen der einheitlichen Ausgestaltung des Mitbestimmungsverfahrens in § 99 Abs. 1 zur weitergehenden Aussage geneigt sein, daß auch die Auswirkungen einer Zustimmungsverweigerung bei allen Personalmaßnahmen einheitlich behandelt werden müssen. Gegen diese Sichtweise läßt sich jedoch einwenden, daß die Zugehörigkeit zur Gruppe der personellen Einzelmaßnahmen nicht die in ihr aufgeführten Mitbestimmungstatbestände zu charakterisieren vermag. Vielmehr machen die Mitbestimmungstatbestände selbst den Charakter der Gruppe "personelle Einzelmaßnahmen" aus[328]. Insofern dient die gemeinsame Erfassung von Einstellung und Versetzung neben Eingruppierung und Umgruppierung unter dem Begriff der personellen Einzelmaßnahmen einzig und allein pragmatischen, d. h. gesetzgeberisch-ökonomischen Zwecken[329], wobei diese Begründung auch für die einheitliche Ausgestaltung des Mitbestimmungsverfahrens in § 99 Abs. 1 zu gelten hat. Demzufolge lassen sich Rückschlüsse aufgrund der Zuordnung der Versetzung zur Gruppe der personellen Einzelmaßnahmen bzw. der einheitlichen Ausgestaltung des Mitbestimmungsverfahrens in § 99 Abs. 1 im Hinblick auf die Vergleichbarkeit von Einstellung und Versetzung nicht ziehen.

(2) Die Einstellung als Grundmodell

Wenn schon der Umstand der Zugehörigkeit der Versetzung zu den personellen Angelegenheiten keine Aussage zum Vorliegen gemeinsamer Voraussetzungen der einzelnen Mitbestimmungstatbestände zuläßt, so gewinnt man doch bei genauer Betrachtung des § 99 Abs. 1 den Eindruck, daß sich der Wortlaut des § 99 Abs. 1 vor allem an der Einstellung orientiert[330]. Denn die in § 99 Abs. 1 aufgeführten Pflichten des Arbeitgebers, wie z. B. die Pflicht zur Vorlage von Bewerbungsunterlagen, sind in erster Linie auf die Einstellung zugeschnitten[331]. Insoweit ist die Einstellung vom Gesetzgeber offenkundig als Grundmodell gewählt

328 Reuscher, S. 101.

329 Adomeit, DB 1971, S. 2360.

330 Richardi, DB 1973, S. 378 (379); ders., in: DB 1974, S. 1285 (1289).

331 Die Vorlage der Bewerbungsunterlagen wird bei der Versetzung nur vereinzelt gefordert.

worden[332].

Deshalb könnte die Vermutung naheliegen, daß sich die übrigen Mitbestimmungstatbestände in § 99 Abs. 1 - insbesondere die Versetzung - verfahrensrechtlich an der Einstellung zu orientieren haben. Dafür spricht, daß bei der Versetzung die gleichen Mitbestimmungsgrundsätze wie bei der Einstellung gelten[333]. Zu beachten bleibt jedoch, daß auch im Rahmen des Mitbestimmungsverfahrens die Besonderheiten der einzelnen Mitbestimmungstatbestände Berücksichtigung finden. Dies wird besonders im Rahmen der Informationspflicht des Arbeitgebers deutlich, deren Umfang den Besonderheiten der Personalmaßnahme anzupassen ist[334]. Denn gerade bei der Versetzung bestimmt sich die Reichweite der Informationspflicht nach der Intensität der mit der Versetzung verbundenen Veränderung der Arbeitsumstände[335]. Da bereits das Mitbestimmungsverfahren in gewissem Grad den Besonderheiten des Mitbestimmungstatbestandes anzupassen ist, muß die Schlußfolgerung erlaubt sein, daß auch die Beurteilung der Auswirkungen einer ohne Zustimmung erfolgten Versetzung nicht ohne weiteres an dem zur Einstellung gewonnenen Ergebnis ausgerichtet werden kann. Denn auch in diesem Zusammenhang ist es erforderlich, die Besonderheiten des Mitbestimmungstatbestandes in die Bewertung einzubeziehen.

Deshalb läßt sich allein wegen der der Einstellung zugewiesenen Grundmodellfunktion nicht darauf schließen, daß den übrigen Mitbestimmungstatbeständen des § 99 der Einstellung vergleichbare Voraussetzungen zu eigen sind. Vielmehr dient auch hier die im Gesetz gewählte Form der Darstellung des Mitbestimmungsverfahrens am Beispiel der Einstellung lediglich gesetzgeberisch-ökonomischen Zwecken.

---

332 Richardi, DB 1973, S. 378 (379), siehe bereits oben 1. Kap. B.

333 Das Mitbestimmungsverfahren ist für alle Personalmaßnahmen gemeinsam geregelt; vgl. Däubler/Kittner/Klebe, § 99 Rdnr. 120. Siehe auch schon 3. Kap. B. II.

334 Arg. v. Däubler/Kittner/Klebe, § 99 Rdnr. 120.

335 Richardi, DB 1973, S. 378 (380).

bb) Einstellung und Versetzung im Vergleich

Da sich aus der Systematik des § 99 keine eindeutigen Aussagen zur Vergleichbarkeit von Einstellung und Versetzung treffen lassen, sind die beiden personellen Einzelmaßnahmen direkt miteinander zu vergleichen:

(1) Im Hinblick auf die Begriffsvoraussetzungen

Unter dem Begriff der Einstellung wird allgemein sowohl die Begründung eines Arbeitsverhältnisses als auch die zeitlich damit zusammenfallende, weitergehende oder nachfolgende tatsächliche Arbeitsaufnahme im Betrieb verstanden[336]. Insofern wird durch die tatsächliche Arbeitsaufnahme Bezug auf die betriebliche Stellung des Arbeitnehmers genommen. Im Rahmen der Bestimmung des Versetzungsbegriffs gemäß § 95 Abs. 3 konnte näher präzisiert werden, daß der Begriff "Arbeitsbereich" sowohl eine räumliche als auch funktionale Komponente aufweist[337]. Daher umfaßt "Arbeitsbereich" neben dem Ort und der Art der Tätigkeit auch die Stellung des Arbeitnehmers in der betrieblichen Organisation[338]. Dementsprechend kann mit Versetzung auch eine Veränderung des organisatorischen Elements, nämlich der Stellung des Arbeitnehmers innerhalb des Betriebs, gemeint sein. Es läßt sich feststellen, daß den Begriffen "Einstellung" und "Versetzung" gemein ist, daß sie Bezug auf die Stellung des Arbeitnehmers in der betrieblichen Organisation nehmen können.

(2) Im Hinblick auf ihre Struktur

Die strukturelle Gemeinsamkeit zwischen Einstellung und Versetzung besteht darin, daß beide als zentrale personalpolitische Maßnahmen individualrechtlich zu den konstitutiven, rechtsgestaltenen Personalmaßnahmen zählen[339], während der

336 Siehe oben 2. Kap. B. II. 2.

337 Siehe oben 3. Kap. B. I. 2. a).

338 Siehe schon 3. Kap. B. I. 2. a).

339 Boewer, RdA 1974, S. 72 (73).

Ein- und Umgruppierung nur deklaratorische Bedeutung zukommt[340].

Zusammenfassend kann gesagt werden, daß die Personalmaßnahmen Einstellung und Versetzung trotz ihrer offensichtlich unterschiedlichen Begriffsbestimmung hinsichtlich ihrer Struktur und einzelner Begriffsvoraussetzungen Übereinstimmungen aufweisen. Zu klären bleibt, ob die Versetzung - abgesehen von ihrer Begriffsbestimmung - noch weitere Unterscheidungsmerkmale zur Einstellung erkennen läßt.

b) Die Besonderheiten bei der Versetzung

aa) Bedeutung und Funktion der Versetzung

Zunächst gilt es zu berücksichtigen, daß der Einstellung und der Versetzung im Hinblick auf das Arbeitsverhältnis eine unterschiedliche Bedeutung zukommt. Während das Einstellungsverfahren zur Begründung des Arbeitsvertrages führt, erfolgt eine Versetzungsmaßnahme stets innerhalb eines bestehenden Arbeitsverhältnisses[341]. Des weiteren unterscheiden sich Einstellung und Versetzung dadurch, daß dem von der Einstellung betroffenen Arbeitnehmer in der Regel kein Rechtsanspruch auf die Durchführung der Einzelmaßnahme zusteht. Denn es besteht kein Anspruch auf die Begründung des Arbeitsverhältnisses[342]. Im Zusammenhang mit der Versetzung ist ein derartiger Rechtsanspruch des Arbeitnehmers jedoch dann denkbar, wenn der Arbeitnehmer vom Arbeitgeber die Zuweisung eines anderen Arbeitsplatzes aufgrund der individualrechtlichen Versetzungsgrundlage verlangen kann. Zur weiteren Unterscheidung zwischen Einstellung und Versetzung läßt sich anführen, daß die Versetzung sowohl im individualrechtlichen Sinn (= Änderung der Tätigkeit des Arbeitnehmers nach Art,

---

340 H. M. Siehe insbes. v. Hoyningen-Huene, RdA 1982, S. 205 (213); Meyer, BB 1982, S. 1614 (1617); Schaub, Arbeitsrechts-Handbuch, § 241 II 2, S. 1546; BAG, v. 10.2.1976, AP Nr. 4 zu § 99.

341 Alberty, S. 84; Baumann, S. 191; Richardi, DB 1973, S. 428.

342 Ausnahmsweise kann der Einstellungsbewerber einen Anspruch auf die Einstellung geltend machen, z. B. aufgrund eines Vorvertrages oder im Bereich des öffentlichen Dienstes gemäß Art. 33 Abs. 2 GG.

Ort oder Umfang) als auch unter betriebsverfassungsrechtlichen Aspekten (= Zuweisung eines anderen Arbeitsbereichs) auf eine Änderung der Arbeitsbedingungen abzielt[343].

Wenngleich dieses die Versetzung kennzeichnende Merkmal einerseits ein Unterscheidungskriterium zur Einstellung darstellt, so weist es andererseits jedoch eine Ähnlichkeit mit einer anderen Einzelmaßnahme, der Kündigung i. S. des § 102, auf. Denn auch die Kündigung bewirkt eine Veränderung der Arbeitsbedingungen, allerdings - im Unterschied zur Versetzung - auf dem individualrechtlichen Wege der Auflösung des Arbeitsverhältnisses.

bb) Die Rechtsstellung des Arbeitnehmers bei der Versetzung

Dadurch, daß die Versetzung eine Änderung der Arbeitsbedingungen bewirkt, ist nicht auszuschließen, daß die Versetzung im Einzelfall einen anderen Einfluß auf die Rechtsstellung des Arbeitnehmers auszuüben vermag, als dies bei der Einstellung der Fall sein wird. Diese Annahme kann darauf gestützt werden, daß die Einstellung stets eine Verbesserung der Stellung des Arbeitnehmers darstellt[344], weil sie zur Begründung des Arbeitsverhältnisses zwischen Arbeitnehmer und Arbeitgeber sowie zur Eingliederung des Einstellungsbewerbers in den Betrieb führt. Demgegenüber kann eine Versetzung auch zu einer Verschlechterung führen[345]. Dieser Fall ist dann gegeben, wenn die bisherigen Arbeitsbedingungen zuungunsten des von der Versetzung betroffenen Arbeitnehmers verändert

343 Etzel, NWB 1989, Heft 36, Fach 26, S. 2146; Schlochauer, S. 225.

344 Vgl. Alberty, S. 84; Stege/Weinspach, §§ 99 - 101, Rdnr. 76; Löwisch, § 99 Rdnr. 30; BAG, v. 6.10.1978, AP Nr. 10 zu § 99; LAG Düsseldorf, v. 19.10.1976, EzA Nr. 11 zu § 99; LAG Berlin, v. 20.1.1986, BB 1986, S. 942: Eine Einstellung als solche bedeutet für den Arbeitnehmer keine Benachteiligung, selbst wenn für den eingestellten Arbeitnehmer schlechtere Arbeitsbedingungen gelten sollten als für vergleichbare Arbeitnehmer des Betriebes, z. B. eine Befristung des Arbeitsverhältnisses. Sie ist in diesen Fällen immer noch ein Mehr gegenüber einer Nichteinstellung. A. A. Fitting/Auffarth/Kaiser, § 99 Rdnr. 55; Däubler/Kittner/Klebe, § 99 Rdnr. 193; Heinze, Personalplanung, Rdnr. 322; Wlotzke, § 99 Anm. 5 d); BAG, v. 1.2.1989, AP Nr. 63 zu § 99.

345 Alberty, S. 84.

werden[346], so daß hierdurch nachteilige Folgen für die betriebliche Stellung des Arbeitnehmers oder gar dessen persönliche Lebenssituation eintreten. Mithin ist die Rechtslage für den Arbeitnehmer bei Einstellung und Versetzung nur dann vergleichbar, wenn es sich bei der Versetzung um eine für den Arbeitnehmer vorteilhafte Maßnahme handelt, hinsichtlich deren Durchführung das Einverständnis des Arbeitnehmers zu vermuten ist[347].

Der Umstand, daß die Versetzung - im Unterschied zur Einstellung - auch zur Verschlechterung der betrieblichen Stellung des Arbeitnehmers führen kann, legt es nahe, daß der Arbeitnehmer bei der Versetzung - anders als bei der Einstellung - ein unterschiedliches Interesse an der Durchführung der Maßnahme zeigen wird.

cc) Die Interessenlage des Arbeitnehmers bei der Versetzung

Das Interesse des Arbeitnehmers an der Durchführung der Versetzung wird davon abhängen, inwieweit er sich von der Personalmaßnahme Vorteile bzw. Nachteile verspricht. Demnach wird der Arbeitnehmer eine Versetzung befürworten, die für ihn günstig ist. Aus diesem Grunde wird er sich bei dieser Sachlage auch daran interessiert zeigen, daß der Betriebsrat die Zustimmung zur Versetzung gemäß § 99 Abs. 1 erteilen wird. Demgegenüber wird der von der Versetzungsmaßnahme betroffene Arbeitnehmer einer Versetzung ablehnend gegenüberstehen, die sich für ihn nachteilig auswirken wird. In diesem Fall wird er ein Einschreiten des Betriebsrats zu seinen Gunsten, d. h. die Unterbindung der Durchführung der Maßnahme, anstreben.

Insoweit lassen sich aus Sicht des von der Versetzung betroffenen Arbeitnehmers folgende Interessenkonflikte zwischen ihm und dem Betriebsrat konstruieren:

- Die Versetzung ist für den Arbeitnehmer vorteilhaft, der Betriebsrat verweigert jedoch seine Zustimmung.

---

346 Beispiele hierzu führt das LAG Baden-Württemberg, NZA 1985, S. 326 (327) an.

347 Ähnlich Brauch, S. 117.

- Die Versetzung ist für den Arbeitnehmer ungünstig, der Betriebsrat stimmt jedoch zu bzw. macht von seinem Mitbestimmungsrecht innerhalb der Wochenfrist keinen Gebrauch, mit der Folge, daß die Zustimmung fingiert wird (vgl. § 99 Abs. 3 S. 2).

Im Vergleich dazu stellt sich die Interessenlage des Arbeitnehmers bei der Einstellung anders dar. Da die Einstellung für den Arbeitnehmer stets von Vorteil ist, wird er ihre Durchführung uneingeschränkt befürworten und sich nur dann in einem Interessenkonflikt mit dem Betriebsrat befinden, wenn der Betriebsrat die Zustimmung zur Einstellung verweigert hat. Infolgedessen ist eine vergleichbare Interessenlage aus Arbeitnehmersicht bei Einstellungen und Versetzungen nur für den Fall denkbar, daß die Versetzung für ihn vorteilhaft ist[348]. In den übrigen Fällen gleicht die Interessenlage des Arbeitnehmers nicht derjenigen bei der Einstellung.

dd) Die Interessenwahrnehmung des Betriebsrats bei der Versetzung

(1) Problemstellung

Da sich der Arbeitnehmer in der Regel an der Durchführung einer ihn benachteiligenden Versetzung nicht interessiert zeigen wird, wäre es für ihn gerade bei dieser Sachlage bedeutsam, wenn der Betriebsrat das ihm bei Personalmaßnahmen eingeräumte Mitbestimmungsrecht (auch) in seinem Interesse wahrnehmen könnte, d. h. die in Aussicht gestellte Versetzung verhinderte. Demzufolge ist im folgenden die Frage zu erörtern, ob und inwieweit der Betriebsrat in seiner Funktion als Repräsentant der gesamten Belegschaft[349] des Betriebes das Mitbestimmungsrecht bei der Versetzung (auch) zur Wahrnehmung der Interessen des von der Versetzung betroffenen Arbeitnehmers ausüben kann. Führt diese Betrachtung dazu, daß das gesetzlich übertragene Beteiligungsrecht des Betriebsrats bei der Versetzung dem Individualschutz zu dienen bestimmt ist, so gäbe dies Anlaß zur weiteren Überlegung, auf welche Weise die Interessen der übrigen Arbeitnehmer des

348 Siehe hierzu Brauch, S. 116.

349 Vgl. hierzu ausführlich Niederalt, S. 106 ff.

Betriebes, die von der Maßnahme nur mittelbar tangiert werden, geschützt würden. Sofern im Rahmen der Untersuchung allerdings die Feststellung zu treffen wäre, daß das Mitbestimmungsrecht des Betriebsrats bei der Versetzung sowohl den Schutz der individuellen als auch der kollektiven Interessen umfaßte, der Schutzzweck also zweifacher Art wäre, bliebe in diesem Fall noch zu erörtern, ob und gegebenenfalls welche Gewichtung dem jeweiligen Schutzaspekt des Beteiligungsrechts bei der Versetzung zukommt. Ließe sich nach Abschluß dieser Erörterungen beispielsweise ein Vorrang des Individualschutzes durch den Betriebsrat bei der Versetzung feststellen, so läge ein weiteres Unterscheidungskriterium zur Einstellung vor. Denn im Rahmen der Ausführungen zur Einstellung konnte dargelegt werden, daß das Mitbestimmungsrecht des Betriebsrats bei dieser Personalmaßnahme in erster Linie dem Schutz kollektiver Interessen zu dienen bestimmt ist[350]. Bevor eine Feststellung dieser Art jedoch möglich ist, bedarf es zunächst der Klärung des Schutzzwecks des Beteiligungsrechts des Betriebsrats bei der Versetzung.

(2) Der Schutzzweck des Mitbestimmungsrechts bei der Versetzung

Erkenntnisse über den Schutzzweck des Mitbestimmungsrechts bei der Versetzung lassen sich vor allem aus der Ausgestaltung der Zustimmungsverweigerungsgründe in § 99 Abs. 2 in Verbindung mit der Legaldefinition des § 99 Abs. 3 gewinnen.

(a) Der Schutz kollektiver Interessen

Die Widerspruchsgründe des § 99 Abs. 2 zeigen, daß das dem Betriebsrat eingeräumte Mitbestimmungsrecht - wie bei der Einstellung - den Schutz kollektiver Interessen vorsieht[351]. Der Betriebsrat hat darüber zu wachen, daß die im Betrieb be-

---

350 Vgl. Ausführungen im 2. Kap. C. III. 3.

351 Belling, DB 1985, S. 335 (336 f.); Matthes, DB 1975, S. 1651; Meyer, BB 1982, S. 1615

schäftigten Arbeitnehmer von der Versetzungsmaßnahme nicht benachteiligt werden und daß das betriebliche Normengefüge nicht verletzt wird. Dies geht besonders deutlich aus den Widerspruchsgründen der Ziffern 3 und 6 des § 99 Abs. 2 hervor[352]. Nach Ziffer 3 kann der Betriebsrat die Zustimmung verweigern, wenn die Besorgnis besteht, daß die Versetzung betrieblich nicht gerechtfertigte Nachteile für die anderen Arbeitnehmer des Betriebes befürchten läßt. Insofern bezweckt dieser Zustimmungsverweigerungsgrund eine Verhinderung der ungerechtfertigten Verschlechterung des Status quo[353] für die übrige Belegschaft aufgrund der Versetzung. Ziffer 6 verleiht dem Betriebsrat das Recht, den Betriebsfrieden zu schützen[354], soweit eine Störung desselben am neuen Arbeitsplatz des zu versetzenden Arbeitnehmers zu erwarten ist. Mithin beabsichtigt dieser Zustimmungsverweigerungsgrund die Wahrung des "sozialen Wohlbefindens" des Belegschaftskollektivs[355]. Der Unterbindung einer sachlich nicht gerechtfertigten Ungleichbehandlung von Arbeitnehmern und damit dem Schutz des Betriebsfriedens kann auch § 99 Abs. 2 Ziff. 1 für den Fall dienlich sein, daß mit "Gesetz" auf den in § 75 Abs. 1 fixierten Gleichheitsgrundsatz Bezug genommen wird[356].

Ähnlich deutlich wie bei den Ziffern 3 und 6 tritt der kollektive Schutzgedanke des Mitbestimmungsrechts bei den Ziffern 2 und 5 des § 99 Abs. 2 zum Vorschein. Die in Ziffer 3 geforderte Beachtung der Richtlinien im Sinne des § 95 bei der Versetzung bezweckt die Sicherstellung einer einheitlichen Behandlung aller Arbeitnehmer, während die in Ziffer 5 erwähnte Ausschreibung im Betrieb nach § 93 der Gewährleistung gleicher Chancen für alle Stelleninteressenten dient[357].

(1616); Meier, NZA 1988, Beil. Nr. 3, S. 3; Wlotzke, § 99 Anm. 2 d; Galperin/Löwisch, § 99 Rdnr. 17; Huljus, S. 26, 27, 32; BAG, v. 30.4.1981, BB 1981, S. 1593; LAG Hamm, v. 11.5.1979, DB 1979, S. 2042.

352 Vgl. Matthes, DB 1975, S. 1651.

353 H. M. Däubler/Kittner/Klebe, § 99 Rdnr. 186; Dietz/Richardi, § 99 Rdnr. 171; Richardi, DB 1973, S. 378 (381); Fitting/Auffarth/Kaiser, § 99 Rdnr. 51; Hess/Schlochauer/Glaubitz, § 99 Rdnr. 122; Stege/Weinspach, §§ 99 - 101 Rdnr. 72; GK-Kraft, § 99 Rdnr. 124.

354 Belling, DB 1985, S. 335; Matthes, DB 1975, S. 1651; Meyer, BB 1982, S. 1614 (1616). Insoweit verfolgt § 99 denselben Zweck wie § 104, der dem Betriebsrat das Recht einräumt, einen den Betriebsfrieden störenden Arbeitnehmer zu entlassen oder zu versetzen.

355 Müller, DB 1962, S. 770 (772); ders., RdA 1969, S. 227 (230).

356 Fitting/Auffarth/Kaiser, § 99 Rdnr. 42; Galperin/Löwisch, § 99 Rdnr. 74; Dietz/Richardi, § 99 Rdnr. 150.

357 Vgl. insbes. Matthes, DB 1975, S. 1651.

Mithin läßt die Mehrzahl der Widerspruchsgründe in § 99 Abs. 2 erkennen (vgl. insbes. Ziffern 2, 3, 5 und 6), daß das Mitbestimmungsrecht des Betriebsrats bei der Versetzung eine kollektive Schutzrichtung aufweist, indem die übrige Belegschaft vor den Folgen geschützt werden sollen, die sich aus der Besetzung der neu zugewiesenen Arbeitsstelle mit dem Arbeitnehmer oder aus der Zuweisung der Arbeitsaufgabe gerade an diesen Arbeitnehmer ergeben[358].

Daß das Mitbestimmungsrecht des Betriebsrats den Schutz kollektiver Interessen bezweckt, läßt sich zudem aus der Funktion des Betriebsrats als Repräsentant aller Arbeitnehmer eines Betriebes[359] herleiten, in der er auch bei der Durchführung der Versetzung tätig wird. Denn in dieser Rolle obliegt ihm die Pflicht, mit dem Arbeitgeber "zum Wohl des Arbeitnehmers und des Betriebes" zusammenzuarbeiten (vgl. § 2 Abs. 1) und darüber zu wachen, daß alle im Betrieb beschäftigten Arbeitnehmer nach den Grundsätzen von Recht und Billigkeit behandelt werden (vgl. § 75 Abs. 1).

(b) Die Wahrung der Interessen des einzelnen Arbeitnehmers

Fraglich ist jedoch, ob der Betriebsrat auch im Interesse des von der Versetzung betroffenen Arbeitnehmers die Zustimmung der Personalmaßnahme verweigern kann. Anlaß zur Vermutung, daß das Mitbestimmungsrecht des Betriebsrats bei Versetzungen neben dem Schutz kollektiver Interessen auch den Individualschutz zum Ziel hat - also eine zweifache Schutzrichtung aufweist -, könnte der Zustimmungsverweigerungsgrund des § 99 Abs. 2 Ziff. 1 geben. Abs. 2 Ziff. 1 regelt insbesondere, daß der Betriebsrat die Zustimmung zur Personalmaßnahme verweigern kann, sofern die Maßnahme gegen ein Gesetz oder eine Verordnung verstößt. Dadurch, daß Gesetzesverstöße zur Verweigerung der Maßnahme berechtigen, können im Einzelfall auch Arbeitnehmerschutzrechte[360] sowie der

---

358 Im Ergebnis ebenso BAG, v. 30.4.1981, BB 1981, S. 1833.

359 Arg. v. Alberty, S. 94.

360 Vgl. insbes. §§ 3, 4, 6 und 8 MuSchG; §§ 3, 16 AZO; §§ 22 JArbSchG; die nach § 120 zu erlassende Verordnung eines Beschäftigungsverbots; die aufgrund 708 Abs. 1 RVO zu erlassende Unfallverhütungsvorschrift.

Gleichbehandlungsgrundsatz des § 75 Abs. 1[361] betroffen sein. Insoweit wird einem von der Versetzung betroffenen Arbeitnehmer in diesen Fällen zumindest indirekt Schutz über den Abs. 2 Nr. 1 gewährt. Deutlicher wird der individuelle Schutzzweck des Mitbestimmungsrechts jedoch in § 99 Abs. 2 Ziff. 4, dessen Hauptanwendungsfall die Versetzung ist[362]. Entsprechend dieser Vorschrift kann der Betriebsrat die Zustimmung verweigern, wenn der betroffene Arbeitnehmer durch die personelle Maßnahme benachteiligt wird, ohne daß dies aus betrieblichen oder in der Person des Arbeitnehmers liegenden Gründen gerechtfertigt ist. Einen Nachteil stellt dabei sowohl die Verschlechterung der äußeren[363] als auch der materiellen Arbeitsbedingungen des Arbeitnehmers dar[364]. Insoweit dient dieser Zustimmungsverweigerungsgrund dem Schutz des einzelnen Arbeitnehmers vor einer ungerechtfertigten Verschlechterung seiner faktischen oder betrieblichen Stellung[365]. Der Arbeitnehmer soll nicht willkürlich einer Veränderung seiner ihm vertrauten Arbeitswelt[366] sowie der Arbeitsvorgänge[367], in die er sich eingearbeitet hat, ausgesetzt sein. Auf diese Weise will der Gesetzgeber unterbinden, daß der Arbeitgeber den Arbeitnehmer beliebig "kaltstellen" kann[368].

Daher dient das Mitbestimmungsrecht des Betriebsrats bei der Versetzung auch der Wahrung der Individualinteressen des von der Maßnahme betroffenen Arbeitnehmers. Zusammenfassend läßt sich feststellen, daß dem Beteiligungsrecht des Betriebsrats bei Versetzungen ein zweifacher Schutzzweck zugrunde liegt. Es dient nicht nur den kollektiven Interessen der Belegschaft, sondern auch dem Schutz der Rechte des von der Maßnahme betroffenen Arbeitnehmers.

---

361 Siehe oben 3. Kap. D. I. 2. b) dd) (a).

362 Däubler/Kittner/Klebe, § 99 Rdnr. 195; Dietz/Richardi, § 99 Rdnr. 181; Galperin/Löwisch, § 99 Rdnr. 93; Hess/Schlochauer/Glaubitz, § 99 Rdnr. 195; Stege/Weinspach, §§ 99 - 101 Rdnr. 179 d.; BAG, v. 26.1.1988, EzA Nr. 58 zu § 99: "Er kommt nur bei der Versetzung in Betracht."

363 Fitting/Auffarth/Kaiser, § 99 Rdnr. 54.

364 Fitting/Auffarth/Kaiser, a.a.O.; Hess/Schlochauer/Glaubitz, § 99 Rdnr. 121; Dietz/Richardi, § 99 Rdnr. 192; Galperin/Löwisch, § 99 Rdnr. 95.

365 Belling, DB 1985, S. 335 (336); Hromadka, DB 1972, S. 1535; Dietz/Richardi, § 99 Rdnr. 179; GK-Kraft, § 99 Rdnr. 194; BAG, v. 6.10.1978, AP Nr. 10 zu § 99.

366 Siehe Belling, a.a.O.; BAG, v. 3.12.1985, AP Nr. 8 zu § 99; LAG Bremen, v. 21.7.1978, DB 1978, S. 2493.

367 Insbes. Belling, a.a.O.

368 Vgl. Belling, a.a.O. unter Bezugnahme auf Molitor, BB 1952, S. 493 (494).

(c) Das Verhältnis der Schutzaspekte des Mitbestimmungsrechts zueinander

Da das Mitbestimmungsrecht des Betriebsrats bei der Versetzung eine doppelte Zielrichtung aufweist, stellt sich die Frage, ob den Schutzkomponenten im Rahmen des Mitbestimmungsrechts gleiches Gewicht zukommt oder ob zwischen ihnen ein ungleichartiges Rangverhältnis besteht.

Während insbesondere das ältere Schrifttum[369] und das BAG[370] den Schutz der kollektiven Interessen der Gesamtheit der Arbeitnehmer des Betriebes in den Vordergrund ihrer Betrachtung zum Mitbestimmungszweck bei der Versetzung stellten bzw. stellen, scheint im neuen Schrifttum[371] einhellige Meinung darüber zu bestehen, daß der Betriebsrat nicht ausschließlich den Schutz der Belegschaft, sondern in gleicher Weise[372] auch den Schutz der von einer Versetzung betroffenen Arbeitnehmer zu wahren hat. Aus der Tatsache, daß die Mehrzahl der Widerspruchsgründe des § 99 Abs. 2 Ziff. 1 - 6 einen kollektiven Schutzcharakter erkennen läßt (vgl. insbes. Ziff. 3, 5 und 6), darf nicht gefolgert werden, daß der Individualschutz lediglich

---

369 Müller, DB 1962, S. 770 (772); ders., RdA 1969, S. 227 (228); Schönherr, DB 1969, S. 574 (575); ebenso GK-Kraft, Rdnr. 49: Schutz des betroffenen Arbeitnehmers war nicht der eigentliche Zweck des Mitbestimmungsrechts der Versetzung.

370 St. Rspr BAG, v. 20.9.1990, NZA 1990, S. 195, 197 (zu B II 3 a); v. 14.11.1989, NZA 1990, S. 357, 358 (zu B I 2 b cc); v. 18.2.1986, NZA 1986, 616 (B II 3).

371 Für viele: Däubler/Kittner/Klebe, § 99 Rdnr. 4; Fitting/Auffarth/Kaiser, § 99 Rdnr. 1; Galperin/Löwisch, § 99 Rdnr. 12; Richardi, DB 1974, S. 1285 (1289) unt II 1 b; Meier, NZA 1988, Beil. Nr. 3, S. 3; Meyer, BB 1982, S. 1614 (1616); a. A. Bobke, Anm. zu BAG, v. 30.4.1981, AuR 1981, S. 355 (356); Glimm, S. 114; Matthes, DB 1975, S. 1651: Sinn und Zweck der Vorschrift des § 99 sei es, daß das Mitbestimmungsrecht bei Versetzungen neben den Individualinteressen vor allem die Interessen der Gesamtheit zu schützen habe. Noch anders Heinze, Personalplanung, Rdnr. 190, der die kollektiven Interessen für den maßgebenden Bezugspunkt des Mitbestimmungsrechts hält.

372 Belling, DB 1985, 335 (337) unter Bezugnahme auf LAG Hamm, v. 11.5.1979, DB 1979, S. 2042; ebenso Huljus, S. 40; a. A. Hunold, in: Anm. zu BAG, v. 26.5.1988, BB 1988, S. 2101 (2105), der den Zweck des Mitbestimmungsrechts des Betriebsrats vornehmlich in dem Schutz des einzelnen betroffenen Arbeitnehmers sieht. Sinngemäß auch BAG, v. 30.4.1981, BB 1981, S. 1893.

Nebenzweck des Mitbestimmungsrechts des Betriebsrats bei der Versetzungsmaßnahme sei. Vielmehr erwächst dem Schutz des von der Maßnahme unmittelbar betroffenen Arbeitnehmers allein wegen des Regelungszwecks des § 99 Abs. 2 Ziff. 4, dessen Hauptanwendungsfall gerade die Versetzung darstellt[373], ein (zumindest) gleichrangiger[374] Stellenwert neben dem kollektiven Schutzziel des Mitbestimmungsrechts des Betriebsrats.

(3) Der Schutzzweck bei Versetzung und Einstellung im Vergleich

Nach alledem steht dem Betriebsrat das Beteiligungsrecht bei der Versetzung - ebenso wie bei der Einstellung[375] - nicht nur zur Wahrnehmung kollektiver Interessen, sondern auch zum Schutz des betriebswidrig versetzten Arbeitnehmers zu. Das Mitbestimmungsrecht weist somit bei beiden Personalmaßnahmen einen doppelten Schutzzweck auf. Unterschiede bestehen insoweit, als die individualrechtliche Schutzkomponente des Mitbestimmungsrechts des Betriebsrats im Rahmen des Versetzungsvorgangs wegen der Möglichkeit des Widerspruchsgrundes des § 99 Abs. 2 Ziff. 4 mehr Berücksichtigung erfährt, als es bei der Einstellung der Fall ist. Dies beruht auf dem Umstand, daß § 99 Abs. 2 Ziff. 4 bei der Einstellung keine Anwendung findet[376], so daß der Schutz des von der Einstellung betroffenen Arbeitnehmers nur über § 99 Abs. 2 Ziff. 1 gewährleistet werden kann[377] und daher nicht so umfassend ausgestaltet ist wie bei der Versetzung. Der Schutz der Individualinteressen tritt bei der Einstellung sogar hinter die Wahrung der kollektiven Belange zurück, weil das Mitbestimmungsrecht bei der Einstellung vorrangig dem Schutz der kollektiven Interessen zu dienen bestimmt ist[378].

Dies bedeutet, daß die bei den Personalmaßnahmen bejahte doppelte Schutzrich-

---

373 Stege-Weinspach, §§ 99 - 101 Rdnr. 179 d.

374 Vgl. Fn. 372.

375 Siehe oben 2. Kap. C. III. 3.

376 Vgl. BAG, v. 26.1.1988, EzA Nr. 58 zu § 99 BetrVG 1972: § 99 Abs. 2 Ziff. 4 kommt nur bei der Versetzung in Betracht, siehe auch schon oben 2. Kap. C. III. 3.

377 Siehe oben 2. Kap. C. III. 3.

378 Siehe oben 2. Kap. C. III. 3.

tung des Mitbestimmungsrechts des Betriebsrats bei der Einstellung wegen des vornehmlich kollektiven Schutzzwecks des Beteiligungsrechts zugunsten dieser Komponenten verschoben ist und somit einer klaren Zweiteilung des Mitbestimmungsrechts entgegensteht. Demgegenüber wird bei der Versetzung aufgrund der Widerspruchsgründe des § 99 Abs. 2 erkennbar, daß der Betriebsrat nicht nur die durch die Versetzung tangierten Interessen der gesamten Belegschaft (vgl. insbes. § 99 Abs. 2 Ziff. 2, 3, 5 und 6), sondern in gleicher Weise auch das Interesse des von der Versetzung betroffenen Arbeitnehmers zu schützen hat (vgl. vor allem § 99 Abs. 2 Ziff. 4), so daß im Rahmen des Versetzungstatbestandes die Zweiteilung des Mitbestimmungsrechts deutlich zum Ausdruck kommt. Anhaltspunkte für diese eindeutige Differenzierung des Schutzzwecks lassen sich im übrigen bereits aus der Struktur der Versetzung gewinnen, welche stets in zwei Komponenten zerfällt, mit der Folge, daß hierdurch unterschiedliche Interessen berührt werden können[379]:

- Zunächst führt die Personalmaßnahme dazu, daß der betroffene Arbeitnehmer von seinem bisherigen Arbeitsplatz entfernt wird.

- Darüber hinaus hat sie zur Folge, daß - ebenso wie bei der Einstellung - ein Arbeitsplatz mit dem zu versetzenden Arbeitnehmer besetzt wird.

Daher werden im Fall der Entfernung des Arbeitnehmers von seinem ursprünglichen Arbeitsplatz überwiegend dessen Belange berührt, während die Neubesetzung eines Arbeitsplatzes die Interessen der übrigen Arbeitnehmer der Betriebsabteilung beeinträchtigt.

Es ist festzustellen, daß sich Einstellung und Versetzung im Hinblick auf das Mitbestimmungsrecht des Betriebsrats darin unterscheiden, daß den Komponenten des Beteiligungsrechts - Individual- als auch Kollektivschutz - im Rahmen der Personalmaßnahmen eine unterschiedliche Gewichtung zuteil wird, mit der Folge, daß die Zweiteilung des Mitbestimmungsrechts bei ihnen unterschiedlich ausgeprägt ist.

379 Vgl. LAG Berlin, v. 31.5.1978, DB 1978, S. 2491.

3. Ergebnis

Die Erörterung der Frage nach den Parallelen bzw. den Unterschieden zwischen Einstellung und Versetzung verdeutlicht, daß die Anzahl der Unterscheidungsmerkmale die Zahl der gemeinsamen Voraussetzungen in erheblichem Maße übersteigt. Es drängt sich nicht der Gedanke auf, daß Einstellungen und Versetzungen personelle Maßnahmen gleicher Art sind. Vielmehr gewinnt man bei der Betrachtung der Unterscheidungskriterien zur Einstellung den Eindruck, daß es sich bei der Versetzung um eine Personalmaßnahme i. S. des § 99 handelt, welche sich besonders in Voraussetzungen, Bedeutung und Interessenlage erheblich von der Einstellung unterscheidet. Demnach kann es wegen der Besonderheiten bei der Versetzung nicht möglich sein, die Versetzung mit der Einstellung uneingeschränkt gleichzusetzen.

Die Feststellung, daß Einstellung und Versetzung zwei sich nicht gleichende personelle Maßnahmen darstellen, ist von Bedeutung für die Frage, ob das Problem der individualrechtlichen Auswirkungen eines Mitwirkungsverstoßes bei der Versetzung sachgerecht durch die Übertragung der bei der Einstellung gewonnenen Erkenntnisse zur gleichlautenden Problematik gelöst werden kann. Eine Parallelbehandlung mit der Einstellung käme - wie eingangs dargelegt - nur insoweit in Betracht, sofern Einstellung und Versetzung in entscheidendem Maße Gemeinsamkeiten aufwiesen. Dementsprechend wäre eine einheitliche Behandlung der Frage dann ausgeschlossen, wenn zwischen Einstellung und Versetzung sachliche Unterschiede bestünden. Da festgestellt wurde, daß sich Einstellung und Versetzung in entscheidenden Punkten unterscheiden, scheidet eine Lösung des Rechtsfolgenproblems bei der Versetzung im Wege der Parallelbewertung mit der Einstellung aus. Denn eine uneingeschränkte Übertragung der Einstellungsgrundsätze ließe unberücksichtigt, daß die Versetzung gegenüber der Einstellung Besonderheiten aufweist. Daher ist bei der Versetzung gesondert festzustellen, welche individualrechtlichen Folgen ein Mitwirkungsverstoß hat. Mithin gilt es im weiteren Verlauf der Untersuchung, eine auf die Besonderheiten des Versetzungstatbestands abgestimmte Lösung zu ermitteln.

II. Die Wirksamkeit der Individualregelung als Folge mangelnder oder mangelhafter Beteiligung des Betriebsrats

1. Vorüberlegung

Da die Regelung des § 99 auf den ersten Blick keine Antwort zur Frage der Rechtsfolgen der Versetzung enthält und auch eine Parallelbehandlung mit der Einstellung nicht in Betracht kommt, liegt es nahe, die individualrechtlichen Auswirkungen einer Mißachtung des Beteiligungsrechts bei der Versetzung durch den Arbeitgeber im Wege der herkömmlichen Auslegung[380] des § 99 zu untersuchen. Es ist nicht auszuschließen, daß diese Untersuchung erkennen lassen wird, welche der bestehenden Lösungsvarianten - Wirksamkeit, Unwirksamkeit des Einzelvertrages oder differenzierende Meinungen - das Rechtsfolgenproblem am zweckmäßigsten in bezug auf die Besonderheiten des Versetzungstatbestands regelt.

2. Die Wirksamkeit als Folge der Auslegung des § 99

a) Bereits eine Auslegung des Wortlauts des § 99 macht deutlich, daß eine ohne Zustimmung des Betriebsrats durchgeführte Versetzung - im Gegensatz zur Meinung der Vertreter der Theorie der Wirksamkeitsvoraussetzung[381] - nicht zwingend die Unwirksamkeit des Arbeitsverhältnisses erfordert. Ebenso ist auch dem Begriff der "Zustimmung" in § 99 nicht unwiderlegbar immanent, daß es sich hierbei um eine Wirksamkeitsvoraussetzung der personellen Einzelmaßnahme handelt[382]. Der Umstand, daß unter dem betriebsverfassungsrechtlichen Begriff der Versetzung nur die tatsächliche Zuweisung eines anderen Arbeitsbereichs gemäß § 95 Abs. 3 zu

380 Kriterien der Auslegung: Wortsinn, Gesetzessystematik, Entstehungsgeschichte und Zweck des Gesetzes. Vgl. im einzelnen Larenz, Methodenlehre der Rechtswissenschaft, S. 320 ff.

381 Siehe oben 2. Kap. C. II. 1.

382 Siehe oben 2. Kap. C. II. 1. a).

verstehen ist[383], hat Indizwirkung dafür, daß ein Mitwirkungsverstoß keinerlei Einfluß auf das der Versetzung zugrunde liegende Individualarbeitsverhältnis entfaltet.

b) Darüber hinaus kann auch die Systematik der §§ 99 - 102 gegen die zivilrechtliche Unwirksamkeitsfolge einer Versetzung ohne (ersetzte) Zustimmung des Betriebsrats angeführt werden. Anders als in § 99 hat der Gesetzgeber das Problem der individualrechtlichen Auswirkungen betriebsverfassungswidrigen Handelns im Bereich der Kündigung ausdrücklich geregelt. Gemäß § 102 Abs. 1 S. 3 ist eine ohne Anhörung des Betriebsrats ausgesprochene Kündigung unwirksam. Obwohl die Kündigung im selben Unterabschnitt des BetrVG 1972 geregelt ist, es sich in beiden Fällen also um eine personelle Einzelmaßnahme handelt, verbietet sich eine entsprechende Anwendung des § 102 Abs. 1 S. 3 auf die Versetzung wegen der bestehenden Unterschiede zwischen den beiden Maßnahmen[384]. Diese ergeben sich zum einen daraus, daß den beiden Normen unterschiedliche Interessenlagen zugrunde liegen. Die Beteiligung des Betriebsrats bei der Kündigung dient in erster Linie den Interessen des einzelnen Arbeitnehmers, während bei der Versetzung die Beschäftigtenvertretung sowohl zum Schutz des von der Versetzung betroffenen Arbeitnehmers als auch zum Schutz der Interessen der anderen Arbeitnehmer einschreiten kann[385]. Zum anderen lassen auch die Unterschiede bei der Ausgestaltung des Mitbestimmungsverfahrens es nicht zu, daß die Unwirksamkeitsfolge bei der Kündigung auf die Versetzung übertragen werden kann.

c) Weiterhin kann auch nicht aus der Entstehungsgeschichte der §§ 99 ff. gefolgert werden, daß die Zustimmung des Betriebsrats nach dem Willen des Gesetzgebers Voraussetzung für die Wirksamkeit der Versetzung sein sollte. Hierüber enthalten die Gesetzesmaterialien zum BetrVG 1972 keine ausdrücklichen Angaben[386]. Zwar

---

383 Vgl. insbes. Heinze, Personalplanung, Rdnr. 206, 216; siehe hierzu schon 3. Kap. B. 4. a) aa).

384 Vgl. hierzu u. a. Alberty, S. 66 ff.; a. A. Hahn, S. 270.

385 Vgl. oben 3. Kap. D. I. 2. b) dd) (c).

386 Vgl. die amtl. 2. RegE. des BetrVG 1972, BT-Drucks. 6/1786, S. 32, 51, die Stellungnahme des Bundesministers für Arbeit und Sozialordnung, in: BT-Stenograph. Berichte, 6. Wahlperiode, 101. Sitzung vom 11.12.1971, S. 5806 sowie die Stellungnahme des Abgeordneten Zink, in: BT-Stenograph. Berichte, 6. Wahlperiode, 150. Sitzung vom 10.11.1971, S. 8591.

heißt es in der amtlichen Begründung zum Regierungsentwurf des BetrVG 1972 u. a.: "Ohne Zustimmung darf der Arbeitgeber grundsätzlich die personelle Maßnahme nicht durchführen ...[387]". Daraus kann jedoch nicht zweifelsfrei geschlossen werden, daß die Unwirksamkeitsfolge einer Versetzung ohne Zustimmung des Betriebsrats dem gesetzgeberischen Willen entsprochen hat. Aufgrund der bisherigen Ausführungen liegt die Schlußfolgerung nahe, daß in Übereinstimmung mit den Kritikern der Theorie der Wirksamkeitsvoraussetzung[388] die Meinung zu vertreten ist, daß die Zustimmung des Betriebsrats keine Wirksamkeitsvoraussetzung für die individualrechtliche Versetzung darstellt, so daß ein Mitwirkungsverstoß keine zivilrechtlichen Konsequenzen entfalten kann. Insofern bliebe eine wirksam begründete Versetzungsregelung trotz betriebsverfassungswidrig durchgeführter Versetzung wirksam.

d) Endgültige Klarheit darüber, ob der Wirksamkeitslösung im Bereich des Versetzungstatbestandes allgemeingültige Geltung zukommen kann, läßt sich letztlich nur anhand einer Betrachtung des Schutzzwecks der Norm schaffen. Wie der Zustimmungsverweigerungsgrund des § 99 Abs. 2 Ziff. 4 auf der einen bzw. die Ziffern 2, 3, 5 und 6 des Abs. 2 auf der anderen Seite verdeutlichen, dient das Mitbestimmungsrecht des Betriebsrats bei der Versetzung sowohl dem Schutz des von der Versetzung betroffenen Arbeitnehmers als auch dem Schutz der anderen Arbeitnehmer des Betriebes[389]. Es konnte festgestellt werden, daß der Wahrung der Individualinteressen im Rahmen der Versetzung verglichen mit der Einstellung eine exponierte Stellung zufällt[390]. Demzufolge muß Voraussetzung für eine - wie auch immer geartete - Lösung des Rechtsfolgenproblems bei der Versetzung sein, daß sie dem Individualschutz ausreichende Beachtung erweist[391], ohne jedoch die

---

387 BT-Drucks. 6/1786, S. 51 (Begr. zu § 99). Siehe auch die amtl. Begründung in BT-Drucks. 6/1786, S. 32 ("Der Arbeitgeber muß grundsätzlich vor solchen Maßnahmen die Zustimmung des Betriebsrats einholen.")

388 Siehe oben 3. Kap. C. II. 4. ff.

389 Siehe oben 3. Kap. D. I. 2. b) dd) (c).

390 Siehe schon oben 3. Kap. D. I. 2. b) dd) (3).

391 Der Schutz des von der Versetzung betroffenen Arbeitnehmers steht auch im Mittelpunkt der Erörterungen der Befürworter der Wirksamkeit des Arbeitsverhältnisses einer betriebsverfassungswidrigen Versetzung. Allerdings ist zu bemerken, daß auch die Vertreter der Theorie der Wirksamkeitsvoraussetzung den Individualschutz zur Begründung ihrer Theorie anführen.

Interessen der übrigen Beteiligten am Versetzungsvorgang zu beeinträchtigen.

Insofern ist die Entscheidung der Frage, ob eine ohne Zustimmung des Betriebsrats durchgeführte Versetzung auf zivilrechtlicher Ebene sanktionslos bleiben kann, wesentlich davon abhängig, ob dem Interesse des von der Versetzung betroffenen Arbeitnehmers ausreichend Genüge getan ist. Vor allem bedarf es der Feststellung, daß die Wirksamkeitslösung[392] keine Beeinträchtigung rechtlich geschützter Interessen des Arbeitnehmers bewirkt.

3. *Die Wirksamkeitslösung im Lichte der Rechtsstellung des betriebsverfassungswidrig versetzten Arbeitnehmers*

Ob und inwieweit bei Wirksamkeit der Personalmaßnahme rechtlich geschützte Interessen des einzelnen Arbeitnehmers beeinträchtigt werden, soll anhand der Darstellung der Rechtsstellung des betriebsverfassungswidrig versetzten Arbeitnehmers bei Wirksamkeit der Versetzungsregelung beurteilt werden. Sofern in diesem Zusammenhang eine Beeinträchtigung schutzwürdiger Belange des von der Versetzung betroffenen Arbeitnehmers festzustellen ist, muß dies zur Konsequenz haben, daß die Wirksamkeitslösung (zumindest) nicht uneingeschränkt bezüglich des Versetzungstatbestandes vertreten werden kann. Es müßten insoweit andere, den Schutz des einzelnen Arbeitnehmers besser berücksichtigende Lösungen in Betracht gezogen werden.

392 Zur Vereinfachung soll im folgenden für die Wirksamkeit der Individualregelung als Folge eines Mitwirkungsverstoßes bei der Versetzung der Begriff der Wirksamkeitslösung verwendet werden.

a) Die Rechtssituation des betriebsverfassungswidrig versetzten Arbeitnehmers bei Wirksamkeit der Versetzungsregelung

aa) Die Arbeitspflicht des Arbeitnehmers

Befürwortet man die Wirksamkeit der individualrechtlichen Versetzungsregelung als Folge einer Verletzung der Mitbestimmungsrechte, dann schließt sich sogleich die Überlegung an, ob der unter einem Verstoß gegen das BetrVG 1972 versetzte Arbeitnehmer trotz wirksam begründeter Versetzungsregelung zur Arbeit überhaupt verpflichtet ist. Dies ist gerade für den Fall von Bedeutung, daß der Arbeitnehmer die Ausübung der ihm unter einem Mitwirkungsverstoß zugewiesenen Tätigkeit verweigert. Denn es drängt sich die Frage auf, ob er hierdurch seine arbeitsvertraglichen Pflichten verletzt und sich insoweit Sanktionen aussetzt.

(1) Eine Pflicht zur Arbeit wird zum Teil in der Literatur mit der Begründung verneint, der Arbeitgeber dürfe aus der Pflichtwidrigkeit auf betriebsverfassungsrechtlicher Ebene keine Rechtsvorteile im Rahmen des Einzelarbeitsverhältnisses ziehen[393]. Denn das Mitbestimmungsrecht diene gerade bei der Versetzung auch dem Schutz des betroffenen Arbeitnehmers, so daß eine Weigerung, der Arbeit Folge zu leisten, keine Verletzung des Arbeitsvertrages darstellen könne.

(2) Diese Auffassung berücksichtigt jedoch nicht hinreichend, daß die Frage, ob der Arbeitnehmer der Versetzung nachkommen muß, unabhängig von einer etwaig erteilten Zustimmung oder Zustimmungsverweigerung seitens des Betriebsrats ist und nur nach dem Arbeitsverhältnis und dem darauf angewandten Arbeitsvertragsrecht zu beurteilen ist[394]. Insoweit kann es nicht als rechtlich zulässig angesehen werden, daß eine arbeitsvertraglich wirksam begründete Pflicht des Arbeitnehmers zur Versetzung durch eine fehlende bzw. mangelhafte Beteiligung des Betriebsrats aufgehoben wird. Dementsprechend hat der Arbeitnehmer einer einzelvertraglich

393 Dietz/Richardi, § 99 Rdnr. 238; GK-Kraft, § 99 Rdnr. 110.

394 Vgl. dazu Heinze, Personalplanung, Rdnr. 343.

zulässigen Versetzung Folge zu leisten, auch wenn betriebsverfassungsrechtlich ein Pflichtverstoß durch den Arbeitgeber vorliegt. Seine Weigerung stellt mithin eine Verletzung des Arbeitsvertrages dar[395].

bb) Rückgängigmachung der individualrechtlichen Versetzungsregelung

Ist die individualrechtliche Versetzung trotz betriebsverfassungswidrigen Verhaltens des Arbeitgebers wirksam und hat das Arbeitsgericht auf Antrag des Betriebsrats gemäß § 101 S. 1 die tatsächliche Versetzung aufgehoben[396], so daß der Arbeitgeber die Rückgängigmachung der individualrechtlichen Versetzungsregelung einzuleiten hat, so stellt sich die Frage, wie sich die Rechtssituation des von der Rückversetzung betroffenen Arbeitnehmers darstellt. Dabei gilt es insbesondere festzustellen, welche Ansprüche der Arbeitnehmer in diesem Fall gegenüber dem Arbeitgeber geltend machen kann.

(1) Rückgängigmachung im Wege des Direktionsrechts

Sofern die Versetzung individualrechtlich im Wege des Direktionsrechts erfolgte, kann der Arbeitgeber nach Aufhebung der Versetzung den Arbeitnehmer aufgrund des Weisungsrechts sofort wieder an seinem ursprünglichen Arbeitsplatz beschäftigen. Denn die Versetzung kraft Direktionsrechts führt nicht zu einer Änderung des Arbeitsvertrages, mit der Folge, daß für den Arbeitnehmer kein individualrechtlicher Anspruch auf die Ausübung der neuen Tätigkeit begründet wird[397]. Demnach ist der Arbeitnehmer arbeitsvertraglich verpflichtet, seine ursprüngliche Tätigkeit aufzunehmen. Soweit die neu zugewiesene Tätigkeit im Vergleich zur früheren Beschäftigung höherwertiger war, hat der Arbeitnehmer für die Dauer der Tätigkeit einen Anspruch auf die höhere Vergütung gemäß § 612

395 Mit teilweise unterschiedlichen Begründungen siehe Heinze, a.a.O.; v. Hoyningen-Huene, RdA 1982, 205 (213); ders., in: BetrVR, § 14 III 8, S. 288; Meisel, Rdnr. 371; Stege/Weinspach, §§ 99 - 101 Rdnr. 152 a.

396 Siehe zum Aufhebungsverfahren gemäß § 101 oben 3. Kap. C. I. 2.

397 Matthes, DB 1975, S. 1651.

BGB. Ansonsten steht ihm der bisherige Lohn zu. Da bei einer Versetzung aufgrund des Direktionsrechts kein Anspruch auf die neue Tätigkeit entsteht, der Arbeitnehmer vielmehr aufgrund des Arbeitsvertrages zur Ausübung der ursprünglichen Arbeit verpflichtet bleibt, hat der Arbeitnehmer keine Möglichkeit, sich gegen eine Rückversetzung zur Wehr zu setzen, ohne sich Sanktionen auszusetzen.

(2) Rückgängigmachung im Wege der einvernehmlichen Vertragsänderung

Bei Versetzung kraft einvernehmlicher Änderung des Arbeitsvertrages erwirbt der Arbeitnehmer mit dieser Änderung einen Anspruch auf die Beschäftigung mit der neuen Tätigkeit. Da der Änderungsvertrag unter Zugrundelegung der Wirksamkeitslösung auch bei einer Mißachtung des Mitbestimmungsrechts durch den Arbeitgeber wirksam bleibt, behält der Arbeitnehmer den Anspruch auf die der neuen Tätigkeit entsprechenden Vergütung. Dies gilt auch dann, wenn der Arbeitgeber den Arbeitnehmer wegen einer nach § 101 erfolgten Aufhebung der personellen Maßnahme durch das Gericht tatsächlich nicht mehr an dem neuen Arbeitsplatz beschäftigen darf[398]. Will der Arbeitgeber den bisherigen Zustand wiederherstellen, kann er dies über eine einvernehmliche Vertragsänderung bewirken. Sofern der Arbeitnehmer mit der einvernehmlichen Rückgängigmachung der Änderung des Arbeitsvertrages nicht einverstanden ist, verbleibt dem Arbeitgeber nur der Weg über die Änderungskündigung[399].

(3) Rückgängigmachung im Wege der Änderungskündigung

Eine auf der Grundlage einer Änderungskündigung durchgeführte Versetzung kann der Arbeitgeber entweder durch eine einvernehmliche Änderung des Arbeitsvertrages rückgängig machen oder aber im Wege einer erneuten Änderungskündigung in den Ursprungszustand zurückführen, soweit sich der Arbeitnehmer einer einvernehmlichen Rückgängigmachung verschließt. Bei der erneuten Änderungs-

398 Zum Beschäftigungsverbot bei erfolgter Aufhebung der tatsächlichen Versetzung gem. § 101 siehe oben 3. Kap. C. I. 2.

399 Vgl. Matthes, DB 1975, S. 1651 (1652).

kündigung ist der Betriebsrat nach § 102 Abs. 1 anzuhören; andernfalls ist die Änderungskündigung gem. § 102 Abs. 1 S. 2 unwirksam. Eine Beteiligung des Betriebsrats nach § 99 ist dagegen für die Rückgängigmachung der Versetzung nicht erforderlich, weil sich dieser Akt allein auf der individualrechtlichen Ebene vollzieht. Für die Dauer der Versetzung kraft Änderungskündigung hat der Arbeitnehmer einen Anspruch auf die dem geänderten Arbeitsvertrag entsprechende Vergütung[400], auch wenn dem Arbeitgeber die tatsächliche Beschäftigung wegen der Aufhebung der Personalmaßnahme durch das Arbeitsgericht gem. § 101 untersagt ist. Im übrigen genießt der Arbeitnehmer nach Ausspruch der die Versetzung rückgängig machenden Änderungskündigung, wie auch bei der Versetzung durch die Änderungskündigung selbst, den Schutz des Kündigungsschutzgesetzes[401].

Feststellen läßt sich somit, daß sich die Rechtssituation des betriebswidrig versetzten Arbeitnehmers bei Rückgängigmachung der individualrechtlich wirksamen Versetzungsregelung unterschiedlich gestaltet, je nachdem, ob die Versetzung unter Änderung des Arbeitsvertrages durchgeführt worden ist oder nicht: Erfolgte die betriebsverfassungswidrig durchgeführte Versetzung unter wirksamer Änderung des Arbeitsvertrages, behält der Arbeitnehmer selbst dann den Anspruch auf die der neuen Tätigkeit entsprechende Vergütung, wenn der Arbeitgeber den Arbeitnehmer nach Aufhebung der tatsächlichen Versetzung durch das Gericht gemäß § 101 nicht mehr an dem neuen Arbeitsplatz beschäftigen darf. Ohne Änderung des Arbeitsvertrages ist es dem Arbeitgeber untersagt, dem Arbeitnehmer die frühere Tätigkeit zu übertragen. Dies ist ihm jedoch dann möglich, wenn die unter einem Mitwirkungsverstoß durchgeführte Versetzung kraft Weisungsrechts erfolgt ist. Hier kann der Arbeitgeber nach der gerichtlichen Aufhebung der Versetzung den Arbeitnehmer aufgrund seines Direktionsrechts sofort wieder am früheren Arbeitsplatz beschäftigen. Der Arbeitnehmer hat insoweit keine Möglichkeiten, sich der Rückversetzung zu widersetzen.

400 Siehe bereits oben 3. Kap. B. I. 3. c) cc).

401 Siehe oben 3. Kap. B. I. 3. c) cc).

cc) Ergebnis

Betrachtet man die Ausführungen zur rechtlichen Situation des unter einem Mitwirkungsverstoß versetzten Arbeitnehmers bei Fortbestehen der Wirksamkeit der individualrechtlichen Versetzungsregelung, so ist zunächst der Umstand von Bedeutung, daß der Arbeitnehmer zivilrechtlich zur Verrichtung der ihm neu zugewiesenen Tätigkeit verpflichtet ist. Der betroffene Arbeitnehmer verletzt arbeitsvertragliche Pflichten und setzt sich insoweit Sanktionen aus, sofern er die Arbeit verweigert. Andererseits kann der Arbeitnehmer gegenüber dem Arbeitgeber weiterhin den Anspruch auf die der neuen Tätigkeit entsprechende Vergütung geltend machen, soweit die Versetzung zivilrechtlich zur Änderung des Arbeitsvertrages geführt hat.

Daß die individualrechtliche Versetzungsregelung trotz fehlender Mitwirkung des Betriebsrats wirksam ist und der Arbeitnehmer somit zur Verrichtung der neu zugewiesenen Tätigkeit verpflichtet bleibt, beeinträchtigt dann nicht die Interessen des Arbeitnehmers, wenn die Versetzung für ihn absolut vorteilhaft ist, d. h. auf bestimmte Weise zur Verbesserung der Arbeitssituation des Arbeitnehmers beiträgt[402]. Zu bedenken ist jedoch, daß die Versetzung für den Arbeitnehmer auch verschlechternd wirken kann[403], so daß hier die Vermutung naheliegt, daß sich in diesem Fall der Arbeitnehmer nicht an der Durchführung der ihn benachteiligenden Versetzungsmaßnahme interessiert zeigen wird. Unter Zugrundelegung der Grundsätze der "Wirksamkeitslösung" bliebe der betriebsverfassungswidrig versetzte Arbeitnehmer jedoch selbst bei dieser Fallkonstellation, also bei einer Verschlechterung seiner Arbeitssituation, zur Ausübung der neuen Tätigkeit verpflichtet. Daher führte die Anwendung der Wirksamkeitslösung im Falle einer den Arbeitnehmer benachteiligenden Versetzung zur Beeinträchtigung seiner Interessen. Unbillig stellt sich die Situation für den betriebsverfassungswidrig versetzten Arbeitnehmer bei Fortbestehen der individualrechtlichen Wirksamkeit aber auch dann dar, wenn eine kraft Weisungsrechts durchgeführte, dem Arbeitnehmer willkommene[404] Versetzung vom Arbeitgeber individualrechtlich

402 Siehe schon oben 3. Kap. D. I. 2. b) bb).

403 Vgl. Fn. 402.

404 "Willkommene" Versetzung bedeutet, daß der Arbeitnehmer mit der Maßnahme einverstanden ist, weil sie für ihn vorteilhaft ist.

rückabgewickelt wird. Denn der Arbeitnehmer ist aufgrund des Arbeitsvertrages verpflichtet, der Anordnung des Arbeitgebers, die frühere Arbeit auszuüben, Folge zu leisten, auch wenn er mit der Versetzung selbst einverstanden war[405]. Wie schon erörtert, hat der Arbeitnehmer keinen Anspruch auf die neu zugewiesene Tätigkeit, weil eine Versetzung im Wege des Direktionsrechts nicht zur Änderung des Arbeitsvertrages führt.

Die erwähnten Beispiele bringen deutlich zum Ausdruck, daß das Fortbestehen der Wirksamkeit der Individualregelung einer betriebsverfassungswidrig durchgeführten Versetzung für den betroffenen Arbeitnehmer nicht in jedem Fall eine interessengerechte Lösung darstellt. Der Vorwurf, daß die Interessen des unter einem Mitwirkungsverstoß versetzten Arbeitnehmers bei Wirksamkeit der Versetzungsmaßnahme nicht umfassend geschützt seien, ließe sich jedoch dadurch entkräften, daß der Arbeitnehmer selbst gegen das betriebsverfassungsrechtliche Verhalten des Arbeitgebers einschreiten könnte. Dadurch hätte er die Möglichkeit, im Rahmen einer ihn begünstigenden, kraft Weisungsrechts durchgeführten Versetzung die Beseitigung des betriebsverfassungswidrigen Hindernisses, d. h. die Erlangung der Zustimmung des Betriebsrats, zu bewirken, um einer eventuellen Rückversetzung[406] durch den Arbeitgeber entgegenzuwirken. Im Falle einer ihn benachteiligenden betriebsverfassungswidrigen Versetzungsmaßnahme, an deren Durchführung sich der Arbeitnehmer in der Regel gerade nicht interessiert zeigen wird - zu deren Verrichtung er aber bei Wirksamkeit der Versetzungsmaßnahme verpflichtet ist -, müßte er befähigt sein, die Erteilung der Zustimmung des Betriebsrats zu verhindern. Verfügte der Arbeitnehmer über derartige Befugnisse, so hätte dies zur Folge, daß der Arbeitnehmer hinsichtlich der Beseitigung des betriebsverfassungsrechtlichen Hindernisses nicht allein von den Betriebspartnern abhängig wäre und somit kein zur "Tatenlosigkeit verurteiltes Objekt" des Streits zwischen Arbeitgeber und Betriebsrat darstellte[407]. Auf der Grundlage dieser Überlegung ist im weiteren zu prüfen, ob und inwieweit der Arbeitnehmer von seiten des Gesetzes berechtigt ist, sich selbst gegen eine unter Mißachtung der

405 Vgl. Matthes, DB 1975, S. 1651.

406 Für den Fall eines nach § 101 erwirkten Beschäftigungsverbots des Arbeitnehmers.

407 Das Argument der Degradierung des betriebsverfassungswidrig versetzten Arbeitnehmers zum Objekt des Streits zwischen den Betriebspartnern bei Anwendung der Theorie der Wirksamkeitsvoraussetzung wird vor allem von Galperin, Leitfaden, S. 122 und 124 sowie Richardi, DB 1971, S. 631 hervorgehoben.

Mitbestimmungsrechte des Betriebsrats vollzogene Versetzung, die im Einzelfall sowohl begünstigend als auch benachteiligend für ihn sein kann, zur Wehr zu setzen. Die Durchführung dieser Untersuchung muß ungeachtet der Frage nach den rechtlichen Auswirkungen einer ohne Zustimmung des Betriebsrats vorgenommenen Versetzung erfolgen.

b) Die Einwirkungsmöglichkeiten des Arbeitnehmers zur Überwindung des betriebsverfassungsrechtlichen Hindernisses

aa) Einflußmöglichkeiten des Arbeitnehmers im Rahmen des Beschlußverfahrens gemäß § 99 Abs. 4

Sofern eine ohne Zustimmung des Betriebsrats durchgeführte Versetzung für den Arbeitnehmer begünstigend wirkt, kann davon ausgegangen werden, daß er mit der Aufrechterhaltung der Maßnahme einverstanden sein wird. Fraglich ist jedoch, ob und wie der Arbeitnehmer in diesem Fall die Zustimmung des Betriebsrats zur Personalmaßnahme erlangen kann. Grundsätzlich hat nur der Arbeitgeber die Möglichkeit, beim Arbeitsgericht den Antrag auf Ersetzung der Zustimmung zu der personellen Maßnahme zu stellen, wenn er trotz der ordnungsgemäß erteilten Zustimmungsverweigerung des Betriebsrats die Personalmaßnahme durchführen will. Somit bedarf es der Erörterung, ob es auch dem betroffenen Arbeitnehmer möglich ist, entscheidenden Einfluß auf die Eröffnung oder den Gang des Beschlußverfahrens gemäß § 99 Abs. 4 zu nehmen.

(1) Eigenes Recht des Arbeitnehmers auf Einleitung des Zustimmungsersetzungsverfahrens gemäß § 99 Abs. 4

Die intensivste Form der Beteiligung des Arbeitnehmers am Beschlußverfahren wäre ein eigenes Antragsrecht i. S. des § 99 Abs. 4, welches dem Arbeitnehmer ermöglichte, auf den Gang des Zustimmungsersetzungsverfahrens Einfluß auszuüben. Dies könnte für den Fall erforderlich sein, daß der Betriebsrat die

Zustimmung zur geplanten Personalmaßnahme verweigert und der Arbeitgeber nicht gewillt ist, die Zustimmung gerichtlich ersetzen zu lassen. Zu diesem Schritt wird sich der Arbeitgeber insbesondere dann veranlaßt sehen, wenn ihm nach erfolgter Interessenabwägung eine reibungslose Zusammenarbeit mit dem Betriebsrat wichtiger erscheint als die Durchsetzung der Versetzungsabsicht. Hierdurch würde der Arbeitnehmer zu einem zur "Tatenlosigkeit verurteilten Objekt" des Streits zwischen Arbeitgeber und Betriebsrat[408]. Angesichts dieser Argumentation plädiert ein Teil des Schrifttums für ein eigenes Antragsrecht des Arbeitnehmers[409].

Anhaltspunkte für eine Antragsbefugnis des Arbeitnehmers lassen sich aus dem ArbGG jedoch nicht entnehmen. Denn das ArbGG enthält keine Vorschrift, derzufolge der Arbeitnehmer berechtigt sein könnte, den Antrag i. S. d. §§ 80 ff. ArbGG zu stellen. Lediglich im BetrVG 1972 finden sich für einige spezielle Sachverhalte Regelungen über die Antragsbefugnis[410]. Eine derartige Sondernorm stellt § 99 Abs. 4 dar, in welcher bestimmt ist, daß lediglich dem Arbeitgeber das Recht zur Beantragung der Ersetzung der Zustimmung zusteht. Insoweit spricht bereits der Wortlaut des § 99 Abs. 4 gegen die Konstruktion eines eigenen Antragsrechts des Arbeitnehmers. Dies wird zudem durch allgemeine Überlegungen zur Funktion des Beschlußverfahrens bestätigt: Das Beschlußverfahren ist vor allem einschlägig für Streitigkeiten aus dem Mitbestimmungsgesetz, dem Tarifrecht sowie zur rechtlichen Klärung von Angelegenheiten aus dem BetrVG 1972 (vgl. § 2 a Nr. 1 - 4 ArbGG). Demgegenüber kommt das Urteilsverfahren für bürgerliche Rechtsstreitigkeiten, u.a. zwischen Arbeitnehmer und Arbeitgeber anläßlich des Arbeitsverhältnisses, in Betracht (vgl. § 2 Abs. 1 Ziff. 3, Ziff. 4 lit. a; Abs. 2 lit a; Abs. 3; Abs. 5 ArbGG). In Abgrenzung zum Urteilsverfahren, in dem individualrechtliche Positionen zu verfolgen sind, gelangen im Beschlußverfahren betriebsverfassungsrechtliche Streitigkeiten zur Verhandlung[411]. In Anlehnung an

408 Vgl. Fn. 407.

409 Richardi, DB 1971, S. 631; ders., ZfA Sonderheft-1972, S. 17; Dietz/Richardi, § 99 Rdnr. 224; Biedenkopf, BB 1972, S. 1516; W. Blomeyer, S. 173; Hahn, S. 65 ff.; Hanau, RdA 1973, S. 288 f.; auch v. Hoyningen-Huene, ZRP 1978, S. 183 (184/185) schlägt ein eigenes Antragsrecht vor.

410 Vgl. §§ 16 Abs. 2; 17 Abs. 2; 18 Abs. 1, Abs. 2; 19 Abs. 2; 23 Abs. 1, Abs. 3; 48 Abs. 1; 56; 63; 99 Abs. 4; 102 Abs. 5 S. 2; 104.

411 Söllner, Grundriß des ArbeitsR, S. 316.

diese Feststellung ließe sich ein Antragsrecht des Arbeitnehmers nur dann konstruieren, soweit er unmittelbar in seiner betriebsverfassungsrechtlichen Stellung betroffen ist[412]. In seiner betriebsverfassungsrechtlichen Position ist der Arbeitnehmer dann tangiert, wenn es insbesondere um sein Wahlrecht bzw. seine Wählbarkeit geht[413]. Soweit es sich jedoch um die Beteiligung des Betriebsrats als weitere betriebsverfassungsrechtliche Voraussetzung für eine vom Arbeitgeber durchzuführende Personalmaßnahme handelt, kann von einer unmittelbaren Betroffenheit des Arbeitnehmers in seiner betriebsverfassungsrechtlichen Stellung nicht gesprochen werden. Die Maßnahmen des §§ 99 - 101 betreffen ihn vielmehr in seiner individualrechtlichen Position, deren Realisierung auf betriebsverfassungsrechtlicher Ebene der Zustimmung des Betriebsrats bedarf[414]. Daher kann ein Antragsrecht des Arbeitnehmers im Rahmen des Beschlußverfahrens zur Ersetzung der Zustimmung nicht bejaht werden. Geeignete Prozeßart für den Arbeitnehmer wäre stattdessen das Urteilsverfahren, in dem er feststellen lassen kann, daß der Arbeitgeber verpflichtet ist, ihn auf den neuen Arbeitsplatz zu versetzen[415]. Im übrigen ist noch anzuführen, daß die Bejahung eines Antragsrechts im Zusammenhang mit dem Beschlußverfahren für den Arbeitnehmer nicht effektiv wäre. Denn selbst bei Ersetzung der Zustimmung durch das Gericht ist der Arbeitnehmer nicht in jedem Fall zur Versetzung des Arbeitnehmers verpflichtet[416]. Der Arbeitnehmer hätte mit der Befugnis zur Stellung des Antrags i. S. d. §§ 80 ff. ArbGG lediglich die Möglichkeit, das betriebsverfassungsrechtliche Hindernis zu beseitigen, der Durchführung der betriebsverfassungsrechtlichen Personalmaßnahme, also seinem eigentlichen Ziel, wäre er jedoch noch nicht nähergekommen.

---

412 BAG, v. 13.7.1955, AP Nr. 2 zu § 81 BetrVG 1952 (Bl. 2, 2 R.) mit zust. Anm. von Bötticher; vgl. auch BAG, v. 4.8.1975, BB 1975, S. 1435.

413 Galperin/Löwisch, Vor § 74 Rdnr. 10.

414 Die Maßnahmen der §§ 99 - 101 können allenfalls mittelbare Auswirkungen auf die Rechtsstellung des Arbeitnehmers haben, vgl. BAG, v. 27.5.1982, AR-Blattei, Arbeitsgerichtsbarkeit XII Entsch. 112.

415 Sofern für den Arbeitgeber die individualrechtliche Pflicht besteht, den Arbeitnehmer zu versetzen, kann er im Urteilsverfahren mittelbar gezwungen werden, das Zustimmungsersetzungsverfahren durchzuführen.

416 Eine derartige Pflicht besteht nur bei entsprechender Änderung des Arbeitsvertrages, vgl. schon oben 3. Kap. D. II. 3. a) bb).

Ein weiteres Argument gegen ein eigenes Antragsrecht des Arbeitnehmers ergibt sich aus der Funktion des Beteiligungsrechts des Betriebsrats i. S. des § 99. Die Mitbestimmungsrechte des § 99 dienen in erster Linie der Begrenzung und Kontrolle der Entscheidungen des Arbeitgebers. Daher betreffen Meinungsverschiedenheiten über die Aufgabe des Betriebsrats, der als gewähltes Repräsentationsorgan in eigener Verantwortung die Interessen der gesamten Belegschaft wahrzunehmen hat[417], lediglich das Verhältnis zwischen Arbeitgeber und Beschäftigtenvertretung. Demzufolge sind Feststellungen, ob und wie die Beteiligung des Betriebsrats erfolgt oder zu erfolgen hat, auf das Verhältnis des Arbeitgebers zur Beschäftigtenvertretung beschränkt. Dies schließt ein eigenes Antragsrecht des Arbeitnehmers mit der Folge der unmittelbaren gerichtlichen Konfrontation zwischen Arbeitnehmer und Betriebsrat aus, weil ansonsten der Betriebsrat in seiner Amtsführung nicht unerheblich beeinträchtigt würde[418].

Zusammenfassend kann somit festgestellt werden, daß die Festlegung des Antragsrechts auf den Arbeitgeber nach § 99 Abs. 4 abschließend geregelt ist und infolgedessen nicht auf den Arbeitnehmer ausgedehnt werden kann[419].

(2) Anspruch des Arbeitnehmers gegen den Arbeitgeber auf Einleitung des Beschlußverfahrens gemäß § 99 Abs. 4

Zu erwägen wäre jedoch ein einklagbarer Individualanspruch des Arbeitnehmers gegen den Arbeitgeber auf Einleitung eines Zustimmungsersetzungsverfahrens gemäß § 99 Abs. 4. Die Durchsetzung dieses Anspruchs könnte der Arbeitnehmer im Wege des Urteilsverfahrens gem. § 2 Abs. 1 Nr. 3 a, Abs. 5 i. V. m. §§ 46 ff. ArbGG verfolgen, weil es sich hierbei um eine bürgerlich-rechtliche Streitigkeit an-

417 Siehe schon 3. Kap. D. I. 2. b) dd).

418 Im Ergebnis ebenso Alberty, S. 79; Boewer, RdA 1974, S. 74; Galperin/Löwisch, Vor § 74 Rdnr. 10.

419 So auch Fitting/Auffarth/Kaiser, § 75 Rdnr. 21 a; § 99 Rdnr. 67 a; Galperin/Löwisch, Vor § 74 Rdnr. 10; § 99 Rdnr. 114; Heinze, Personalplanung, Rdnr. 352; GK-Kraft, § 99 Rdnr. 146; Hess/Schlochauer/Glaubitz, § 99 Rdnr. 133; Matthes, DB 1974, S. 2010.

läßlich des Arbeitsverhältnisses handelt[420].

Ein derartiger individualrechtlicher Anspruch ist dann zu bejahen, wenn eine verbindliche, ausdrücklich oder konkludent erteilte Zusage des Arbeitgebers vorliegt, wonach er sich bei Verweigerung der Zustimmung durch den Betriebsrat bereiterklärt, das Arbeitsgericht gemäß § 99 Abs. 4 anzurufen[421]. Fraglich ist jedoch, wie die Fälle zu behandeln sind, in denen keine ausdrückliche oder konkludente Verpflichtung des Arbeitgebers gegeben ist. Nach Meinung eines Teils des Schrifttums soll der Arbeitgeber aufgrund der Fürsorgepflicht gehalten sein, das Verfahren gemäß § 99 Abs. 4 einzuleiten[422]. Diese Pflicht werde durch § 75 Abs. 2 dahingehend konkretisiert, daß Arbeitgeber und Betriebsrat sich gegenseitig zu kontrollieren und beide für den Schutz des Arbeitnehmers Sorge zu tragen haben. Wegen des Schutzauftrags des § 75 Abs. 2 könne dem Arbeitnehmer im Einzelfall ein durchsetzbarer Anspruch gegen den Arbeitgeber auf Einleitung eines Beschlußverfahrens gemäß § 99 Abs. 4 erwachsen[423].

Die Konstruktion eines Rechtsanspruchs des Arbeitnehmers gegen den Arbeitgeber auf Anrufung des Arbeitsgerichts für den Fall, daß eine verbindliche Zusage des Arbeitgebers fehlt, birgt jedoch das Problem in sich, daß dem Arbeitgeber auf diese Weise ein Rechtsstreit mit dem Betriebsrat gegen seinen Willen aufgezwungen wird[424]. Dies ist dem Arbeitgeber nicht zumutbar. Denn es steht in seinem freien Entscheidungsermessen, das Beschlußverfahren gem. § 99 Abs. 4 einzuleiten oder gegebenenfalls auf die Durchführung der Personalmaßnahme zu verzichten, weil ihn die Gegenargumente des Betriebsrats überzeugt haben oder weil er es vorzieht, seine Versetzungsabsicht zurückzustellen, um die

---

420 Zu den Anwendungsvoraussetzungen des Urteilsverfahrens vgl. schon oben 3. Kap. D. II. 2. b) aa).

421 Dietz/Richardi, § 99 Rdnr. 222, 240; Hess/Schlochauer/Glaubitz, § 99 Rdnr. 133; Galperin/Löwisch, § 99 Rdnr. 114; a. A. Stege/Weinspach, §§ 99 - 101 Rdnr. 102, die einen solchen Anspruch generell ablehnen.

422 Galperin/Löwisch, § 75 Rdnr. 41; § 99 Rdnr. 114; Löwisch, AuR 1972, S. 362/3.

423 Strittig ist allerdings, ob § 75 lediglich eine Amtspflicht von Arbeitgeber und Betriebsrat darstellt oder gar eine Grundlage für Ansprüche des Arbeitnehmers gegenüber dem Arbeitgeber begründet: Für Geltung des § 75 im Verhältnis Arbeitnehmer - Arbeitgeber: Fitting/Auffarth/Kaiser, § 75 Rdnr. 3.; gegen Anspruchsgrundlage für Arbeitnehmer: Rixecker, S. 125.

424 Hanau, RdA 1973, S. 288.

vertrauensvolle Zusammenarbeit mit dem Betriebsrat nicht durch ein Gerichtsverfahren zu gefährden. Obwohl die aufgezeigten Motive des Arbeitgebers einen Verzicht auf Einleitung des Beschlußverfahrens nachvollziehbar und legitim erscheinen lassen, würden sie durch ein vom Arbeitnehmer aufgezwungenes Beschlußverfahren vereitelt.

Im übrigen bedeutete ein Rechtsanspruch des Arbeitnehmers gegen den Arbeitgeber, daß der Arbeitgeber zum Anwalt der Sache des Arbeitnehmers gemacht würde[425]. Dies stünde jedoch mit dem Gedanken des Betriebsverfassungsgesetzes nicht mehr im Einklang. Danach ist es ausschließlich dem Betriebsrat in seiner Funktion als Interessenvertretung der Belegschaft vorbehalten, die Arbeitnehmer vor willkürlichen Maßnahmen des Arbeitgebers zu schützen. Insoweit kann es nicht Aufgabe des Arbeitgebers sein, dem Arbeitnehmer Schutz vor dessen eigener Interessenwahrnehmung zu gewähren. Daher ist festzustellen, daß die Konstruktion eines Anspruchs des Arbeitnehmers gegen den Arbeitgeber auf Einleitung eines Beschlußverfahrens - wie dargelegt - zu verneinen ist.

(3) Beteiligung des Arbeitnehmers am Beschlußverfahren

Da der von der Versetzung betroffene Arbeitnehmer keine Möglichkeit hat, das Zustimmungsersetzungsverfahren nach § 99 Abs. 4 einzuleiten, bleibt noch zu untersuchen, ob er zumindest als Beteiligter Einfluß auf ein vom Arbeitgeber in Gang gesetztes Beschlußverfahren nehmen kann. Bisher vertrat sowohl das Schrifttum[426] als auch die Rechtsprechung[427] die Auffassung, daß derjenige Arbeitnehmer, um dessen Versetzung, Einstellung usw. in einem Verfahren nach § 99 Abs. 4 gestritten wurde, nach § 83 Abs. 3 ArbGG anzuhören und damit zu beteiligen sei. Das BAG hat allerdings in seinem Beschluß vom 27.5.1982 seine

425 Biedenkopf, BB 1972, S. 1516.

426 Dietz/Richardi, § 99 Rdnr. 221; Fitting/Auffarth/Kaiser, 13. Aufl., § 99 Rdnr. 43; Galperin/Löwisch, § 99 Rdnr. 114; Grunsky, § 83 ArbGG Rdnr. 14; Heinze, Personalplanung, Rdnr. 352; a. A. Fitting/Auffarth/Kaiser, § 99 Rdnr. 67 a; GK-Kraft, § 99 Rdnr. 146; Hess/Schlochauer/Glaubitz, § 99 Rdnr. 137.

427 So z. B. BAG, v. 7.11.1977, AP Nr. 1 zu § 100; v. 18.7.1978, AP Nr. 7 zu § 99.

bisherige Rechtsprechung aufgegeben und verneint nunmehr die Beteiligungsbefugnis des von der personellen Maßnahme betroffenen Arbeitnehmers[428]. Zur Begründung führt das BAG in seiner Entscheidung aus, daß Beteiligter in einem arbeitsgerichtlichen Beschlußverfahren nur sein könne, wer von der zu erwartenden Entscheidung in seiner betriebsverfassungsrechtlichen Stellung unmittelbar betroffen bzw. berührt werde. Dies sei bei einem Verfahren auf Ersetzung der Zustimmung zu einer geplanten Einstellung, Versetzung usw. nicht der Fall. Denn der Mitwirkungs- bzw. Mitbestimmungstatbestand des § 99 regele lediglich kollektivrechtliche und somit keine individualrechtlichen Rechtsbeziehungen. Gegenstand des Beschlußverfahrens nach § 99 Abs. 4 sei die ordnungsgemäße Beteiligung des Betriebsrats sowie dessen Zustimmungsverweigerungsrecht, so daß das Verfahren lediglich der Kompetenzbestimmung und -abgrenzung zwischen Arbeitgeber und Betriebsrat diene. Der einzelne Arbeitnehmer könne somit allenfalls in seiner individualrechtlichen Stellung betroffen sein, wobei der Arbeitnehmer diesen Umstand nicht im Beschlußverfahren gegen den Arbeitgeber geltend machen könne. Die Entscheidung im Beschlußverfahren habe insoweit keine präjudizielle Wirkung für den Rechtsstreit zwischen Arbeitgeber und Arbeitnehmer über dessen individualrechtliche Rechtsposition.

Diese völlige Umkehr der Rechtsprechung des BAG hinsichtlich der Beteiligung des Arbeitnehmers im Verfahren gemäß § 99 Abs. 4 stößt jedoch auf weitgehende Bedenken[429]. Ausgehend vom Wortlaut der maßgeblichen Vorschrift des § 83 Abs. 3 ArbGG[430] läßt sich aus der Kernthese des BAG, Beteiligter könne nur sein, wer

---

428 BAG, v. 27.5.1982 = AP Nr. 3 zu § 80 ArbGG für Versetzungen; bestätigt durch BAG-Beschlüsse, AP Nr. 6 zu § 101 = DB 1983, S. 2313; AP Nr. 27 zu § 118 = DB 1984, S. 995; für Eingruppierungen: BAG, v. 17.5.1983, AP Nr. 18 zu § 99 = DB 1983, S. 2638 sowie BAG, v. 28.1.1986, AP Nr. 32 zu § 99 für Umgruppierungen.

429 Vgl. Faude, Anm. zu BAG, v. 17.5.1983, AP Nr. 18 zu § 99 (Bl. 5 ff.); Schmidt, Anm. zu BAG, v. 27.5.1982, AP Nr. 3 zu § 80 ArbGG (Bl. 6 ff.); Grunsky, SAE 1983, S. 22 f.; Kraft, SAE 1984, S. 6; zust. dagegen: Däubler/Kittner/Klebe, § 99 Rdnr. 210; Fitting/Auffarth/Kaiser, § 99 Rdnr. 67 a; Hess/Schlochauer/Glaubitz, § 99 Rdnr. 137; GK-Kraft, § 99 Rdnr. 146; v. Hoyningen-Huene/Boemke, VIII S. 184; v. Hoyningen-Huene, BetrVR, § 14 III 6, S. 285.

430 § 83 Abs. 3 ArbGG lautet: "In dem Verfahren sind der Arbeitgeber, die Arbeitnehmer und die Stellen zu hören, die nach dem BetrVG 1972, dem SprAuG, dem MitbestG, dem MitbestEG, dem BetrVG 1952 und den zu diesen Gesetzen ergangenen Rechtsverordnungen im einzelnen Fall beteiligt sind."

in seiner betriebsverfassungsrechtlichen Stellung unmittelbar betroffen sei, nichts herleiten. Denn es ist grammatikalisch unklar, ob der Relativsatz sich nur auf "die Stellen"[431] oder auch auf die "Arbeitnehmer"[432] beziehen soll. Im übrigen ist zu bedenken, daß es für den betroffenen Arbeitnehmer im Einzelfall unbefriedigend und problematisch sein kann, wenn der Streit um die Durchführung einer personellen Maßnahme, die das weitere berufliche Fortkommen des Arbeitnehmers betrifft, über seinen Kopf hinweg geführt wird. Mangels Beteiligungsbefugnis im Beschlußverfahren nach § 99 Abs. 4 würde der Arbeitnehmer zum Objekt des Rechtsstreits zwischen Arbeitgeber und Betriebsrat. Dies wirft die Frage auf, ob dieses Ergebnis noch im Einklang mit dem Schutzzweck des § 83 Abs. 3 ArbGG steht.

Normzweck des § 83 Abs. 3 ArbGG ist eine verfahrensrechtliche Ausgestaltung des verfassungsrechtlich durch Art. 103 Abs. 1 GG garantierten Anspruchs auf rechtliches Gehör[433]. Der Anspruch auf rechtliches Gehör ist seinerseits Ausfluß des durch Art. 1 Abs. 1 GG und Art. 2 Abs. 1 GG verbürgten Grundsatzes, daß niemand bloßes Objekt gerichtlicher und staatlicher Entscheidungen sein soll[434]. Dieser Fall ist noch nicht gegeben, wenn eine lediglich faktische Betroffenheit auf seiten des Arbeitnehmers vorliegt bzw. ein bloßes Interesse am Ausgang des Verfahrens besteht[435]. Der Arbeitnehmer wird allerdings dann zum Objekt des Beschlußverfahrens gemäß § 99 Abs. 4, sofern er in seiner rechtlichen Position unmittelbar betroffen wird[436]. Diese rechtliche Betroffenheit ist unstreitig dann gegeben, wenn das Arbeitsgericht eine nach § 99 Abs. 4 beantragte Ersetzung der Zustimmung abgelehnt hat. Dies hat unabhängig davon zu gelten, ob die ohne Zustimmung des Betriebsrats durchgeführte Versetzung als wirksam oder unwirksam anzusehen ist. Denn ersetzt das Gericht nicht die Zustimmung zur betriebsverfassungswidrig erfolgten Versetzung, so wird für den Fall der Wirksamkeit der Maßnahme dem Arbeitnehmer die Möglichkeit genommen, seinen

431 So z. B. Grunsky, SAE 1983, S. 20.

432 Von dieser Sichtweise geht das BAG im Beschluß vom 27.5.1982, AP Nr. 3 zu § 80 ArbGG aus.

433 Dunkl, S. 160 ff.

434 Schmidt, Anm. zu BAG, v. 27.5.1982, AP Nr. 3 zu § 80 ArbGG (Bl. 5).

435 Misera, Anm. zu BAG, v. 31.5.1983, AP Nr. 27 zu § 118 (Bl. 7); Kraft, SAE 1984, S. 66.

436 H. M. BAGE 22, S. 350 (354 ff.) = AP Nr. 3 zu § 87; BAGE 37, S. 31 (42) = AP Nr. 2 zu § 83 ArbGG; Dunkl, S. 161; Grunsky, § 83 ArbGG, Rdnr. 10, 14; Laux, S. 60 f.

aus dem Arbeitsvertrag resultierenden Beschäftigungsanspruch durchzusetzen[437]. Zudem ist nicht auszuschließen, daß der Arbeitgeber das Individualarbeitsverhältnis kündigen wird[438]. Aber auch wenn man die ohne Zustimmung des Betriebsrats durchgeführte Versetzung für unwirksam hält, kann im Ergebnis nichts anderes gelten. Mangels wirksamen Arbeitsvertrages fehlt es in diesem Fall bereits an einer im Urteilsverfahren durchsetzbaren Rechtsposition des Arbeitnehmers.

Nach alledem wird deutlich, daß für den Arbeitnehmer, sofern ihm kein Anhörungsrecht im Rahmen des § 99 Abs. 4 eingeräumt wird, die Gefahr besteht, daß er bei einer für ihn ungünstigen Gerichtsentscheidung jeglichen Einfluß auf die Durchführung der Versetzung verliert. Dies begründete jedoch einen Verstoß gegen den in Art. 103 Abs. 1 GG verankerten Grundsatz auf rechtliches Gehör und wäre mithin verfassungswidrig. Daher ist die Auffassung des BAG, daß Beteiligter im arbeitsgerichtlichen Beschlußverfahren nur sein könne, wer in seiner betriebsverfassungsrechtlichen Stellung tangiert werde, zu eng und steht vom Ergebnis her nicht mehr im Einklang mit dem verfassungsrechtlich verankerten Anspruch auf rechtliches Gehör. Demzufolge ist es für die Beteiligtenstellung im arbeitsgerichtlichen Beschlußverfahren nach § 99 Abs. 4 als ausreichend anzusehen, daß der Arbeitnehmer durch das Verfahren in seiner Rechtsposition unmittelbar betroffen wird, um auf diese Weise dem Grundsatz auf rechtliches Gehör Genüge zu tun.

Zusammenfassend läßt sich feststellen, daß der Arbeitnehmer bei Verweigerung der Zustimmung durch den Betriebsrat lediglich die Möglichkeit hat, im Verfahren nach § 99 Abs. 4 angehört, d. h. beteiligt zu werden. Das Recht zur Beteiligung am Beschlußverfahren gemäß § 99 Abs. 4 ist für den Arbeitnehmer jedoch dann wenig hilfreich, wenn die Versetzung für ihn im Einzelfall ungünstig ist. Denn bei dieser Sachlage wird er gerade nicht die Zustimmung des Betriebsrats und somit die Durchführung der Personalmaßnahme begehren. Vielmehr wird es bei seinem Interesse entsprechen, daß die betriebsverfassungswidrige Maßnahme rückgängig gemacht wird.

---

437 Sofern die Versetzung unter Änderung des Arbeitsvertrages erfolgt, erwächst dem Arbeitnehmer ein Anspruch auf die neue Tätigkeit.

438 Vgl. hierzu Grunsky, SAE 1983, S. 23; Kraft, SAE 1984, S. 66; Misera, Anm. zu BAG, v. 31.5.1983, AP Nr. 27 zu § 118 (Bl. 7).

bb) Möglichkeiten des Arbeitnehmers zur Beseitigung der betriebsverfassungswidrigen Versetzung

Dem Arbeitnehmer wäre es gegebenenfalls möglich, eine ihn benachteiligende Versetzung, die unter Verstoß gegen das Mitbestimmungsrecht des Betriebsrats gemäß § 99 Abs. 1 zustande gekommen ist, zu beseitigen, wenn er auf irgendeine Weise Einfluß auf die Durchführung des Aufhebungsverfahrens des § 101 S. 1 nehmen könnte. Zu erwägen wäre auch, ob er den Arbeitgeber nicht selbst zur Aufhebung der Maßnahme veranlassen kann, indem er sich auf die Betriebsverfassungswidrigkeit der Personalmaßnahme beruft. Hierdurch wäre er gänzlich unabhängig von einer Initiative des Betriebsrats gemäß § 101 S. 1.

(1) Eigenes Recht des Arbeitnehmers zur Berufung auf die Betriebsverfassungswidrigkeit der Versetzung

Für den Fall, daß eine betriebsverfassungswidrige und für den Arbeitnehmer nachteilige Versetzung individualrechtlich rechtswidrig bzw. unwirksam ist, sei es, daß sie nicht vom Weisungsrecht des Arbeitgebers gedeckt ist, sei es, daß es an einer einvernehmlichen Änderung des Arbeitsvertrages oder einer wirksamen Änderungskündigung fehlt, kann der Arbeitnehmer hiergegen im Urteilsverfahren vorgehen und die individualrechtliche Rechtswidrigkeit feststellen lassen.

Ist aber die der betriebsverfassungswidrigen Versetzung zugrunde liegende Individualregelung wirksam zustandegekommen, ist fraglich, ob der Arbeitnehmer sich auch bei dieser Konstellation auf die Betriebsverfassungswidrigkeit berufen kann. Ein eigenes Recht des Arbeitnehmers, sich selbst, praktisch unter Umgehung der Rechte des Betriebsrats, auf die Betriebsverfassungswidrigkeit berufen zu können, ist abzulehnen. Denn nach dem BetrVG 1972 ist es allein dem Betriebsrat vorbehalten, sich auf die Betriebsverfassungswidrigkeit der personellen Maßnahme zu berufen. Dies folgt aus dem Wortlaut des § 101 S. 1, der bestimmt, daß der Betriebsrat die Aufhebung der personellen Maßnahme beantragen kann, sofern er eine Verletzung seiner Rechte geltend macht. Könnte sich hingegen auch der

Arbeitnehmer auf die Rechtswidrigkeit der Personalmaßnahme berufen, so hätte er letztlich die Möglichkeit, über die Beteiligungsrechte zu disponieren, die nach dem BetrVG 1972 allein dem Betriebsrat zustehen. Dies stünde jedoch im Widerspruch zu dem allgemeinen Rechtsgrundsatz, daß ein Einzelner keinerlei Einwände aus dem Recht eines Dritten herleiten kann[439].

Im übrigen läßt sich eine derartige Befugnis des Arbeitnehmers schon aufgrund der besonderen Beziehung zwischen Arbeitnehmer und Betriebsrat nicht konstruieren. Denn der Betriebsrat wird vom Gesetz als Repräsentant der Arbeitnehmer des Betriebes betrachtet, deren Interessen er wahrzunehmen hat[440]. Daher dienen die ihm übertragenen Beteiligungsrechte in erster Linie der Begrenzung der Kontrolle der Entscheidungen des Arbeitgebers. Insofern kann es umgekehrt nicht als Aufgabe des Arbeitnehmers angesehen werden, die Rechte der eigenen Interessenvertretung wahrzunehmen, also den Betriebsrat vor einer Verletzung der Rechte aus § 99 zu schützen. Die Sicherung der Mitwirkungsrechte des Betriebsrats wird vielmehr durch das Verfahren des § 101 gewährleistet[441].

Somit läßt sich feststellen, daß der Arbeitnehmer sich nicht selbst auf die Betriebsverfassungswidrigkeit der Versetzung berufen kann, sofern die individualrechtliche Versetzungsregelung wirksam ist[442].

---

439 Dazu v. Hoyningen-Huene, BetrVR, § 4 II a, S. 42.

440 Gramm, AR-Blattei (D) Betriebsverfassung VII A. I. Siehe auch schon oben 3. Kap. D. I. 2. b) dd).

441 Dietz/Richardi, § 101 Rdnr. 1; Fitting/Auffarth/Kaiser, § 101 Rdnr. 1; Gnade/Kehrmann/Schneider, § 101 Rdnr. 1; Wlotzke, § 101 Rdnr. 1.

442 Ist die Versetzung hingegen individualrechtlich unwirksam, so konnte gezeigt werden, daß der Arbeitnehmer der Arbeit nicht nachkommen muß. Dies hat zur Konsequenz, daß eine Weigerung des Arbeitnehmers, der ohne Zustimmung des Betriebsrats erfolgten Versetzung nachzukommen, keine Verletzung des Arbeitsvertrages darstellt. Demgemäß wird dem Arbeitnehmer die Möglichkeit eröffnet, sich quasi auf die Betriebsverfassungswidrigkeit zu berufen, ohne auf ein Tätigwerden des Betriebsrats nach § 101 angewiesen zu sein.

(2) Möglichkeiten der Einflußnahme auf das Verfahren gemäß § 101 S. 1

Wenn der Arbeitnehmer sich schon nicht selbst auf die Betriebsverfassungswidrigkeit einer wirksam zustande gekommenen Versetzung berufen kann, so stellt sich doch die Frage, ob er im konkreten Fall einer betriebsverfassungswidrigen und ihn benachteiligenden Versetzung nicht auf irgendeine Weise Einfluß auf den Gang des Aufhebungsverfahrens nach § 101 S. 1 nehmen kann.

Gemäß § 101 S. 1 kann der Betriebsrat unter den dort beschriebenen Voraussetzungen beim Arbeitsgericht beantragen, dem Arbeitsgericht die tatsächliche Aufhebung einer personellen Maßnahme i. S. des § 99 Abs. 1 aufzugeben[443]. Hierüber hat das Gericht im Beschlußverfahren gemäß § 2 a ArbGG zu entscheiden. Es könnte zu erwägen sein, ob es nicht auch dem Arbeitnehmer möglich sein sollte, das Verfahren nach § 101 S. 1 einzuleiten, so daß er von einem Tätigwerden des Betriebsrats unabhängig wäre.

(a) Kein eigenes Antragsrecht des Arbeitnehmers

Ein eigenes Antragsrecht des Arbeitnehmers steht nicht nur im Widerspruch zum Wortlaut des § 101 S. 1, wonach ausschließlich dem Betriebsrat das Recht zur Antragstellung übertragen ist. Darüber hinaus konnte bereits dargelegt werden, daß der einzelne Arbeitnehmer im Beschlußverfahren nur dann antragsberechtigt ist, wenn es um seine betriebsverfassungsrechtliche Stellung geht[444]. Das Vorliegen dieser Voraussetzungen ist jedoch im Rahmen der §§ 99 - 101 zu verneinen, weil hier der Arbeitnehmer lediglich als Einzelperson und nicht in seiner betriebsverfassungsrechtlichen Stellung betroffen ist[445].

---

443 Zu den Voraussetzungen des § 101 siehe schon 3. Kap. C. I. 2.

444 Vgl. schon oben 3. Kap. D. II. 3. b) aa) (1).

445 Bezüglich der weiteren Argumentation ist auf die Ausführungen zum Antragsrechts im Verfahren nach § 99 Abs. 4 zu verweisen. Siehe oben 3. Kap. D. II. 3. b) aa) (1).

(b) Anspruch des Arbeitnehmers gegen den Betriebsrat auf Einleitung des Verfahrens nach § 101 S. 1

Da der Arbeitnehmer nicht zur Stellung eines Antrags gemäß § 101 S. 1 befugt ist, ist zu erwägen, ob der Arbeitnehmer gegenüber dem Betriebsrat zumindest einen Anspruch auf Einleitung eines Aufhebungsverfahrens gemäß § 101 S. 1 geltend machen kann. Ein Anspruch des Arbeitnehmers gegen den Betriebsrat auf Tätigwerden in eine bestimmte Richtung, d. h. im konkreten Fall auf Einleitung eines Verfahrens nach § 101 S. 1, steht jedoch mit der Stellung des Betriebsrats in der Betriebsverfassung und der besonderen Beziehung zwischen Betriebsrat und Arbeitnehmer durch das BetrVG 1972 nicht im Einklang. Denn die Sicherstellung der vom Betriebsrat als Repräsentanten der Arbeitnehmer des Betriebes zu berücksichtigenden Interessen erfolgt nach dem Gesetz nicht nur zur alleinigen Disposition des Betriebsrats[446], sondern es steht auch in seiner freien Entscheidung, wie er die Interessen der Arbeitnehmer im einzelnen Fall gegenüber dem Arbeitgeber wahrnimmt[447]. In der Ausführung seiner Tätigkeit ist er mithin frei von Weisungen der Belegschaft[448]. Insofern ist es ausschließlich Aufgabe des Betriebsrats zu entscheiden, ob er auf eine betriebsverfassungsrechtliche Versetzung reagiert und das Mitbestimmungssicherungsverfahren nach § 101 einleitet oder ob er auf die Einleitung des Verfahrens verzichtet.

Mithin ist ein Anspruch des Arbeitnehmers gegen den Betriebsrat auf ein irgendwie geartetes Tätigwerden, im konkreten Fall also auf die Einleitung des Mitbestimmungssicherungsverfahrens nach § 101 S. 1, abzulehnen[449]. Dem Arbeitnehmer verbleiben für solche Angelegenheiten nur das unzulängliche Beschwerderecht gem. § 85 sowie Aufforderungen an die Betriebsleitung oder Vorstellungen beim Betriebsrat[450].

---

446 Siehe schon 3. Kap. D. II. 3. b) bb) (1).

447 Vgl. Galperin/Löwisch, Vor § 74 Rdnr. 10.

448 Vgl. Galperin/Löwisch, Vor § 74 Rdnr. 7.

449 Im Ergebnis auch Galperin/Löwisch, Vor § 74 Rdnr. 10; Däubler/Kittner/Klebe, § 99 Rdnr. 214; Meyer, BB 1982, S. 1614 (1616).

450 Meyer, BB 1982, S. 1614 (1616).

(c) Beteiligung des Arbeitnehmers am Verfahren nach § 101 S. 1

Schließlich bedarf es noch der Feststellung, ob der Arbeitnehmer zumindest im Verfahren nach § 101 S. 1 zu beteiligen ist. Hinsichtlich dieser Fragestellung kann auf das Ergebnis der Ausführungen zur Beteiligung des Arbeitnehmers i. S. des § 83 Abs. 2 ArbGG im Zustimmungsersetzungsverfahren nach § 99 Abs. 4 verwiesen werden, das wie das Verfahren nach § 101 S. 1 als Beschlußverfahren ergeht[451]. Entsprechend der Beteiligtenstellung im Verfahren nach § 99 Abs. 4 ist der Arbeitnehmer auch im Verfahren nach § 101 S. 1 gemäß § 83 Abs. 3 ArbGG zu beteiligen.

cc) Ergebnis

Betrachtet man abschließend die Einflußmöglichkeiten des Arbeitnehmers, gegen eine betriebsverfassungswidrige Versetzungsmaßnahme selbst vorzugehen, ohne von einem Tätigwerden des Arbeitgebers bzw. Betriebsrats abhängig zu sein, so besteht für den betroffenen Arbeitnehmer lediglich die Möglichkeit, in dem Zustimmungsersetzungsverfahren gemäß § 99 Abs. 4 bzw. dem Mitbestimmungssicherungsverfahren gemäß § 101 S. 1 beteiligt zu werden.

c) Ermöglicht die Beteiligtenstellung des Arbeitnehmers im Beschlußverfahren nach § 99 Abs. 4 sowie § 101 S. 1 eine Verbesserung der Rechtsstellung des betriebsverfassungswidrig versetzten Arbeitnehmers bei Wirksamkeit der Individualregelung?

Ob die Beteiligung des betriebsverfassungswidrig versetzten Arbeitnehmers am Beschlußverfahren nach §§ 99 Abs. 4 bzw. 101 S. 1 zu einer Verbesserung seiner

---

451 Siehe oben 3. Kap. D. II. 3. b) aa) (3).

Rechtsstellung führt und insoweit die "Wirksamkeitslösung" vom Vorwurf befreien kann, sie schütze den betroffenen Arbeitnehmer nicht umfassend[452], ist jedoch zu bezweifeln. Denn die Beteiligung des Arbeitnehmers am Beschlußverfahren ist ihm nur dann hilfreich, sofern es zur Einleitung des Verfahrens kommt. Sollten die Betriebspartner nicht gewillt sein, ein Verfahren der beschriebenen Art einzuleiten, weil sie von ihrem ursprünglichen Vorhaben - der Durchführung bzw. Rückführung der personellen Maßnahme - zum Zwecke einer vertrauensvollen und konfliktfreien Zusammenarbeit abgesehen haben, so führt dies dazu, daß der Beteiligtenbefugnis des Arbeitnehmers die Basis entzogen wird. Aber selbst dann, wenn eine Einleitung des Zustimmungsersetzungsverfahrens gemäß § 99 Abs. 4 bzw. eines Mitbestimmungssicherungsverfahrens gemäß § 101 S. 1 durch die Betriebspartner erfolgt ist, so ist der betriebsverfassungswidrig versetzte Arbeitnehmer im Verfahren zwar anzuhören, jedoch hat er hiermit letztlich sein Ziel, die Durchführung der personellen Maßnahme bzw. im Falle mangelnden Interesses deren Rückgängigmachung, noch nicht erreicht, denn die Entscheidung über diese Frage obliegt einzig und allein dem Arbeitsgericht. Demnach stellt die Beteiligtenbefugnis des Arbeitnehmers im Beschlußverfahren (gem. § 2 a ArbGG) keine wirkungsvolle Verbesserung der Rechtsstellung des unter einem Mitwirkungsverstoß versetzten Arbeitnehmers dar. Somit ist zu folgern, daß allein die Beteiligtenrolle des Arbeitnehmers im Beschlußverfahren (gem. § 2 a ArbGG) die "Wirksamkeitslösung" nicht vom Vorwurf befreit, sie berücksichtige nicht hinreichend das Interesse des von einer betriebsverfassungswidrigen Versetzung betroffenen Arbeitnehmers. Denn die Beteiligtenbefugnis ermöglicht keine vollständige Kompensation der im Einzelfall[453] auftretenden Schwächen der "Wirksamkeitslösung" im Hinblick auf den Individualschutz.

Zusammenfassend läßt sich feststellen, daß der unzureichende Schutz des betriebsverfassungswidrig versetzten Arbeitnehmers bei Wirksamkeit der Individualregelung nicht dadurch verbessert wird, daß dem Arbeitnehmer die Beteiligtenbefugnis im Beschlußverfahren nach § 99 Abs. 4 bzw. § 101 S. 1 eingeräumt wird.

---

452 Siehe schon oben 3. Kap. D. II. 3. a).

453 Siehe die eingangs dargestellten Versetzungsbeispiele (3. Kap. D. II. 3 cc)), die zum einen den Fall einer den Arbeitnehmer benachteiligenden Versetzung, zum anderen die individualrechtliche Rückführung einer für den Arbeitnehmer vorteilhaften Versetzung kraft Weisungsrechts behandeln.

4. Ergebnis

Abschließend bleibt zu bemerken, daß die Wirksamkeit einer individualrechtlichen Versetzungsregelung für den ohne Zustimmung des Betriebsrats versetzten Arbeitnehmers nur dann eine interessengerechte Lösung darstellt, wenn die Versetzungsmaßnahme für den Arbeitnehmer vorteilhaft ist und somit zur Verbesserung seiner Rechtsstellung führt. Denn in diesem Fall ist ein erhebliches Interesse des Arbeitnehmers an der Durchführung der Personalmaßnahme zu vermuten[454]. Anhaltspunkte für die Richtigkeit dieser Vermutung lassen sich anhand der Ausführungen zur Einstellung gewinnen. Da die Einstellung stets mit einer Verbesserung der Rechtsstellung des Arbeitnehmers einhergeht[455], erfolgt deren Durchführung auch im Interesse des Arbeitnehmers. Mithin wird deutlich, daß die Interessenlage bei einer Einstellung und einer den Arbeitnehmer begünstigenden Versetzung vergleichbar ist[456]. Wegen der Gleichartigkeit der Interessen müßte es insoweit gerechtfertigt sein, die bei der Einstellung vertretene Meinung zur Rechtsfolgenproblematik, d. h. die Wirksamkeit der Individualregelung bei Betriebsverfassungswidrigkeit der Einstellung, auf den Fall der begünstigenden Versetzung zu übertragen. Die "Wirksamkeitslösung" erweist sich jedoch dann nicht als interessengerechte Lösung, wenn die Versetzung im Einzelfall zur Verschlechterung der Rechtsstellung des Arbeitnehmers führt. Obschon der Arbeitnehmer bei einer ihn benachteiligenden Versetzung in der Regel kein Interesse an deren Durchführung zeigen wird, bleibt er unter Zugrundelegung der "Wirksamkeitslösung" zur Ausübung der ihn benachteiligenden neuen Tätigkeit verpflichtet[457]. Insoweit gewährt die "Wirksamkeitslösung" dem betriebsverfassungswidrig versetzten Arbeitnehmer, bezogen auf den Fall der ihn benachteiligenden Versetzung, nur unzureichend Schutz. Diesem Lösungsansatz

454 Bei Wirksamkeit der Individualregelung besteht jedoch Anlaß zur Vermutung, daß diese Rechtsfolge wegen der Möglichkeit der Lohnfortzahlung trotz Beschäftigungsverbots gem. § 101 (- sofern der Betriebsrat nach § 101 S. 1 vorgegangen ist -) eine nachteiligere Rechtsfolge für den Arbeitgeber darstellt als die Unwirksamkeit des Arbeitsvertrages. Die Rechtfertigung, ihm dieses Risiko aufzuerlegen, resultiert jedoch daraus, daß er den betriebsverfassungsrechtlichen Mangel verursacht hat (vgl. oben 2. Kap. C. III. 3.).

455 Siehe oben 3. Kap. D. I. 2. b) bb).

456 Siehe hierzu Brauch, S. 117 Fn. 47.

457 Siehe schon oben 3. Kap. D. II. 3. a) aa).

gelingt es nicht, dem veränderten Schutzinteresse des Arbeitnehmers bei einer nachteiligen Versetzung gerecht zu werden. Wie dargelegt, läßt sich dem Vorwurf der ungenügenden Schutzwirkung, der bei einer den Arbeitnehmer benachteiligenden Versetzung naheliegend ist[458], nicht wirkungsvoll durch die Einräumung eines Beteiligungsrechts des Arbeitnehmers im Beschlußverfahren nach § 101 S. 1 begegnen.

Somit kann die Feststellung getroffen werden, daß die "Wirksamkeitslösung" im Einzelfall Schwächen im Hinblick auf den Schutz der Interessen des von der Versetzung betroffenen Arbeitnehmers aufweist. Insoweit verwirklicht dieser Lösungsansatz zum Rechtsfolgenproblem den im Gesetz - besonders in § 99 Abs. 2 Ziff. 4 - bestimmten Schutz des betriebsverfassungswidrig versetzten Arbeitnehmers nicht hinreichend. Dieser Umstand steht der Annahme einer generellen Wirksamkeit der mitbestimmungswidrig durchgeführten Versetzung entgegen.

Mithin ist nach anderen Möglichkeiten Ausschau zu halten, die unter Berücksichtigung der Besonderheiten des Versetzungstatbestandes den Schutz des Arbeitnehmers besser gewährleisten.

---

458 Die Wahrnehmung der Interessen des Arbeitnehmers stellt sich bei Wirksamkeit der Individualregelung auch in dem Fall als unzureichend dar, wenn der Arbeitgeber die Versetzung individualrechtlich im Wege des Weisungsrechts rückgängig machen will, obschon der Arbeitnehmer die Versetzung durchführen will. Siehe schon oben 3. Kap. D. II. 3. a) cc).

III. Die Unwirksamkeit der individualrechtlichen Rechtsgrundlage einer betriebsverfassungswidrig durchgeführten Versetzung

1. Die Unwirksamkeit als Folge des Normzweckes in § 99 Abs. 2 Ziff. 4

Die Sicherstellung der vom Betriebsrat zu wahrenden Interessen, die bei der Versetzung neben den Kollektivinteressen gerade auch den Schutz der Interessen des einzelnen Arbeitnehmers umfaßt (vgl. § 99 Abs. 2 Ziff. 4), könnte es erfordern, daß die Individualmaßnahme einer unter einem Mitwirkungsverstoß zustande gekommenen Versetzung rechtsunwirksam ist. Dies ist als notwendige Konsequenz zur Lückenhaftigkeit des Individualschutzes bei Wirksamkeit der Individualregelung anzunehmen.

Die Unwirksamkeit der individualrechtlichen Versetzungsregelung hat für den Arbeitnehmer zur Folge, daß er der Anordnung des Arbeitgebers nicht Folge leisten muß, ohne eine Pflichtwidrigkeit zu begehen[459]. Im übrigen kann er unter Umständen ein Zurückbehaltungsrecht hinsichtlich seiner Arbeitskraft geltend machen sowie gegebenenfalls das Arbeitsverhältnis von sich aus kündigen[460]. Mithin wird ersichtlich, daß der Arbeitnehmer gerade im Hinblick auf eine ihn belastende Versetzung, an deren Durchführung er in der Regel nicht interessiert ist, bei Unwirksamkeit der Maßnahme besser geschützt sein wird als bei Wirksamkeit derselben[461]. Zudem trägt zur Konsolidierung der Rechtsstellung eines unter einem Verstoß gegen das BetrVG 1972 versetzten Arbeitnehmers bei, daß der betroffene Arbeitnehmer bei Unwirksamkeit der Versetzungsgrundlage davon unabhängig ist, ob der Betriebsrat eine Aufhebung der Maßnahme nach § 101 S. 1 betreibt[462]. Dies ist für ihn insoweit bedeutsam, als das einzelne Belegschaftsmitglied nicht in der Lage ist, den Betriebsrat zu einem Vorgehen gegen den Arbeitgeber zu zwingen[463].

459 Vgl. schon oben 3. Kap. C. II. 1.

460 Meyer, BB 1982, S. 1614 (1616).

461 Zur rechtlichen Stellung eines betriebsverfassungswidrig versetzten Arbeitnehmers bei Wirksamkeit der Individualregelung siehe bereits oben 3. Kap. D. II. 3. ff.

462 Vgl. auch ArbG Bochum, v. 22.10.1975, DB 1975, S. 2249 (2250).

463 Siehe schon oben 3. Kap. D. II. 3. a) bb) (2b).

Demnach gebietet die Effektivität des Mitbestimmungsrechts im Interesse des betroffenen Arbeitnehmers (§ 99 Abs. 2 Ziff. 4), daß eine ihn benachteiligende Versetzung ohne ordnungsgemäße Beteiligung des Betriebsrats nicht nur im kollektivrechtlichen Bereich zu sanktionieren ist, sondern auch auf der Ebene des Individualarbeitsrechts nicht ohne Folgen für die Wirksamkeit der Maßnahme bleiben kann, auch wenn die Versetzung auf einer individualrechtlich zulässigen Versetzungsgrundlage basiert, z. B. von einem entsprechend weitreichenden Direktionsrecht gedeckt ist. Grundsätzlich besteht zwar für den Arbeitnehmer die Pflicht, jeder individualrechtlich zulässigen Versetzung nachzukommen[464] - gleichgültig, ob sie seine Stellung verbessert oder verschlechtert -, dies schließt jedoch nicht aus, daß der Arbeitnehmer bei Vorliegen dieser Voraussetzungen, insbesondere beim Bestehen einer Versetzung kraft Weisungsrechts, nicht mehr schutzwürdig ist[465]. Denn schutzwürdige Interessen des einzelnen Arbeitnehmers können auch dann beeinträchtigt werden, wenn der Arbeitgeber eine für den Arbeitnehmer ungünstige Versetzungsmaßnahme, zu der das Einverständnis des Arbeitnehmers wohl kaum anzunehmen sein wird[466], auf individualrechtlich zulässigem Wege ohne Mitwirkung des Betriebsrats durchführt. Diese Versetzungsvariante läßt eine Verzahnung zwischen Individualarbeitsrecht und Betriebsverfassungsrecht erkennen, so daß hier zum Zwekke des Individualschutzes ein Verstoß gegen die Mitwirkungsrechte des Betriebsrats nach § 99 Auswirkungen auf das Einzelarbeitsverhältnis herbeiführen muß. Denn die Wirksamkeit der Individualregelung würde das Schutzbedürfnis des Arbeitnehmers hinsichtlich einer ihn belastenden und daher nicht willkommenen Maßnahme nur unzureichend berücksichtigen[467].

Die Regelung des § 99 stellt bezüglich einer Versetzungsmaßnahme, die die rechtlichen Interessen des einzelnen Arbeitnehmers verletzt, eine Vorschrift dar, die es dem Arbeitgeber verbietet, die Versetzung ohne Zustimmung des Betriebsrats durchzuführen. Entsprechend § 134 BGB muß die Versetzung somit individualrechtlich unwirksam sein[468]. Wenn auch der individuelle Schutzzweck des Mitbe-

---

464 Alberty, S. 85; Baumann, S. 192.

465 So auch Matthes, DB 1975, S. 1651; a. A. Alberty, a.a.O.

466 Zur Problematik des Einverständnisses des Arbeitnehmers zur Personalmaßnahme siehe unten 2. Kap. D. IV. 2. b).

467 Siehe oben bereits 3. Kap. D. II. 4.

468 Fitting/Auffarth/Kaiser, § 99 Rdnr. 66; Dietz/Richardi, § 99 Rdnr. 238; Galperin/Löwisch, § 99 Rdnr. 119; Boewer, RdA 1974, S. 72 (76); Matthes, DB 1975, S. 1651; a. A. z. B. Hess/-

stimmungsrechts es erfordert, daß eine nachteilige und betriebsverfassungswidrige Versetzung auf der Ebene des Individualarbeitsrechts nicht ohne Sanktionen bleiben kann, so ist doch fraglich, ob die Begründung der Unwirksamkeitsfolge mit dem Zustimmungsverweigerungsgrund des § 99 Abs. 2 Ziff. 4 für die allgemeine Beurteilung der Auswirkungen fehlender Mitbestimmung überzeugen kann. Dies bedeutete, daß der Unwirksamkeitsfolge keine auf den Einzelfall, also den Fall einer den Arbeitnehmer benachteiligenden Versetzung, zugeschnittene Lösung immanent ist. Es konnte bereits dargelegt werden, daß die Zustimmung zur Versetzung auch dann vorliegen muß, wenn die Versetzungsmaßnahme ausschließlich zum Vorteil des Arbeitnehmers erfolgt und sein Einverständnis hierzu gegeben ist. Es bedarf im weiteren der Erörterung, ob und inwieweit der zuletzt dargestellte Lösungsentwurf diese Besonderheit des Versetzungstatbestandes berücksichtigt. Dabei ist insbesondere festzustellen, welche Auswirkungen die Unwirksamkeit für den von einer günstigen Versetzung betroffenen Arbeitnehmer hat. Sofern sie zu einer Beeinträchtigung rechtlich geschützter Interessen des versetzten Arbeitnehmers führen sollte, spräche dies gegen eine generelle Anwendung der Theorie der Wirksamkeitsvoraussetzung auf eine betriebsverfassungswidrig erfolgte Versetzung. Gerechtfertigt wäre die Annahme einer generellen Unwirksamkeit jedenfalls dann, wenn auch in diesem Fall Schutzgesichtspunkte zur Annahme der Unwirksamkeitsfolge führten.

2. *Auswirkungen der Unwirksamkeitsfolge auf die Rechtsstellung des Arbeitnehmers bei begünstigender, einvernehmlicher Versetzung*

Ist die Versetzungsmaßnahme für den Arbeitnehmer in jeder Hinsicht vorteilhaft, so wird sein Einverständnis zur Maßnahme dadurch zum Ausdruck kommen, daß sich die Versetzung individualrechtlich im Wege eines entsprechend weitreichenden Weisungsrechts oder aber aufgrund einer einvernehmlichen Änderung des Arbeitsvertrages vollzieht. Der Umstand, daß der Arbeitnehmer mit der Personalmaßnahme einverstanden ist, führt dazu, daß gerade in dieser Situation eine Kopplung von Zustimmung und Wirksamkeit die Individualregelung rechtlich

Schlochauer/Glaubitz, § 99 Rdnr. 59; Stege/Weinspach, §§ 99 - 101 Rdnr. 152 a; Heinze, Personalplanung, Rdnr. 264, 340 ff.

geschützter Interessen des Arbeitnehmers beeinträchtigen würde. Denn trotz Einverständnisses des Arbeitnehmers mit der personellen Maßnahme kommt es bei Annahme der Zustimmung des Betriebsrats als Wirksamkeitsvoraussetzung nicht zur Verwirklichung der Versetzungsmaßnahme, wenn dessen Zustimmung fehlt. Dies bedeutet, daß nach der Theorie der Wirksamkeitsvoraussetzung der Schutz der Rechte des Betriebsrats dem Schutz der Interessen des einzelnen Arbeitnehmers an der Durchführung einer ihm willkommenen Versetzungsmaßnahme vorgelagert ist. Insoweit würde das Zustimmungsverweigerungsrecht des Betriebsrats als ein Bevormundungsrecht gegenüber dem einzelnen Arbeitnehmer fungieren. Ob diese Funktion des Beteiligungsrechts des Betriebsrats jedoch noch mit der Systematik des § 99 zu vereinbaren ist, ist fraglich und bedarf im weiteren noch der eingehenden Untersuchung[469]. Offenkundig wird diese Vorrangstellung des Mitbestimmungsrechts im Falle der Unwirksamkeit der Individualregelung jedenfalls dann, wenn die Versetzung unter einvernehmlicher Änderung des Arbeitsvertrages erfolgt.

a) Eingriff in die individuelle Vertragsfreiheit

Sofern die Zustimmung des Betriebsrats eine Wirksamkeitsvoraussetzung darstellte, könnte der Änderungsvertrag zwischen Arbeitnehmer und Arbeitgeber als zulässige Rechtsgrundlage für eine Versetzung gemäß § 95 Abs. 3 nur mit Zustimmung des Betriebsrats wirksam zustande kommen. Daher läge es nach der Theorie der Wirksamkeitsvoraussetzung nicht mehr allein an den Arbeitsvertragsparteien, ob ein rechtsgültiger Änderungsvertrag begründet wird. Vielmehr wäre hiernach die Wirksamkeit der Individualvereinbarung zwischen Arbeitnehmer und Arbeitgeber an die Zustimmung des Betriebsrats gebunden, so daß in die individuelle Vertragsfreiheit eingegriffen würde[470]. Genauer gesagt, könnte durch die Abhängigkeit der Wirksamkeit des Arbeitsvertrages von der Zustimmung des Betriebsrats die Abschlußfreiheit der Vertragsparteien erheblich beeinträchtigt

---

469 Nähere Ausführungen hierzu im 3. Kap. D. III. 2. a) cc).

470 Betont wird dieses Argument besonders von Alberty, S. 87; Brauch, S. 114 ff., 134 ff.; Richardi, ZfA Sonderheft-1972, S. 16; Schlochauer, S. 223.

werden. Denn die Abschlußfreiheit als Bestandteil der Vertragsfreiheit[471] sichert dem einzelnen Arbeitnehmer die Freiheit zu, selbst zu entscheiden, ob und mit welchem Inhalt er ein Arbeitsverhältnis eingehen will[472].

aa) Der Begriff der Vertragsfreiheit

Der Begriff der Vertragsfreiheit als Ausdrucksform der eigenverantwortlichen Interessenwahrnehmung[473] stellt nicht nur einen Grundpfeiler der modernen Arbeitsverfassung dar[474], sondern bildet darüber hinaus ein beherrschendes Grundelement der Privatautonomie[475], durch welches der Ordnungssatz beschrieben wird, daß jedem einzelnen das Recht eröffnet wird, rechtliche Beziehungen durch selbstbestimmte Regelungen zu begründen[476]. Die Vertragsfreiheit als Ausdruck der Privatautonomie gewährt somit die Möglichkeit der Rechtsgestaltung in Selbstbestimmung[477]. Dies setzt jedoch voraus, daß die eigenverantwortliche Rechtsgestaltung auf der Grundlage eines gegenseitigen Interessenausgleichs basiert. Denn der Grundsatz der Privatautonomie enthält das Gegengewichtsprinzip, das auf der Überlegung beruht, daß die Interessen der Vertragspartner Gegengewichte bilden und durch Aushandeln eine für beide akzeptable Entscheidung getroffen wird[478]. Dies läßt sich jedoch nur dann verwirklichen, wenn annähernd Machtgleichheit

---

471 Siehe insbes. Zöllner/Loritz, ArbeitsR, § 11 III 1.

472 Zöllner, Gutachten für den 52. DJT, S. D 95.

473 Vgl. Reuter, ZfA 1975, S. 86.

474 Vgl. insbes. Richardi, Betriebsverfassungsrechtliche Mitbestimmung und Einzelarbeitsvertrag, S. 7.

475 Siehe Larenz, Allg. T., S. 81 f.; Flume, Allg. T. Bd. II, S. 1 ff.; Fikentscher, SchuldR S. 75 ff.; Richardi, Betriebsverfassung und Privatautonomie, S. 10; ders., Kollektivgewalt, S. 36; Larenz, Lehrbuch des SchuldR, Bd. I, S. 45.

476 Grundlegend Fritz von Hippel, S. 54 (62/66); weiterhin Flume, Allg. T. Bd. II, S. 1; Larenz, Allg. T., S. 91; Staudinger-Coing, Einl. vor § 104 BGB Rdnr. 2 a; Richardi, Betriebsverfassung und Privatautonomie, S. 9.

477 Richardi, Kollektivgewalt, S. 43.

478 Grundlegend Schmidt-Rimpler, AcP 147 (1941), S. 155 f., 161; siehe auch Richardi, Kollektivgewalt, S. 122 - zum Gegengewichtsprinzip Bartholomeyczik, S. 42.

zwischen den Beteiligten besteht[479]. Nach der gängigen Vorstellung, die nahezu in der gesamten Arbeitsrechtsliteratur sowie in der Rechtsprechung vorherrscht, ist im Arbeitsrecht wegen dessen struktureller Besonderheit ein sachgerechter Interessenausgleich zwischen Arbeitnehmer und Arbeitgeber nicht gewährleistet[480]. Einer Ansicht[481] zufolge herrscht im Verhältnis zwischen Arbeitgeber und Arbeitnehmer Ungleichgewichtigkeit in der Weise, daß der Arbeitgeber dem Arbeitnehmer aufgrund seiner sozialen Macht wirtschaftlich überlegen sei. Dagegen begründen einige Vertreter des Arbeitsrechtsschrifttums[482] die fehlende Machtgleichheit damit, daß der Arbeitnehmer wegen seiner intellektuellen Unfähigkeit nicht in der Lage sei, seine eigenen Interessen wahrzunehmen.

Mithin bedarf es zur Gewährleistung eines angemessenen sozialen Interessenausgleichs zwischen Arbeitnehmer und Arbeitgeber der Einschaltung einer Instanz, welche der ungleichen Machtverteilung entgegenwirkt. Diesbezüglich kommt dem Betriebsverfassungsrecht mit seinen Instrumentarien zum Schutz des Arbeitnehmers eine zentrale Bedeutung zu. Insbesondere der Mitbestimmung des Betriebsrats erwächst in diesem Zusammenhang die Aufgabe, den sozialen Unterschieden im Verhältnis zwischen Arbeitnehmer und Arbeitgeber zu begegnen[483].

bb) Die Einschränkung der Vertragsfreiheit durch das Mitbestimmungsrecht

Das Mitbestimmungsrecht des Betriebsrats trägt auf der einen Seite dazu bei, daß die Arbeitnehmerinteressen, die bei der Austragung des Interessenstreits durch privatautonome Rechtsgestaltung "zu kurz" zu kommen drohen, ausreichende Berücksichtigung finden. Andererseits führt die Wahrnehmung der

479 Vgl. Richardi, Kollektivgewalt, S. 114.

480 BAG, v. 4.7.1972, AP Nr. 6 zu § 65 HGB; Richardi, Kollektivgewalt, S. 114; Gamillscheg, AcP 176 (1976), S. 205 f.; Zöllner, AcP 176 (1976), S. 229.

481 V. Hoyningen-Huene, Die Billigkeit im Arbeitsrecht, S. 134; Richardi, Kollektivgewalt, S. 114 f.; weitere Nachweise bei Zöllner, AcP 176 (1976), S. 229.

482 Siehe z. B. Säcker, Gruppenautonomie, S. 88 f.; weitere Nachweise und Kritik bei Zöllner, AcP 176 (1976), S. 221 ff., 229 f.

483 Faude, Anm. I. 1.1 zu BAG, v. 17.5.1983, AP Nr. 18 zu § 99.

Arbeitnehmerinteressen durch den Betriebsrat dazu, daß die individuelle Gestaltungsmacht eingeschränkt wird[484]. Denn in dem Maße, wie die betriebliche Mitbestimmung vom BRG 1920 bis zum BetrVG 1972 verstärkt worden ist, vor allem im Bereich der personellen Mitbestimmung, führte dies zu einer erheblichen Einschränkung individueller Gestaltungsmacht[485]. Die wichtigste Beschränkung der Vertragsfreiheit besteht im Betriebsverfassungsrecht in § 99, der bestimmt, daß der Betriebsrat zu jeder Personalmaßnahme seine Zustimmung erteilen muß. Bezogen auf den Fall der Versetzung im Wege einer einvernehmlichen Änderung des Arbeitsvertrages zwischen Arbeitnehmer und Arbeitgeber hat dies zur Folge, daß der Betriebsrat unter z. T. sehr weit gefaßten Voraussetzungen seine Zustimmung zur Versetzung verweigern kann. Dabei bewirkte das Erfordernis der Zustimmung, daß die Vertragsfreiheit unter dem Aspekt der Abschlußfreiheit eingeschränkt wird[486].

Da die Mitbestimmung des Betriebsrats stets eine gesetzliche Beschränkung der Handlungs- und Verfügungsfreiheit des einzelnen Arbeitnehmers darstellt, kann allein das Argument, daß bei Annahme der Zustimmung des Betriebsrats als Wirksamkeitsvoraussetzung ein Eingriff in die Vertragsfreiheit begründet werde, nicht entscheidend gegen die Theorie der Wirksamkeitsvoraussetzung sprechen. Allerdings wurde festgestellt, daß die Abhängigkeit der Wirksamkeit des Arbeitsvertrages von der Zustimmung des Betriebsrats i. S. des § 99 dazu führt, daß der Vertrag bei fehlender Mitwirkung des Betriebsrats unwirksam ist, so daß ein weitaus intensiverer Eingriff in die Vertragsfreiheit unter dem Aspekt der Abschlußfreiheit vorliegt. Denn die Unwirksamkeit des Arbeitsvertrages bewirkt, daß die Abschlußfreiheit der vertragsschließenden Parteien letztlich zum Schutz des Mitbestimmungsrechts des Betriebsrats i. S. des § 99 Abs. 1 beseitigt wird. Somit wandelt sich das anfängliche Problem, ob die Theorie der Wirksamkeitsvoraussetzung einen Eingriff in die Vertragsfreiheit als Bestandteil der Privatautonomie begründet, in die Frage um, welcher Umfang des Eingriffs in die Privatautonomie rechtlich noch zulässig ist. Insoweit bedarf es im weiteren der Untersuchung, ob der vorliegende intensive Eingriff in die Vertragsfreiheit mit dem Gedanken der Privatautonomie, der - wie schon erwähnt - ein beherrschendes

484 Das Arbeitsrecht läßt sich insgesamt als ein Kontrollsystem gegenüber der Vertragsfreiheit begreifen, siehe schon Adomeit, Arbeitsrecht der 90er Jahre, S. 31.

485 Blomeyer, S. 1.

486 Blomeyer, S. 147.

Grundprinzip der modernen Arbeitsverfassung darstellt[487], noch zu vereinbaren ist und zudem vom BetrVG 1972 beabsichtigt ist. Diese Prüfung impliziert die Frage nach den Grenzen des Mitbestimmungsrechts im Verhältnis zur individualrechtlichen Gestaltungsmacht.

cc) Grenzen des Mitbestimmungsrechts

(1) Verfassungsrechtliche Schranken des Mitbestimmungsrechts

Möglicherweise lassen sich Anhaltspunkte zur Lösung des Problems, inwieweit es noch als rechtlich zulässig angesehen werden kann, daß die Vertragsfreiheit von der kollektiven Regelungsmacht partiell beseitigt wird, aus der Verfassung entnehmen. Dies ist dann der Fall, wenn die Möglichkeit der Rechtsgestaltung in Selbstbestimmung einen grundgesetzlichen Schutz erfährt, denn dann liegt die Beschränkung der kollektiven Regelungsmacht des Betriebsrats letztlich in ihrer Bindung an diese Verfassungsnormen.

- Vertragsfreiheit und Verfassungsrecht -

Als Ausfluß der allgemeinen Handlungsfreiheit schützt Art. 2 Abs. 1 GG auch die Vertragsfreiheit[488]. Allerdings greift der Schutz des Art. 2 Abs. 1 GG als lex generalis nur dann ein, wenn Erscheinungsformen der Vertragsfreiheit nicht von Spezialgrundrechten erfaßt werden[489]. Demzufolge ist für Arbeitsverträge die verfassungsrechtliche Grundlage der Vertragsfreiheit nicht allein in Art. 2 Abs. 1 GG, sondern gleichzeitig in Art. 12 GG zu suchen, dessen Maßstäbe insoweit

---

487 Vgl. schon oben 3. Kap. D. III. 2. a) aa).

488 BVerfGE 65, S. 32; 8, S. 274 (328); Nipperdey, in: Bettermann/Nipperdey, Bd. IV/2, S. 741 (887); Dürig, in: Maunz-Dürig, Art. 2 Abs. 1 GG Rdnr. 53; Maunz/Zippelius, StaatsR, § 14 III, S. 126.

489 BVerfGE 8, S. 274 (328); 9, S. 237 (249); 12, S. 341 (347); ebenso Dürig, in: Maunz-Dürig, Art. 2 Abs. 1 GG Rdnr. 53; Art. 12 GG Rdnr. 126; v. Münch, Art. 2 Abs. 1 GG Rdnr. 11.

grundsätzlich vorgehen[490]. Zweifelhaft ist jedoch, ob dieses Grundrecht im Sinne einer sog. Drittwirkung auch unmittelbar in der Privatsphäre zur Anwendung gelangt.

Zum Teil wird vom BAG die Meinung vertreten, daß die Grundrechte - Art. 12 GG eingeschlossen - auch auf private Regelungen des Arbeitsverhältnisses anzuwenden seien[491]. Andererseits wird die unmittelbare ("Dritt-")Wirkung der Grundrechte im Arbeitsrecht verneint, weil die Grundrechte dem öffentlichen Recht angehörten und nur Abwehrrechte gegen den Staat darstellten[492]. Gleichwohl sollen sie für das Privatrechtssystem nicht bedeutungslos sein. Indem sie zur Konkretisierung von Generalklauseln dienten[493], kämen die Grundrechte als Ausdruck der objektiven Wertordnung mittelbar in der privatrechtlichen Beziehung zur Anwendung.

Welcher Ansicht der Vorzug zu gewähren ist, sei dahingestellt. Mit der richtungsweisenden Entscheidung des Bundesverfassungsgerichts, dem sog. Lüth-Urteil[494], ist eine weitgehend akzeptierte Leitlinie der privatrechtlichen Wirkung der Grundrechte begründet worden, wonach die Auseinandersetzung um die Drittwirkungstheorien zugunsten einer mittelbaren Wirkung der Grundrechte im Privatrechtssystem entschieden wurde.

Daher ist von einer zumindest mittelbaren Drittwirkung der Grundrechte auszugehen. Dies bedeutet, daß der Schutz des Art. 12 Abs. 1 GG auch auf die Vertragsfreiheit im Arbeitsrecht ausstrahlt. Allerdings unterliegt die durch das Grundrecht

---

490 Nach h. M. gilt zur Konkurrenz von Art. 2 GG zu Art. 12 GG, daß Eingriffe in die Vertragsfreiheit, die gleichzeitig Eingriffe in die Berufsfreiheit darstellen, grundsätzlich an Art. 12 zu messen seien. Vgl. bes. Dürig, in: Maunz-Dürig, Art. 2 Abs. 1 GG Rdnr. 53; Bachof, in: Bettermann/Nipperdey/Scheuner, Bd. III/1, S. 167 ff.

491 St. Rspr. des BAG: vgl. insbes. BAGE 1, S. 185 (193 f.) und 258 (261 ff.); 24, S. 438 (441); BAG, NJW 1978, S. 1874 f.

492 Siehe hierzu Rupp, AöR 101 (1976), S. 161, 167 ff.; Canaris, AcP 184 (1984), S. 210 ff.

493 Vertreter einer mittelbaren Anwendung der Grundrechte im Privatrecht sind vor allem G. Dürig, HGrR II, S. 525; R. Scholz, Koalitionsfreiheit als Verfassungsproblem, S. 4 f.; etwas abgewandelt auch: Gamillscheg, AcP 164 (1964), S. 385 ff.; F. Niklisch, JZ 1976, S. 105 (108) u. a. In den Kernpunkten wird diese Theorie auch von dem BVerfG und dem BGH vertreten.

494 BVerfGE 7, S. 198 (205 f.).

des § 12 Abs. 1 GG geschützte Vertragsfreiheit den in Art. 12 Abs. 1 S. 2 GG genannten Schranken. Als ein die Vertragsfreiheit einschränkendes Gesetz kommt § 99 Abs. 1 in Betracht, der die Zustimmung des Betriebsrats zur Personalmaßnahme vorschreibt. Der Einschränkung der Vertragsfreiheit der Arbeitsvertragsparteien sind jedoch seitens der Verfassung Grenzen gesetzt. Bei Eingriffen in das Grundrecht der Berufsfreiheit ist vor allem der Verhältnismäßigkeitsgrundsatz zu beachten, der Verwirklichung in der vom BVerfG entwickelten Zweistufentheorie[495] findet. Hiernach ist die durch § 99 Abs. 1 erfolgte Beschränkung der Vertragsfreiheit verfassungsrechtlich unbedenklich[496]. Dies gilt auch insoweit, als der Gesetzgeber in § 99 Abs. 2 abschließend[497] geregelt hat, unter welchen konkreten Voraussetzungen der Betriebsrat die Zustimmung zur Personalmaßnahme verweigern und damit letztendlich deren tatsächliche Durchführung verhindern kann.

Die verfassungsrechtlich zulässige Grenze ist jedoch dann überschritten, wenn die Zustimmung des Betriebsrats als Wirksamkeitsvoraussetzung für die individualrechtliche Versetzungsregelung angesehen wird. Dies folgt aus dem Grundsatz, daß die Beschränkung der Vertragsfreiheit nicht so weit gehen kann, daß der verfassungsrechtlich gewährte Schutz der Vertragsfreiheit gänzlich beseitigt wird[498]. Vielmehr muß den Arbeitsvertragsparteien stets die Möglichkeit zur eigenen Gestaltung ihrer rechtlichen Angelegenheiten verbleiben[499]. Der Schutz des Arbeitnehmers durch das Mitbestimmungsrecht des Betriebsrats darf nicht in eine Bevormundung des Arbeitnehmers umschlagen[500]. Deshalb kann das Beteiligungsrecht aus § 99 Abs. 1 die verfassungsrechtlich garantierte Vertragsfreiheit zwar wirksam beschränken, jedoch nicht gänzlich beseitigen.

Diese Feststellung hat zur Konsequenz, daß eine Beurteilung des Rechtsfolgenproblems nach der Theorie der Wirksamkeitsvoraussetzung zur Beseitigung der Vertragsfreiheit führte und daher keine wirksame Beschränkung der durch Art. 12 Abs. 1 GG geschützten Vertragsfreiheit darstellte. Zusammenfassend läßt sich

495 BVerfGE 7, S. 377 (378, Leitsatz Nr. 6 a - d).

496 Siehe hierzu insbes. Rüthers, S. 22 f.

497 H. M. Siehe hierzu insbes. Dietz/Richardi, § 99 Rdnr. 145 m. w. N.

498 Rüthers, S. 16.

499 Zöllner, Gutachten für den 52. DJT, S. D 97.

500 Zöllner, a.a.O.; im Ergebnis auch Rüthers, a.a.O.

somit sagen, daß ein Eingriff in die verfassungsrechtlich garantierte Vertragsfreiheit vorläge, wenn eine ohne oder gegen den Willen des Betriebsrats durchgeführte Versetzung, die für den Arbeitnehmer vorteilhaft ist und mit dessen Einverständnis erfolgt, individualrechtlich unwirksam wäre.

(2) Zweckbindung des Mitbestimmungsrechts

Im übrigen könnte die Beseitigung der Vertragsfreiheit als Folge der Theorie der Wirksamkeitsvoraussetzung mit Sinn und Zweck der Normen, die die Betriebsratsbefugnisse begründen, in Widerspruch stehen. Maxime des Betriebsverfassungsrechts ist die Bestimmung, daß Arbeitgeber und Betriebsrat gemäß dem Grundsatz des Art. 2 Abs. 1 GG die Persönlichkeit des einzelnen Arbeitnehmers sowie dessen freie Entfaltung im Rahmen der betrieblichen Möglichkeiten zu schützen und zu fördern haben (vgl. § 75 Abs. 2). Da das Mitbestimmungsrecht funktional den Zweck verfolgt, im Rahmen des Betriebsziels die größtmögliche persönliche Entfaltungsfreiheit des Arbeitnehmers zu erreichen, kann es nicht gleichzeitig dazu eingesetzt werden, das Recht der persönlichen Selbstbestimmung zu beseitigen. Vielmehr kommt dem Mitbestimmungsrecht die Aufgabe zu, den Grundsatz der Selbstbestimmung, insbesondere die individuelle Gestaltungsmacht als dessen wesentlichen Bestandteil, zu ermöglichen bzw. zu fördern[501]. Demzufolge läßt sich das Mitbestimmungsrecht des Betriebsrats als ein "konnexes" Rechtsinstitut verstehen. Das bedeutet, daß dieses Organ letztlich dazu bestimmt ist, einen Ausgleich der Interessen im Verhältnis zwischen Arbeitnehmer und Arbeitgeber zu gewährleisten, indem der Betriebsrat als Sachwalter der Interessen der Arbeitnehmer auftritt[502]. Mithin dient das Mitbestimmungsrecht des Betriebsrats der Förderung der persönlichen Entfaltungsfreiheit des einzelnen Arbeitnehmers. Es würde der Konzeption des Betriebsverfassungsrechts widersprechen, wenn das Beteiligungsrecht des Betriebsrats bei den Personalmaßnahmen bewirkte, daß die Möglichkeit der Rechtsgestaltung in Selbstbestimmung als Wesensmerkmal der Privatautonomie beseitigt würde.

---

501 Im Ergebnis auch Richardi, Betriebsverfassung und Privatautonomie, S. 12; ausführlich hierzu unten 3. Kap. D. IV. 2. b) aa) (a) ff.

502 Siehe hierzu auch Faude, Anm. zu BAG, v. 17.5.1983, AP Nr. 18 zu § 99.

Da bei Anwendung der Theorie der Wirksamkeitsvoraussetzung eine betriebsverfassungswidrig durchgeführte Versetzungsmaßnahme individualrechtlich unwirksam wäre, obwohl die Versetzung auf einer einvernehmlichen Vereinbarung zwischen Arbeitnehmer und Arbeitgeber basiert, hätte dies zur Folge, daß das Zustimmungsverweigerungsrecht des Betriebsrats i. S. des § 99 Abs. 2 als Bevormundungsrecht gegenüber dem einzelnen Arbeitnehmer wirkte. Diese Funktion des Mitbestimmungsrechts stünde im Widerspruch zum System des BetrVG 1972[503]. Mithin ist ein derart intensiver Eingriff in die individuelle Vertragsfreiheit auch aus Gründen der Zweckbindung des Mitbestimmungsrechts, welche eine Begrenzung der Reichweite des Beteiligungsrechts darstellt, nicht mehr als zulässig zu erachten.

Als erstes Zwischenergebnis ist festzuhalten, daß die Theorie der Wirksamkeitsvoraussetzung vor allem im Falle einer Versetzung kraft einvernehmlicher Änderung des Arbeitsvertrages nicht zu überzeugen vermag.

b) Die Beeinträchtigung des Vertrauens in den Bestand des Arbeitsverhältnisses

Schließlich könnte die Annahme der Unwirksamkeit eines einvernehmlich abgeänderten Arbeitsvertrages als Folge fehlender Mitwirkung des Betriebsrats auch unter dem Aspekt des Vertrauensschutzes unvertretbar sein. Denn die Unwirksamkeitsfolge könnte das Vertrauen des Arbeitnehmers in den Bestand des wirksam begründeten Änderungsvertrages verletzen. Fraglich ist jedoch, inwieweit das Vertrauen in den Bestand des Arbeitsverhältnisses von seiten des Gesetzes als schutzwürdig erachtet wird. Schutzwürdig könnte das Vertrauen insofern sein, als der von der Versetzung betroffene Arbeitnehmer in der Regel mit dem Abschluß des Änderungsvertrages die Vorstellung verbinden wird, daß der Durchführung der Versetzung nichts mehr entgegensteht. Denn in der Mehrzahl der Fälle wird er von der fehlenden Beteiligung des Betriebsrats keine Kenntnis haben.

Der Gesetzgeber hat dieses Problem wohl erkannt, jedoch nur für vorläufige personelle Maßnahmen geregelt. Gemäß § 100 Abs. 3 S. 1 tritt das Ende der vorläufig

503 Im Ergebnis auch Schlochauer, S. 221 (233).

durchgeführten Personalmaßnahme erst mit Ablauf von zwei Wochen nach Rechtskraft der Entscheidung ein, d. h. bis zu diesem Zeitpunkt bleibt die personelle Maßnahme individualrechtlich wirksam[504]. Demnach wird dem Arbeitnehmer, der nach § 100 Abs. 1 ordnungsgemäß über die Sach- und Rechtslage aufgeklärt worden ist, beim Vorliegen der übrigen Voraussetzungen der Bestandsschutz aus § 100 Abs. 3 S. 1 gewährt. Im Vergleich dazu genießen diejenigen Arbeitnehmer, denen gegenüber eine personelle Einzelmaßnahme endgültig durchgeführt worden ist, nicht einmal den Bestandsschutz nach § 100 Abs. 3 S. 1. Denn der Gesetzgeber hat den Arbeitnehmern, die infolge der Endgültigkeit das stärkste Vertrauen in den Bestand eines wirksamen Arbeitsverhältnisses zeigen, keine dem § 100 Abs. 3 S. 1 entsprechende Schutznorm zur Verfügung gestellt. Angesichts dieser Feststellung erscheint es unvertretbar, der Theorie der Wirksamkeitsvoraussetzung im Rahmen der Versetzung oder einvernehmlichen Änderung des Arbeitsvertrages zu folgen. Bei einem unwirksamen Änderungsvertrag entsteht zwar ein sogenanntes "faktisches" Arbeitsverhältnis, dieses läßt jedoch Rückwirkungen nur für die Vergangenheit entstehen und ermöglicht den Vertragsparteien eine sofortige Loslösung vom Vertrag[505].

Zusammenfassend kann festgestellt werden, daß die Annahme der Zustimmung als Wirksamkeitsvoraussetzung für die individualrechtliche Versetzungsregelung gerade im Hinblick auf eine Versetzung unter einvernehmlicher Vertragsänderung den Arbeitnehmer nicht unerheblich in seinem rechtlichen Interesse beeinträchtigt. Der Individualschutzmangel ließe sich jedoch beheben, wenn Möglichkeiten existierten, die die rechtliche Stellung des Arbeitnehmers trotz unwirksamen Arbeitsvertrages verbesserten.

---

504 Dies wird auch von den Vertretern der Theorie der Wirksamkeitsvoraussetzung nicht bestritten.

505 Vgl. nur Hueck/Nipperdey, Lehrbuch des ArbeitsR Bd. I, § 32 (S. 183 ff.); Nikisch, ArbeitsR Bd. I, § 23 (S. 214 ff.).

3. *Möglichkeiten zur Überwindung der Beschränkung der Individualinteressen bei Wirksamkeit des Arbeitsvertrages*

a) Eigene Einwirkungsmöglichkeiten des Arbeitnehmers zur Beseitigung des betriebsverfassungsrechtlichen Hindernisses

Eine eigene Einwirkungsmöglichkeit des Arbeitnehmers zur Beseitigung des betriebsverfassungsrechtlichen Rechtszustandes, d. h. die Erwirkung der Zustimmung des Betriebsrats zu einer unter Verstoß gegen die Mitwirkungsrechte des Betriebsrats i. S. des § 99 Abs. 2 erfolgten Versetzung, welche auf einer einvernehmlichen Änderung des Arbeitsvertrages basiert, ist im Gesetz nicht vorgesehen. Allerdings sind verschiedene Modelle zur Einflußnahme des Arbeitnehmers entwickelt worden, die bereits an anderer Stelle dieser Abhandlung erläutert worden sind[506]. Nach hier vertretener Ansicht hat der Arbeitnehmer sowohl im Zustimmungsersetzungsverfahren nach § 99 Abs. 4 - das im vorliegenden Versetzungsbeispiel von Relevanz ist - als auch im Verfahren nach § 101 lediglich die Rechtsstellung eines Beteiligten gemäß § 83 ArbGG inne[507]. Er ist also im Beschlußverfahren vor dem Arbeitsgericht anzuhören und kann gegen den Gerichtsbeschluß, sofern er sich in seinen Rechten beeinträchtigt sieht, ein Rechtsmittel einlegen[508]. Da der von der betriebsverfassungswidrigen Versetzung betroffene Arbeitnehmer jedoch nicht selbständig ein Verfahren gemäß § 99 Abs. 4 einleiten kann, nutzt ihm die Beteiligtenbefugnis nur wenig, wenn das Beschlußverfahren von dem Arbeitgeber überhaupt nicht eingeleitet wird. Insofern kann eine Verbesserung der Rechtsstellung des betriebsverfassungswidrig versetzten Arbeitnehmers auch nicht über eine Beteiligung des Arbeitnehmers am Beschlußverfahren erzielt werden. Diese Feststellung gilt auch bei eingeleitetem Beschlußverfahren nach § 99 Abs. 4. Denn der Arbeitnehmer kann aufgrund seiner Beteiligtenstellung nicht entscheidenden Einfluß auf das Ergebnis der Gerichtsentscheidung nehmen, so daß er sein eigentliches Ziel, die Durchführung der Versetzungsmaßnahme, durch die Möglichkeit der Beteiligung am Verfahren allein noch nicht erreicht.

---

506 Siehe oben 3. Kap. D. II. 3. b) ff.

507 Siehe oben 3. Kap. D. II. b) cc).

508 Vgl. auch Richardi, DB 1973, S. 428 ff.

Somit gilt es, andere Möglichkeiten zu prüfen, welche die Rechtsstellung des betriebsverfassungswidrig versetzten Arbeitnehmers bei Unwirksamkeit einer einvernehmlich abgeänderten Versetzungsregelung verbessern.

b) Ausgleich mangelnden Interessenschutzes durch die Geltendmachung von Schadensersatzansprüchen

Eine weitere Möglichkeit, die Rechtsstellung des Arbeitnehmers bei Unwirksamkeit der Individualregelung zu verbessern, könnte in der Geltendmachung von Schadensersatzansprüchen bestehen[509]. Abgesehen von der Frage, ob Schadensersatzansprüche eine geeignete Kompensation für die bei fehlender Zustimmung des Betriebsrats eintretende Unwirksamkeit des Arbeitsvertrages darstellen, wird es häufig zweifelhaft sein, ob überhaupt die Voraussetzungen eines Schadensersatzanspruches gegeben sind.

Schadensersatzansprüche gegenüber dem Arbeitgeber können dem Arbeitnehmer zunächst wegen Verletzung vertraglicher bzw. vorvertraglicher Pflichten erwachsen, so daß als Anspruchsgrundlagen entweder culpa in contrahendo oder positive Forderungsverletzung bei bestehendem Arbeitsvertrag in Betracht kommen. Für den Arbeitgeber kann die Pflicht bestehen, die Zustimmung des Betriebsrats einzuholen bzw. im Falle einer Verweigerung der Zustimmung das Zustimmungsersetzungsverfahren beim Arbeitsgericht einzuleiten. Eine derartige Pflicht ist jedoch nicht generell[510], sondern nur dann zu bejahen, wenn der Arbeitgeber gegenüber dem Arbeitnehmer zum Ausdruck gebracht hat, daß er alles tun werde, um die Personalmaßnahme durchführen zu können. Denkbar ist auch eine Pflicht des Arbeitgebers zur Aufklärung des Arbeitnehmers über das Zustim-

509 Die Möglichkeit eines Schadensersatzanspruchs bei Unwirksamkeit des Arbeitsvertrages wird besonders von Brecht hervorgehoben, wenn der Arbeitnehmer nicht über das Zustimmungserfordernis unterrichtet worden ist und er somit auf die Wirksamkeit der Entscheidung des Arbeitgebers vertrauen durfte (vgl. Brecht, § 99 Rdnr. 9).

510 So aber Richardi, DB 1973, S. 428; Adomeit, DB 1971, S. 2361. Dagegen wie hier GK-Kraft, § 100 Rdnr. 21 für die Frage, ob der Arbeitgeber verpflichtet ist, das Arbeitsgericht zur Ersetzung der Zustimmung anzurufen.

mungserfordernis. Eine solche Unterrichtungspflicht gegenüber dem Arbeitnehmer ist nur für vorläufige Maßnahmen in § 100 Abs. 1 S. 2 vorgesehen. Danach hat der Arbeitgeber den Arbeitnehmer über die Sach- und Rechtslage, d. h. die Vorläufigkeit der Maßnahme und die Möglichkeit, sie später rückgängig zu machen, aufzuklären.

Unterläßt der Arbeitgeber die Aufklärung des Arbeitnehmers, so macht er sich schadensersatzpflichtig, wenn dem Arbeitnehmer ein Schaden entsteht. Aus diesem Grund ist ein Teil des Schrifttums der Auffassung, daß der Arbeitgeber nur bei Verletzung dieser speziellen Unterrichtungspflicht dem Arbeitnehmer gegenüber zum Schadensersatz verpflichtet sein soll[511]. Andere Autoren sind der Meinung, der Rechtsgedanke des § 100 Abs. 1 S. 2 müsse auch dann gelten, wenn der Arbeitgeber die Personalmaßnahme nicht als vorläufige Maßnahme i. S. des § 100 durchführt[512].

Ungeachtet einer Entscheidung für oder gegen die Begründung einer Aufklärungspflicht bei endgültigen personellen Maßnahmen läßt sich feststellen, daß ein Schadensersatzanspruch wegen Verletzung der Aufklärungspflicht grundsätzlich nur auf das negative Interesse gerichtet sein kann, d. h. der Arbeitnehmer ist so zu stellen, als hätte der Arbeitgeber seine Aufklärung gegenüber dem Arbeitnehmer erfüllt. Hingegen kann er nicht verlangen, so gestellt zu werden, als habe der Betriebsrat der Maßnahme zugestimmt (positives Interesse)[513]. Hat der Arbeitgeber den Arbeitnehmer allerdings über die Sach- und Rechtslage aufgeklärt, ist die Konstruktion eines Anspruchs auf Schadensersatz äußerst schwierig. Auch in den übrigen Fällen einer feststellbaren Pflichtverletzung durch den Arbeitgeber scheitert ein Schadensersatzanspruch zumeist an der Ermittlung eines Schadens. Selbst wenn der Arbeitgeber dem Arbeitnehmer gegenüber individualrechtlich verpflichtet ist, die Zustimmung herbeizuführen bzw. das Beschlußverfahren gemäß § 99 Abs. 4 vor dem Arbeitsgericht einzuleiten, hat der Arbeitnehmer

511 So Dietz/Richardi, §§ 99 Rdnr. 230; 100 Rdnr. 13 ff.

512 Hahn, S. 40 f.; Küchenhoff, § 100 Rdnr. 5; abweichend Erdmann/Jürging/Kammann, § 99 Rdnr. 33 und Rdnr. 49. Nach deren Auffassung ist § 100 Abs. 1 S. 3 aus dem Gesichtspunkt der culpa in contrahendo analog anzuwenden, wenn der Arbeitnehmer infolge der Nichtunterrichtung einen Schaden erleidet.

513 Dietz/Richardi, § 99 Rdnr. 230; Richardi, DB 1973, S. 428.

keinen Anspruch auf wirksame Begründung eines Arbeitsverhältnisses[514]. Denn das geltende Recht gewährt keinen Anspruch auf einen bestimmten Arbeitsplatz. Insofern läßt sich ein Schaden nicht allein dadurch begründen, daß dem unwirksamen Arbeitsverhältnis der soziale Bestandsschutz fehlt[515]. Diese Ausführungen bezüglich quasi-vertraglicher Schadensersatzansprüche lassen sich auch auf mögliche Ansprüche auf Schadensersatz aus unerlaubter Handlung übertragen, sofern diese überhaupt tatbestandlich gegeben sind[516].

Im übrigen bleibt noch zu bemerken, daß die prozeßrechtliche Situation des Arbeitnehmers bei der Geltendmachung eines Schadensersatzanspruchs wegen Unwirksamkeit des Arbeitsvertrages nicht zu dessen Vorteil gestaltet ist. Denn der Arbeitnehmer muß bei Unwirksamkeit des Arbeitsvertrages zur Durchsetzung seines Schadensersatzanspruches Pflichtverletzung, Verschulden und Schaden beweisen[517]. Nach alledem läßt sich feststellen, daß Schadensersatzansprüche zumeist schwer durchzusetzen sein werden. Darüber hinaus wird selbst bei ihrem tatbestandlichen Vorliegen der Schadensersatz nur nach dem negativen Interesse bemessen, so daß der Arbeitnehmer die Durchführung der Personalmaßnahme durch Geltendmachung eines Anspruchs auf Schadensersatz nicht bewirken kann. Dieser Umstand verhindert es, daß bei Versetzungen, für die das Einverständnis des Arbeitnehmers besteht (z. B. bei einvernehmlicher Änderung des Arbeitsvertrages), die jedoch wegen fehlender Mitwirkung des Betriebsrats unwirksam wären, eine Verbesserung der Rechtsstellung des Arbeitnehmers eintreten würde. Aus diesem Grund kann die Geltendmachung von Schadensersatzansprüchen den bei Unwirksamkeit des Arbeitsvertrages beeinträchtigten Arbeitnehmerschutz nicht hinreichend kompensieren[518].

---

514 Richardi, a.a.O.; Dietz/Richardi, a.a.O.; Gamillscheg, ArbeitsR I, Nr. 33 (S. 80 ff.).

515 Dagegen Richardi, DB 1973, S. 429.

516 Fraglich ist bereits, ob ein Schadensersatzanspruch auf § 823 Abs. 2 BGB i. V. m. den Vorschriften über die Zustimmungseinholung gestützt werden kann. Selbst wenn man den Schutzgesetzcharakter des § 99 im Hinblick auf die Versetzung bejahte, weil das Mitbestimmungsrecht bei der Versetzung auch den Individualschutz bezweckt, ist zweifelhaft, ob der Gesetzgeber mit § 99 die Schaffung einer individuellen Schadensersatznorm angestrebt hat.

517 Vgl. Alberty, S. 75.

518 Richardi, ZfA Sonderheft-1972, S. 16; ders., DB 1973, S. 428; Matthes, DB 1974, S. 2010.

c) Ergebnis

Zusammenfassend läßt sich feststellen, daß die dargestellten Möglichkeiten nicht wirkungsvoll zur Überwindung der Beschränkung rechtlich geschützter Interessen bei Unwirksamkeit der individualrechtlichen Versetzungsregelung beitragen. Der Schutz der Interessen des Arbeitnehmers, der Betroffener ist einer ihn begünstigenden und insoweit mit seinem Einverständnis erfolgten Versetzung ist, ist bei Unwirksamkeit des Einzelarbeitsvertrages nur unzureichend gewährleistet.

Abschließend kann zur Annahme einer generellen Unwirksamkeit bemerkt werden, daß der Eintritt dieser Rechtsfolge wohl im Falle einer den Arbeitnehmer benachteiligenden Versetzung zur Sicherstellung des Individualschutzes i. S. des § 99 Abs. 2 Ziff. 4 erforderlich ist[519]. Die Unwirksamkeitsfolge führt jedoch dann zu einer nicht unerheblichen Beeinträchtigung der Rechtsstellung des Arbeitnehmers, wenn die Versetzungsmaßnahme mit seinem Einverständnis vorgenommen wurde und sie für ihn besonders vorteilhaft war[520]. Diese Rechtsfolge widerspricht jedoch der Grundkonzeption des BetrVG 1972 und läßt sich damit gegen die Annahme einer generellen Unwirksamkeit des Einzelarbeitsvertrages bei betriebsverfassungswidrig erfolgter Versetzung anführen.

4. *Die Unwirksamkeit als Folge der Sicherstellung der Interessen des Betriebsrats*

Möglicherweise läßt sich jedoch die individualrechtliche Unwirksamkeit einer unter Nichtbeachtung des Mitbestimmungsrechts durchgeführten Versetzung unter dem Gesichtspunkt der rechtlichen Stellung des Betriebsrats rechtfertigen.

---

519 Siehe oben 3. Kap. D. III. 1.

520 Siehe oben 3. Kap. D. III. 2. ff.

a) Der Betriebsrat als Repräsentant aller Beschäftigten des Betriebes

Wie bereits erwähnt, geht aus den Zustimmungsverweigerungsgründen des § 99 Abs. 2 hervor, daß das Mitbestimmungsrecht des Betriebsrats nicht nur den von der Personalmaßnahme unmittelbar betroffenen Arbeitnehmer vor etwaigen ungerechten, willkürlichen oder herabsetzenden Maßnahmen des Arbeitgebers schützt, sondern in gleicher Weise[521] auch dem Schutz der Gesamtheit der Beschäftigten des Betriebes dienen soll[522]. Insoweit bezweckt das Mitbestimmungsrecht der Beschäftigtenvertretung bei der Versetzungsmaßnahme neben dem Individualschutz auch den Schutz der Kollektivinteressen. Die Wahrung der Interessen der Gesamtbelegschaft durch den Betriebsrat als ihren gewählten Repräsentanten könnte es erforderlich machen, daß eine unter einem Mitwirkungsverstoß durchgeführte Versetzungsmaßnahme zur individualrechtlichen Unwirksamkeit führt. Allerdings wird dem Interesse der von der personellen Maßnahme nicht unmittelbar betroffenen Arbeitnehmer - ebenso wie bei der Einstellung - dadurch ausreichend Rechnung getragen, daß die tatsächliche Durchführung der Personalmaßnahme verhindert wird[523]. Für den Fall der betriebsverfassungswidrigen Versetzung bedeutet dies, daß mit der tatsächlichen Aufhebung der Versetzung durch das Arbeitsgericht entsprechend dem Antrag des Betriebsrats gemäß § 101 S. 1 dem Kollektivschutz bereits Genüge getan wird. Denn erst durch die tatsächliche Zuweisung des konkreten neuen Arbeitsplatzes können Interessen der übrigen Arbeitnehmer bzw. der Gesamtheit der Belegschaft tangiert werden. Solange die Versetzung lediglich individualrechtlich vereinbart bzw. fixiert worden ist, ohne nicht wirklich vollzogen zu sein, können Interessen der Belegschaft nicht berührt werden. Da der Betriebsrat stets die Möglichkeit hat, die tatsächliche Beschäftigung des Arbeitnehmers an dem neuen Arbeitsplatz über § 101 zu verhindern, besteht aus Sicht der nur mittelbar von der Versetzungsmaßnahme betroffenen Arbeitnehmer kein Bedürfnis, daß der betriebsverfassungsrechtliche Mangel sich auch auf individualrechtlicher Ebene auswirken muß.

---

521 Siehe bereits 3. Kap. D. I. 2. b) dd) (2 c).

522 Dies wird deutlich durch § 99 Abs. 2 Ziff. 3, 6 sowie Ziff. 2 und 5. Vgl. im übrigen schon die Ausführungen zum Zweck des Mitbestimmungsrechts im 3. Kap. D. I. 2 b) dd) (2a).

523 Siehe schon 2. Kap. C. III. 3.

Insofern ist es für den Schutz der von der Personalmaßnahme nicht direkt betroffenen Arbeitnehmer nicht erforderlich, daß die Maßnahme individualrechtlich unwirksam ist.

b) Die Absicherung des Mitbestimmungsrechts

Allerdings könnte die Position des Betriebsrats bei Unwirksamkeit der ohne Zustimmung durchgeführten Personalmaßnahme stärker sein als bei Wirksamkeit. Denn bei individualrechtlicher Unwirksamkeit könnte für den Arbeitgeber der Anreiz, das Mitbestimmungsrecht der Beschäftigtenvertretung zu mißachten, weniger ausgeprägt sein als bei Wirksamkeit der personellen Maßnahme. Eine Begründung hierfür bestünde darin, daß die Unwirksamkeit für den Arbeitgeber zur Folge haben kann, daß sich der Arbeitnehmer jederzeit von der ohne Zustimmung des Betriebsrats getroffenen Vereinbarung oder Anordnung über die Ausübung der neu zugewiesenen Tätigkeit zu lösen vermag. Dies wäre für den Arbeitgeber dann nachteilig, wenn er ein Interesse an der weiteren Durchführung der ohne Zustimmung der Beschäftigtenvertretung getroffenen Maßnahme hätte. Es ist jedoch zu bemerken, daß auch bei Annahme der Wirksamkeit einer ohne Zustimmung des Betriebsrats durchgeführten Versetzungsmaßnahme die Gefahr einer Verletzung der Mitbestimmungsrechte des Betriebsrats gemindert wird. Dies betrifft insbesondere solche Fälle, in denen ohne Zustimmung des Betriebsrats zwischen Arbeitgeber und Arbeitnehmer eine höherwertige Tätigkeit vereinbart wird. Da der Arbeitgeber zur Leistung des höheren Entgelts entsprechend der Vereinbarung verpflichtet bleibt, wenn die tatsächliche Durchführung der Maßnahme durch gerichtliches Vorgehen der Beschäftigtenvertretung gem. § 101 verhindert wird, ist zu vermuten, daß sich der Arbeitgeber wegen dieses drohenden finanziellen Nachteils[524] veranlaßt sehen wird, vor Durchführung der personellen Maßnahme die Zustimmung einzuholen.

Mithin ist erkennbar, daß die Stellung der Beschäftigtenvertretung bei Unwirksamkeit der ohne Zustimmung getroffenen personellen Einzelmaßnahme nicht stär-

524 Abgesehen von den sonstigen Nachteilen, die ein Vorgehen der Beschäftigtenvertretung gegen die Maßnahme gemäß § 101 mit sich bringt.

ker ist als bei Wirksamkeit der Maßnahme.

5. Ergebnis

Abschließend läßt sich die Feststellung treffen, daß aus Sicht des von der Versetzungsmaßnahme betroffenen Arbeitnehmers die individualrechtliche Unwirksamkeit dann geboten ist, wenn die Versetzungsmaßnahme für den Arbeitnehmer nachteilig i. S. des § 99 Abs. 2 Ziff. 4 ist[525]. Sofern die Versetzung jedoch einvernehmlich zwischen Arbeitnehmer und Arbeitgeber erfolgte - weil sie für den Arbeitnehmer vorteilhaft war -, führt die Unwirksamkeit zur Beeinträchtigung rechtlich geschützter Interessen des Arbeitnehmers. Dies ließe sich weder durch eine Beteiligung im Beschlußverfahren nach § 99 Abs. 4 noch durch die Geltendmachung von Schadensersatzansprüchen kompensieren[526]. Da die Unwirksamkeit des Einzelarbeitsvertrages im einzelnen eine Beeinträchtigung rechtlich geschützter Interessen des Arbeitnehmers bewirkte, ist aus dessen Sicht die Annahme einer generellen Unwirksamkeit bei betriebsverfassungswidrigen Versetzungen abzulehnen.

Darüber hinaus verdeutlichte auch die Untersuchung zur Rechtsstellung des Betriebsrats bei Unwirksamkeit der Individualregelung, daß weder unter dem Gesichtspunkt der Wahrung der Interessen der von der Maßnahme nur mittelbar betroffenen Arbeitnehmer noch zur Sicherung des Mitbestimmungsrechts des Betriebsrats die Unwirksamkeit des Individualarbeitsvertrages erforderlich ist.

---

525 Siehe schon oben 3. Kap. D. III. 1.

526 Siehe schon im 3. Kap. D. III. 3. c).

IV. Die individualrechtlichen Folgen mangelnder oder mangelhafter Beteiligung des Betriebsrats im Lichte einer differenzierenden Betrachtung

Die vorstehenden Lösungsansätze zum Problem der individualrechtlichen Auswirkungen einer unter Verletzung des Mitbestimmungsrechts des Betriebsrats zustande gekommenen Versetzung bringen zum Ausdruck, daß weder die generelle Wirksamkeit noch die uneingeschränkte Unwirksamkeit des Einzelarbeitsverhältnisses den Besonderheiten des Versetzungstatbestandes aus Sicht des von der Personalmaßnahme betroffenen Arbeitnehmers gerecht werden. Wenn auch einer Wirksamkeits- bzw. Unwirksamkeitslösung aus den genannten Gründen[527] nicht uneingeschränkt gefolgt werden kann, so geht aus der bisherigen Untersuchung jedoch eindeutig hervor, daß beide Lösungsvarianten, also sowohl die Wirksamkeit als auch die Unwirksamkeit der Individualversetzungsregelung, im Einzelfall dem Interesse des betriebsverfassungswidrig versetzten Arbeitnehmers ausreichend Rechnung tragen und insoweit zu akzeptablen Ergebnissen führen. Einerseits konnte gezeigt werden, daß eine den Arbeitnehmer benachteiligende Versetzungsmaßnahme i. S. des § 99 Abs. 2 Ziff. 4 zum Zweck des Individualschutzes einer Sanktion auf individualrechtlicher Ebene bedarf[528]. Auf der anderen Seite konnte jedoch auch festgestellt werden, daß die Anwendung der Unwirksamkeit für den Arbeitnehmer dann unbillig ist, wenn die Versetzungsmaßnahme für ihn in jeder Hinsicht vorteilhaft und somit von seinem Einverständnis umfaßt war. Bei dieser Fallkonstellation würde es dem Schutzzweck des Zustimmungsrechts des Betriebsrats zuwiderlaufen, wenn die mitbestimmungswidrige Versetzung zur Unwirksamkeit führte. Vielmehr entspricht es hier dem Interesse des betriebsverfassungswidrig versetzten Arbeitnehmers, die individualrechtliche Wirksamkeit anzunehmen. Zudem steht die Wirksamkeit der Individualregelung auch mit der weiteren Funktion des Betriebsrats - dem Schutz der kollektiven Interessen - im Einklang[529]. Im übrigen bewirkt die "Wirksamkeitslösung" eine gerechte Risikoverteilung zwischen Arbeitgeber und Arbeitnehmer[530].

527 Vgl. hierzu oben 3. Kap. D. II. 4. sowie III. 5.

528 Siehe schon 3. Kap. D. III. 1.

529 Vgl. oben 3. Kap. D. III. 4. a).

530 Macht der Betriebsrat von seinem Recht aus § 101 Gebrauch und wird dem Arbeitgeber durch das Arbeitsgericht aufgegeben, die Versetzung aufzuheben, so darf der Arbeitgeber den

Nach alledem liegt die Vermutung nahe, daß im Rahmen der Rechtsfindung zu den individualrechtlichen Rechtsfolgen einer Verletzung des Mitbestimmungsrechts bei der Versetzung einer differenzierenden Betrachtung der Vorzug zu geben ist. Dies bedeutet, daß die Frage, ob ein Mitwirkungsverstoß zusätzlich auf individualrechtlicher Ebene zu ahnden ist oder ob er folgenlos bleiben soll, für die Versetzungsmaßnahme nicht einheitlich, sondern nur unter Zugrundelegung der Rechtssituation des konkreten Einzelfalls beantwortet werden kann. Denn nur durch eine am Einzelfall orientierte Lösung läßt sich den Besonderheiten des Versetzungstatbestandes im Interesse des betroffenen Arbeitnehmers und unter Berücksichtigung der Interessen der übrigen Beteiligten ausreichend Genüge tun. Fraglich bleibt jedoch, nach welchen Kriterien diese Differenzierung vorzunehmen ist.

1. Nicht bestehende Unwirksamkeit der individualrechtlichen Versetzungsmaßnahme bei nachteiligen Versetzungen

Infolge der vorstehenden Ausführungen könnte man im Einklang mit Richardi[531] der Meinung sein, daß die individualrechtliche Unwirksamkeit nur bei den Arbeitnehmer benachteiligenden Versetzungen, d. h. solchen, die die Rechtsstellung des Arbeitnehmers verschlechtern, anzunehmen sei. Bei Versetzungen hingegen, die sich für den Arbeitnehmer als vorteilhaft erweisen, müsse die Versetzung trotz des betriebsverfassungswidrigen Verhaltens des Arbeitgebers individualrechtlich wirksam bleiben[532]. Es ist jedoch zweifelhaft, ob das Vorliegen einer "nachteiligen" Versetzungsmaßnahme ein geeignetes Differenzierungskriterium darstellt. Bedenken bestehen insoweit, als die Ermittlung der "günstigeren" Maßnahme im Einzel-

---

Arbeitnehmer nicht mehr beschäftigen. Der Arbeitnehmer behält jedoch den Lohnanspruch nach § 615 Abs. 3 BGB. Insoweit gibt dies Anlaß zur Vermutung, daß die Wirksamkeit der Individualregelung für den Arbeitgeber eine nachteiligere Rechtsfolge darstellt als die Unwirksamkeit des Vertrages. Da der Arbeitgeber den betriebsverfassungsrechtlichen Mangel selbst gesetzt hat, ist es nicht unbillig, ihm mit den Folgen des Mangels zu belasten. Näheres hierzu oben 2. Kap. C. III. 3.

531 Dietz/Richardi, § 99 Rdnr. 298.

532 Dietz/Richardi, a.a.O.; so auch Sacher, S. 101.

fall zu Schwierigkeiten führen kann. Es wird nicht immer auf den ersten Blick erkennbar sein, ob die neu zugewiesene Arbeit in ihren Auswirkungen für den Arbeitnehmer nachteiliger ist als die früher ausgeübte Tätigkeit. Zur Überwindung dieser Schwierigkeiten wären somit genaue Maßstäbe zur Bestimmung des "Nachteils" erforderlich. Hierüber trifft die dargelegte Auffassung jedoch keine Aussagen und erweist sich insoweit als unzureichende Abgrenzungsmethode.

Im übrigen läßt sich gegen den genannten Lösungsansatz auch generell einwenden, daß es für eine nur am Vorteil orientierte Unterscheidung im Gesetz keine ausreichenden Anhaltspunkte gibt[533]. Mithin vermag diese Ansicht, die die individualrechtliche Wirksamkeit nur einer nachteiligen Versetzungsmaßnahme entzieht, hingegen bei einer Begünstigung des Arbeitnehmers die Maßnahme die Wirksamkeit anerkannt, nicht zu überzeugen.

2. *Unwirksamkeit bei Geltendmachung eines individualschutz-orientierten Zustimmungsverweigerungsgrundes - insbesondere § 99 Abs. 2 Ziff. 4*

a) Der Schutzzweck der Mitbestimmung des Betriebsrats als Differenzierungskriterium

Angesichts der zweifachen Schutzrichtung des Mitbestimmungsrechts des Betriebsrats bei der Versetzung - Wahrung der Individualinteressen des betroffenen Arbeitnehmers ebenso wie der kollektiven Interessen der Belegschaft des Betriebes - könnte es geboten sein, diese Differenzierung auch bei der Beurteilung der Auswirkungen eines Mitbestimmungsverstoßes auf das Individualarbeitsverhältnis zu berücksichtigen. Der Umstand der unterschiedlichen Funktionen des Mitbestimmungsrechts des Betriebsrats bei der Versetzung könnte die Vermutung nahelegen, daß auch die Auswirkungen einer Verletzung des Mitbestimmungsrechts entsprechend unterschiedlich sein müssen. Ausgehend von dieser Überlegung wird im Schrifttum vereinzelt die Meinung vertreten, daß die Rechtsfolgen einer betriebsverfassungswidrig zustande gekommenen Versetzung von der jeweiligen Schutzrichtung der Mitbestimmung des Betriebsrats abhängig

533 Meyer, BB 1982, S. 1614 (1617).

seien[534]. Insoweit sei bei der Versetzung, je nach dem, welchem Schutzzweck die Mitbestimmung des Betriebsrats im Einzelfall diene, folgende Differenzierung vorzunehmen:

aa) Wenn es ausschließlich um Interessen der nur mittelbar von der Versetzungsmaßnahme betroffenen Arbeitnehmer gehe, der Betriebsrat also unter Berufung auf kollektive Interessen die Zustimmung zur Versetzung verweigern könne (vgl. insbes. § 99 Abs. 2 Ziff. 3, 5 und 6), solle lediglich eine betriebsverfassungsrechtliche Sanktion i. S. des § 101 in Betracht kommen. Zusätzliche individualrechtliche Rechtsfolgen seien zum Schutz der kollektiven Interessen nicht nur nicht erforderlich, sondern würden den Arbeitnehmer, der in diesem Fall keinen Nachteil durch die Versetzung erfahre, sondern zumeist sogar mit der Versetzung einverstanden sei, unangemessen beeinträchtigen.

bb) Könnte hingegen der Betriebsrat einen konkreten Nachteil des von der Versetzung unmittelbar betroffenen Arbeitnehmers geltend machen, insbes. gem. § 99 Abs. 2 Ziff. 4, so solle das BetrVG 1972 mit der individualrechtlichen Seite in der Weise verzahnt sein, daß bei dieser Konstellation auch die individualrechtliche Unwirksamkeit gemäß § 134 BGB eintreten müsse. Somit tritt dieser Ansicht zufolge die individualrechtliche Unwirksamkeit nur bei einer auf § 99 Abs. 2 Ziff. 4 gestützten Zustimmungsverweigerung ein.

Dieser am Schutzzweck der Mitbestimmung orientierten Beurteilung der individualrechtlichen Auswirkungen von Verletzungen des Beteiligungsrechts kann insoweit zugestimmt werden, als dem Schutz der von der Versetzungsmaßnahme nur mittelbar betroffenen Arbeitnehmer dadurch ausreichend Rechnung getragen wird, daß der Betriebsrat stets die Möglichkeit hat, über § 101 die tatsächliche Zuweisung der konkreten neuen Tätigkeit durch das Arbeitsgericht aufheben zu lassen[535]. Denn wie bei der Einstellung können in der Regel erst durch die tatsächliche Zuweisung des neuen Arbeitsplatzes die Interessen der Belegschaft oder einzelner Arbeitnehmer tangiert werden, nicht jedoch bereits durch Bestehen einer individualrechtlichen Vereinbarung bzw. Anordnung des Arbeitgebers zur

---

534 Chr. Weber, Anm. zu BAG, v. 26.1.1988, EzA Nr. 58 zu § 99 unt. III. Siehe auch schon oben 3. Kap. C. II. 5. c).

535 Siehe schon oben 3. Kap. D. III. 4. a).

Versetzung.

Unbestritten ist auch, daß der von einer begünstigenden Versetzung betroffene Arbeitnehmer selbst bei mangelnder Beteiligung des Betriebsrats an dem Fortbestehen der Maßnahme interessiert sein wird, zumal in derartigen Fällen oftmals sogar ein Änderungsvertrag zwischen Arbeitnehmer und Arbeitgeber abgeschlossen wird, wodurch dem Arbeitnehmer im Einzelfall ein Anspruch auf höheres Entgelt erwächst. Demgemäß würde es hier geradezu dem Schutzzweck des Mitbestimmungsrechts des Betriebsrats zuwiderlaufen, wenn der Mangel im betriebsverfassungsrechtlichen Bereich zur Unwirksamkeit der Versetzungsregelung führte[536]. Umgekehrt konnte bereits festgestellt werden, daß bei einer den Arbeitnehmer benachteiligenden Versetzung die Wirksamkeit der Individualversetzungsregelung ein unbilliges Ergebnis darstellt, weil diese Rechtsfolge dem Schutzbedürfnis des Arbeitnehmers nicht gerecht wird[537]. Hier gebietet es die Effektivität des Mitbestimmungsrechts im Interesse des betriebsverfassungswidrig versetzten Arbeitnehmers, daß dieser die neu zugewiesene Tätigkeit verweigern kann. Ein Leistungsverweigerungsrecht des Arbeitnehmers, ohne Gefahr einer individualrechtlichen Sanktion durch den Arbeitgeber, besteht jedoch nur dann, wenn der Maßnahme die zivilrechtliche Wirksamkeit fehlt[538]. Mithin folgt aus der Schutzfunktion des Betriebsrats gegenüber dem einzelnen Arbeitnehmer, daß bei Geltendmachung eines konkreten Nachteils gemäß § 99 Abs. 2 Ziff. 4 die Maßnahme zivilrechtlich unwirksam ist[539].

---

536 Siehe schon oben 3. Kap. D. III. 4.

537 Siehe Ausführungen im 3. Kap. D. III. 4.

538 Nach richtiger Ansicht besteht trotz betriebsverfassungswidriger Versetzung eine Pflicht zur Arbeit für den Arbeitnehmer, so daß eine Weigerung eine Verletzung des Arbeitsvertrages begründet, vgl. bereits 3. Kap. D. II. 3. a) aa).

539 Näheres hierzu im 3. Kap. D. III. 1.

b) Das Einverständnis des Arbeitnehmers mit der Versetzung bei Geltendmachung eines individualschutz-orientierten Zustimmungsverweigerungsgrundes

Von Bedeutung ist weiterhin, wie nach diesem Lösungsansatz der Fall zu beurteilen ist, daß der Betriebsrat die Zustimmung zur Versetzung wegen Geltendmachung eines konkreten Nachteils für den Arbeitnehmer i. S. des § 99 Abs. 2 Ziff. 4 verweigert, obschon der Arbeitnehmer sein Einverständnis zur Versetzungsmaßnahme erteilt hat. Es ist denkbar, daß sich die Zuweisung der neuen Tätigkeit einem objektiven Betrachter zwar als Verschlechterung der Arbeitssituation darstellt, aus Sicht des betroffenen Arbeitnehmers jedoch nicht als Benachteiligung empfunden wird. Für den einzelnen Arbeitnehmer wird sich im Einzelfall eine neu zugeteilte Tätigkeit, selbst wenn sie im Vergleich zur früheren Beschäftigung eine Verschlechterung der materiellen Arbeitsbedingungen bewirkt, z. B. bei Zuweisung einer niedrigeren Lohn- bzw. Gehaltsgruppe, dann nicht als nachteilig erweisen, wenn er z. B. die früher ausgeübte Tätigkeit aus persönlichen Gründen nicht mehr ausüben kann. Dementsprechend kann sich der Arbeitnehmer aus unterschiedlichen Motiven veranlaßt sehen, das Einverständnis zu einer objektiv ungünstigen Versetzung zu erteilen[540]. Angesichts dieser Umstände tut sich das Problem auf, ob beim Einverständnis des Arbeitnehmers mit der Versetzung eine Verweigerung der Zustimmung durch den Betriebsrat unter alleiniger Berufung auf § 99 Abs. 2 Ziff. 4 überhaupt noch möglich ist. Denn das Einverständnis des Arbeitnehmers mit dem Nachteil könnte es ausschließen, daß sich der Betriebsrat auf den Zustimmungsverweigerungsgrund des § 99 Abs. 2 Ziff. 4 berufen kann. Die Klärung der Frage, ob das Mitbestimmungsrecht des Betriebsrats nach § 99 Abs. 2 Ziff. 4 beim Einverständnis des Arbeitnehmers mit dem Nachteil besteht bzw. entfällt, ist von entscheidender Bedeutung für die rechtliche Würdigung der von Chr. Weber postulierten Regelung im Hinblick auf die Berücksichtigung der Interessen des Arbeitnehmers. Daher ist das Ergebnis dieser Untersuchung richtungweisend für die Bewertung der Praktikabilität des von Chr. Weber eingeschlagenen Lösungsweges.

540 Zu den Voraussetzungen der Einwilligung siehe unten 3. Kap. D. IV. 2. b) aa) (1a) ff.

Inwieweit das Einverständnis des Arbeitnehmers mit dem Nachteil für die Geltendmachung des Widerspruchsgrundes des § 99 Abs. 2 Ziff. 4 durch den Betriebsrat bedeutsam ist, wird nicht einheitlich beantwortet. Insbesondere Chr. Weber[541], aber auch andere Vertreter des Schrifttums[542] sind der Ansicht, daß das Einverständnis des Arbeitnehmers den Verweigerungsgrund des § 99 Abs. 2 Ziff. 4 nicht ausschließe. Denn das Einverständnis des Arbeitnehmers könne nicht verhindern, daß der Arbeitnehmer eine Benachteiligung erfahre, so daß es zum Schutz des von der Maßnahme betroffenen Arbeitnehmers erforderlich sei, daß das Mitbestimmungsrecht des Betriebsrats nach § 99 Abs. 2 Ziff. 4 auch im Falle des Einverständnisses des Arbeitnehmers mit dem Nachteil bestehen bleiben müsse. Diese Feststellung wird aber auch damit begründet, daß der Widerspruchsgrund des § 99 Abs. 2 Ziff. 4 dem Betriebsrat sowohl im Interesse der übrigen Belegschaft als auch im wohlverstandenen Interesse des betroffenen Arbeitnehmers gegeben sei[543], so daß diese Vorschrift nicht zur Disposition des einzelnen Arbeitnehmers stehen könne. Andere wiederum sehen in § 99 Abs. 2 Ziff. 4 ausschließlich eine dem Individualschutz dienende Vorschrift, so daß bei Versetzungen mit Einverständnis des Arbeitnehmers der Zustimmungsverweigerungsgrund des § 99 Abs. 2 Ziff. 4 vom Betriebsrat nicht geltend gemacht werden könne[544]. Das Mitbestimmungsrecht des Betriebsrats bleibe in diesen Fällen jedoch bestehen. Dem Betriebsrat sei es unbenommen, seine Zustimmung zur Versetzung aus anderen Gründen des Abs. 2 (vgl. Ziffern 1, 2, 3, 5 u. 6) zu verweigern.

Zutreffend wird von den Vertretern der zuletzt erwähnten Meinung dargelegt, daß § 99 Abs. 2 Ziff. 4 nur den Schutz des von der Maßnahme betroffenen Arbeitnehmers bezweckt[545]. Selbst wenn es bei diesem Verweigerungsgrund nicht um die Wahrung kollektiver Belange geht, so könnte es doch zweifelhaft sein, ob in Übereinstimmung mit dieser Ansicht dem Einverständnis des Arbeitnehmers mit der

541 Chr. Weber, Anm. zu BAG, v. 26.1.1988, EzA Nr. 58 zu § 99 unt. III. C.

542 Fitting/Auffarth/Kaiser, § 99 Rdnr. 55; Heinze, Personalplanung, Rdnr. 324; Maul-Backer, S. 84.

543 Fitting/Auffarth/Kaiser, § 99 Rdnr. 55; Däubler/Kittner/Klebe, § 99 Rdnr. 94 und 194; Heinze, Personalplanung, Rdnr. 324.

544 ArbG Nürnberg, v. 30.3.1976, ARST, 1978, S. 47; Galperin/Löwisch, § 99 Rdnr. 23, 94; GK-Kraft, § 99 Rdnr. 129, 132; Löwisch, § 99 Rdnr. 30; Stege/Weinspach, §§ 99 - 101 Rdnr. 179 d.

545 Siehe bereits 3. Kap. D. I. 2. b) dd) (2b).

Maßnahme ein Vorrang vor dem Mitbestimmungsrecht des Betriebsrats nach § 99 Abs. 2 Ziff. 4 einzuräumen ist. Dies könnte der Grundkonzeption des Mitbestimmungsrechts bei der Versetzung widersprechen. Allerdings könnte eine Berufung auf den Zustimmungsverweigerungsgrund des § 99 Abs. 2 Ziff. 4 trotz Einverständnisses des Arbeitnehmers mit dem Nachteil insoweit auf Bedenken stoßen, als es fraglich ist, ob das Mitbestimmungsrecht des Betriebsrats gegen den Willen des zu schützenden Arbeitnehmers ausgeübt werden kann.

Zur Klärung dieser Fragen bedarf es im weiteren der Prüfung, in welchem Verhältnis die Entscheidung des einzelnen Arbeitnehmers zu den Mitbestimmungsbefugnissen des Betriebsrats steht.

aa) Das Selbstbestimmungsrecht des von der Maßnahme betroffenen Arbeitnehmers im Verhältnis zu den Mitbestimmungsbefugnissen des Betriebsrats bei der Versetzung

(1) Die freie Entscheidung des Arbeitnehmers als Schranke des Mitbestimmungsrechts

Unumstritten ist, daß es für den Bestand des Mitbestimmungsrechts des Betriebsrats unerheblich ist, ob der Arbeitnehmer mit der personellen Einzelmaßnahme einverstanden ist[546]. Daher kann das Einverständnis des Arbeitnehmers das Beteiligungsrecht des Betriebsrats nach § 99 Abs. 1 nicht beseitigen. Allerdings bleibt zu prüfen, ob das Einverständnis des Arbeitnehmers nicht für die Ausübung des Mitbestimmungsrechts von Bedeutung ist. Anhaltspunkte für diese Überlegung könnten aufgrund der Tatsache bestehen, daß der Betriebsrat als gewähltes Kollektivorgan nicht nur Sachwalter der konkreten Interessen aller Arbeitnehmer des Betriebes ist, sondern auch im Interesse des von der

546 Allg. M. zur betriebsinternen Versetzung, vgl. insbes. BAG, v. 18.2.1986, BB 1986, S. 205 ff.; LAG Hamm, v. 11.5.1979, EzA Nr. 27 zu § 99; Dietz/Richardi, § 99 Rdnr. 90 ff.; Fitting/Auffarth/Kaiser, § 99 Rdnr. 21 und 29; GK-Kraft, § 99 Rdnr. 68; siehe weitere Nachweise im 3. Kap. B. I. 4. a).

Versetzungsmaßnahme betroffenen Arbeitnehmers tätig wird[547]. Demgemäß könnte es fraglich sein, ob die Befugnis zur Geltendmachung eines individualschutzorientierten Zustimmungsverweigerungsgrundes i. S. des § 99 Abs. 2 entgegen dem erklärten Willen (ausdrücklich oder konkludent) des von dem Betriebsrat repräsentierten Arbeitnehmers überhaupt noch mit der Aufgabe der Interessenvertretung zu vereinbaren ist. Denn die Verweigerung der Zustimmung gemäß § 99 Abs. 2 Ziff. 4 gegen den Willen des Arbeitnehmers könnte insoweit vom Aufgabenbereich des Betriebsrats nicht mehr erfaßt und mithin rechtsmißbräuchlich sein. Es läge die Schlußfolgerung nahe, daß die Ausübung des Mitbestimmungsrechts eine Begrenzung durch die Interessen des Arbeitnehmers erführe, so daß er bei Ausübung dieser Befugnis an die Wahrung der Interessen des Arbeitnehmers gebunden wäre. Ob der Ausübung des Mitbestimmungsrechts durch das Einverständnis des Arbeitnehmers mit der Maßnahme eine rechtliche Grenze gesetzt ist, läßt sich nur dann sachgerecht beurteilen, wenn zuvor festgestellt worden ist, welcher Maßstab der Ausübung des Mitbestimmungsrechts zugrunde liegt und inwiefern das Interesse des Einzelnen eine rechtliche Begrenzung darstellen kann.

(a) Maßstab und Begrenzung der Ausübung des Mitbestimmungsrechts bei der Versetzung

Wie bereits dargelegt, dient das Mitbestimmungsrecht bei Versetzungen des Betriebsrats sowohl dem Schutz der Interessen der Belegschaft als auch der Wahrnehmung der Interessen des von der Personalmaßnahme betroffenen Arbeitnehmers[548]. Dies hat zur Konsequenz, daß die dem Betriebsrat verliehenen Rechte nicht dessen eigenen Interessen dienen, sondern funktionsgebunden sind[549]. Somit nimmt der Betriebsrat als Repräsentant aller Arbeitnehmer des Betriebes[550] stellvertretend die

547 Richardi, DB 1974, S. 1285 (1289).

548 Vgl. schon 3. Kap. D. I. 2. b) dd).

549 Hierüber besteht von der tatsächlichen Funktion des Betriebsrats her gesehen weitgehend Einigkeit, wenn auch die "Rechtsnatur" des Betriebsrats umstritten ist. Vgl. z. B. Rüthers, S. 8, 31.

550 Galperin/Löwisch, Vor § 74 Rdnr. 7; siehe auch 3. Kap. D. III. 4. a).

vom BetrVG 1972 zugestandenen Beteiligungsrechte (Mitbestimmungs- und Mitwirkungsrechte) wahr. Dies ist erforderlich, da die Arbeitnehmer, die in einem persönlichen und wirtschaftlichen Abhängigkeitsverhältnis zu ihrem Arbeitgeber stehen, oftmals nicht in der Lage sein werden, ihre Interessen hinreichend gegenüber dem Arbeitgeber durchzusetzen, so daß sie des Schutzes durch den Betriebsrat bedürfen, der die Interessen der Arbeitnehmer - typischerweise - besser wahrnehmen kann[551]. Bei der Ausübung des Beteiligungsrechts ist der Betriebsrat unabhängig von Weisungen der Arbeitnehmer[552], insbesondere hat der einzelne Arbeitnehmer - wie festgestellt - keinen Anspruch auf ein konkretes Tätigwerden des Betriebsrats[553]. Im Hinblick auf eine geplante Personalmaßnahme hat der Betriebsrat ein Vetorecht, das an das Vorliegen der Zustimmungsverweigerungsgründe des § 99 Abs. 2 gebunden ist, wobei er vornehmlich auf eine Rechtsprüfung beschränkt ist[554]. Zu beachten ist jedoch, daß dem Betriebsrat für die Frage, inwieweit die Zustimmung zur Maßnahme zu verweigern ist, ein Erschließungs- und Beurteilungsspielraum aufgrund des umfangreichen Kataloges der Zustimmungsverweigerungsgründe sowie deren unbestimmte inhaltliche Umschreibung zu gewähren ist[555]. Des weiteren ergeben sich Maßstäbe für die Ausübung des Mitbestimmungsrechts sowie immanente Schranken der betriebsverfassungsrechtlichen Regelungskompetenz aus den in der Vorschrift des § 75 Abs. 1 und 2 niedergelegten Grundsätzen[556]. Die Vorschrift des § 75 zählt dabei zu den wichtigsten Auslegungs- und Anwendungsregeln des BetrVG 1972[557].

---

551 Siehe zum erwähnten Problemkreis Ausführungen im 3. Kap. D. III. 2. a) bb).

552 Galperin/Löwisch, Vor § 74 Rdnr. 7.

553 Siehe bereits oben 3. Kap. D. II. 3. b) bb) (2b).

554 Richardi, ZfA Sonderheft-1972, S. 12: Dies schließt jedoch die Möglichkeit einer Beratung über die Zweckmäßigkeit der beabsichtigten Maßnahme nicht aus; der Betriebsrat hat hier sogar die Aufgabe gemäß § 80 Abs. 1 Nr. 2, und der Arbeitgeber muß mit ihm hierüber gemäß § 74 Abs. 1 S. 2 verhandeln. Mitbestimmungsrechtlich relevant sind jedoch nur die in § 99 Abs. 2 abschließend genannten Gründe.

555 Dietz/Richardi, § 99 Rdnr. 145.

556 Dietz/Richardi, § 75 Rdnr. 1; Galperin/Löwisch, § 75 Rdnr. 2; Däubler/Kittner/Klebe, § 75 Rdnr. 1; Fitting/Auffarth/Kaiser, § 75 Rdnr. 19.

557 Fitting/Auffarth/Kaiser, § 75 Rdnr. 1; Wlotzke, § 75 Rdnr. 1; weitergehender Dietz/Richardi, § 75 Rdnr. 1, der in der Vorschrift des § 75 neben dem Gebot der vertrauensvollen Zusammenarbeit in § 2 Abs. 1 die Magna Charta des BetrVG 1972 sieht.

(aa) Die Grundsätze des § 75 Abs. 1

Aus § 75 Abs. 1 folgt im einzelnen, daß der Betriebsrat neben dem Arbeitgeber darüber zu wachen hat, "daß alle im Betrieb tätigen Personen nach den Grundsätzen von Recht und Billigkeit zu behandeln sind". Insbesondere wird der Betriebsrat durch die Vorschrift des § 75 Abs. 1 verpflichtet, im Rahmen der Interessenabwägung alle Arbeitnehmer des Betriebes entsprechend dem arbeitsrechtlichen Gleichheitsgrundsatz[558] gleich zu behandeln.

(bb) Die Grundsätze des § 75 Abs. 2

Mit dem 1977 eingefügten Abs. 2 wollte der Gesetzgeber "der allgemeinen Forderung nach einer verstärkten Berücksichtigung der Persönlichkeitsrechte auch im Arbeitsleben" dadurch Rechnung tragen, "daß Arbeitgeber und Betriebsrat auf den Schutz der Persönlichkeit des einzelnen Arbeitnehmers und der freien Entfaltung seiner Persönlichkeit verpflichtet werden"[559]. Schutz und Verwirklichung der Arbeitnehmerpersönlichkeit wurden somit erstmals als Aufgabe des Arbeitsrechts gesetzlich normiert.

Da Schutzgut der Norm die freie Entfaltung der Persönlichkeit des betriebsangehörigen Arbeitnehmers ist, knüpft Abs. 2 an die grundrechtliche Wertung des Art. 2

558 Zum Grundsatz der Gleichbehandlung, der im gesamten Arbeitsrecht gilt, vgl. ausführlich Mayer-Maly, AR-Blattei Gleichbehandlung I; Zöllner/Loritz, ArbeitsR, § 17. Zur Reichweite der Gleichbehandlungspflicht nach § 75 Abs. 1 ist zu beachten, daß dieser Grundsatz der Sache nach nicht so weit geht wie der allgemeine Gleichheitsgrundsatz, der Ungleichbehandlung nicht nur im Hinblick auf die in § 75 ausdrücklich genannten Umstände, sondern umfassend verbietet. Auf der anderen Seite geht § 75 über den allgemeinen Gleichbehandlungsgrundsatz insofern hinaus, als er eine auf einzelvertraglicher Zustimmung beruhende Benachteiligung oder Bevorzugung, die unter Geltung des allgemeinen Gleichbehandlungsgrundsatzes zulässig ist, nicht vorsieht.

559 Begründung zum RegE, BT-Drucks. VI/1786, S. 46; vgl. zur Entstehungsgeschichte des § 75 Abs. 2 ausführlich Hallenberg, S. 11 ff.

Abs. 1 GG ("jeder hat das Recht auf freie Entfaltung seiner Persönlichkeit") an. Insofern ist § 75 Abs. 2 als arbeitsrechtliche Umsetzung und Konkretisierung der durch Art. 2 Abs. 2 GG bestimmten Wertordnung des Grundgesetzes zu verstehen. Eine unmittelbare Bindung von Arbeitgeber und Betriebsrat[560] an das Grundrecht der im Betrieb beschäftigten Arbeitnehmer ordnet § 75 Abs. 2 jedoch nicht an[561]. Vielmehr wird vom Wortlaut des § 75 Abs. 2 her das Recht auf freie Entfaltung der Persönlichkeit vorausgesetzt, indem eine Verpflichtung für den Arbeitgeber und Betriebsrat zum Schutz der Persönlichkeitsentfaltung des betriebsangehörigen Arbeitnehmers formuliert wird. Denn "Schutz" bezieht sich primär auf etwas Vorhandenes, dessen Substanz vor Veränderung bewahrt werden soll. Darüber hinaus geht aus der in Abs. 2 niedergelegten Pflicht zur Förderung der freien Persönlichkeitsentfaltung hervor, daß das Recht auf freie Persönlichkeitsentfaltung mithin (auch) als etwas noch nicht Vorhandenes, sondern erst zu Schaffendes zu verstehen ist[562]. Insofern geht die Förderungspflicht des § 75 Abs. 2 über das in Art. 2 S. 1 GG geschützte allgemeine Persönlichkeitsrecht sowie das privatrechtliche Recht zur freien Persönlichkeitsentfaltung hinaus, denen eine solche Pflicht nicht immanent ist[563]. Subjektive Rechte werden allerdings weder durch Abs. 1 noch durch Abs. 2 der Vorschrift des § 75 begründet[564]. Die im einzelnen als Schutz- und Förderungspflichten gekennzeichneten Pflichten des § 75 Abs. 2 stellen lediglich Amtspflichten für die Normadressaten dar.

Soweit es um die Verwirklichung des Schutzauftrages des § 75 Abs. 2 geht, haben Arbeitgeber und Betriebsrat zunächst dafür Sorge zu tragen, daß das allgemeine Persönlichkeitsrecht des Arbeitnehmers bei den Einzelmaßnahmen (z.B.

---

560 Als Normadressaten kommen neben Arbeitgeber und Betriebsrat aber auch das einzelne Betriebsratsmitglied in Betracht.

561 GK-Kreutz, § 75 Rdnr. 56; Dietz/Richardi, § 75 Anm. 37; Fitting/Auffarth/Kaiser, § 75 Rdnr. 21; Löwisch, AuR 1972, S. 359.

562 Zutreffend Hallenberger, S. 50.

563 Allgemein wird Art. 2 Abs. 1 GG als "Abwehrrecht" verstanden; vgl. etwa Nipperdey, in: Bettermann/Nipperdey, Bd. IV/2, S. 742; zum privatrechtlichen Persönlichkeitsrecht vgl. ebenda, S. 828.

564 Überwiegende Meinung: Pouyadou, S. 188; ebenso wohl auch Wiese, RdA 1973, S. 1 (3); GK-Kreutz, § 75 Rdnr. 19, 20, 68; Nikisch, ArbeitsR Bd. I, S. 477; Schwerdtner, ZfA 1979, S. 1 (9); a. A. aber Galperin/Löwisch, § 75 Rdnr. 48; Löwisch, AuR 1972, S. 359 (364); Hallenberger, S. 126 ff.; Fitting/Auffarth/Kaiser, § 75 Rdnr. 21 a: Anspruch gegenüber dem Arbeitgeber, nicht jedoch gegenüber dem Betriebsrat.

Ausübung des Direktionsrechts durch den Arbeitgeber) oder bei personellen Einzelmaßnahmen beachtet wird. Insoweit haben sie bei der Durchführung ihrer Maßnahmen alles zu unterlassen, was die Persönlichkeitsrechte rechtswidrig beeinträchtigt. Die Verpflichtung deckt sich dabei mit dem Charakter der Persönlichkeitsrechte als Abwehrrechte gegen rechtswidrige Eingriffe von Privatpersonen[565].

Die Pflicht zur Förderung der freien Entfaltung der Persönlichkeit des betriebsangehörigen Arbeitnehmers geht demgegenüber weit über die Schutzpflicht hinaus, indem sie für Arbeitgeber und Betriebsrat die Verpflichtung enthält, auf eine positive Gestaltung der Arbeitsbedingungen im Interesse der freien Persönlichkeitsentfaltung hinzuwirken. Im Unterschied zur Schutzpflicht, die gerade an die vorhandenen Persönlichkeitsrechte anknüpft, bezieht sich die Förderungspflicht auf die freie Entfaltung der Persönlichkeit als noch zu erreichendes Ziel[566]. Da die freie Entfaltung der Persönlichkeit ein Ausdruck der allgemeinen Handlungsfreiheit des Art. 2 Abs. 1 GG ist[567], zielt die Förderungspflicht darauf hin, der Handlungs- und Entscheidungsfreiheit des Arbeitnehmers im Betrieb mehr Raum zu belassen. Insoweit soll der Arbeitnehmer trotz seiner Gleichstellung im Betrieb, der Fremdbestimmung seiner Arbeitsleistung und seiner Einbindung in die Sachzwänge der betrieblichen Abläufe nicht als bloßes Objekt behandelt werden, sondern Subjekt des Betriebs- und Arbeitsablaufs bleiben[568]. Dies bedeutet, daß der Arbeitnehmer nicht zum reinen Produktionsmittel werden darf, über das verfügt, entschieden und Kontrolle ausgeübt wird. Vielmehr gebietet diese Zielnorm, daß der Arbeitnehmer in die Lage versetzt wird, über sich und sein Schicksal selbst zu bestimmen.

Entsprechend der Förderungspflicht des § 75 Abs. 2 ist es Aufgabe des Betriebsrats, bei seinen Maßnahmen das Recht einer rationalen Selbstbestimmung des betriebsangehörigen Arbeitnehmers zu fördern[569]. Die Förderungspflicht kann so weit gehen, daß von der Mitbestimmungshandlung des Betriebsrats abzusehen ist, um

---

565 Vgl. Nipperdey, in: Bettermann/Nipperdey, Bd. IV/2, S. 828.

566 Zutreffend Hallenberger, S. 50.

567 Unbestritten BVerfGE 6, 32 (36); Maunz/Zippelius, StaatsR, § 24 I; Dürig, in: Maunz/Dürig, Art. 2 Abs. 1 GG Rdnr. 9; Nipperdey, in: Bettermann/Nipperdey, Bd. IV/2, S. 741 ff. (768).

568 Weiss, § 75 Anm. 6.

569 Richardi, Betriebsverfassung und Privatautonomie, S. 25.

die Privatautonomie einzelner Arbeitnehmer zu erhalten[570]. Denn die in § 75 Abs. 2 niedergelegten Prinzipien haben zur Folge, daß die Ausübung des Mitbestimmungsrechts das höchstmögliche Maß an persönlicher Selbstbestimmung des Arbeitnehmers zu ermöglichen hat[571]. Mithin ist nicht zu formulieren, daß die betriebsverfassungsrechtliche Mitbestimmungsordnung eine Schranke der Privatautonomie darstellt[572], sondern es ist umgekehrt das Selbstbestimmungsrecht als Grenze des Mitbestimmungsrechts aufzufassen, wobei der Arbeitnehmer es nicht dazu einsetzen darf, die individuelle Rechtsstellung anderer Arbeitnehmer zu beeinträchtigen[573].

Für die eingangs aufgeworfene Frage, ob das Einverständnis des Arbeitnehmers mit der nachteiligen Versetzung das Zustimmungsverweigerungsrecht des Betriebsrats nach § 99 Abs. 2 Ziff. 4 verdrängt oder bestehen läßt, hat die Zielvorgabe des § 75 Abs. 2 zur Konsequenz, daß der Betriebsrat seine Mitbestimmungsbefugnisse nach § 99 Abs. 2 Ziff. 4 beim Einverständnis des Arbeitnehmers mit der Versetzung nicht ausüben darf. Denn es ist ihm untersagt, die Interessen des einzelnen Arbeitnehmers gegen dessen Willen wahrzunehmen. Es gehört zum Recht der persönlichen Entfaltungsfreiheit des Arbeitnehmers, selbst über sein berufliches Fortkommen entscheiden zu können. Dies schließt auch die Entscheidungsfreiheit darüber ein, wie er die ihm eingeräumte Freiheit im Betrieb zu nutzen gedenkt. So ist es auch Ausdruck seiner Handlungs- und Entscheidungsfreiheit, wenn der Arbeitnehmer sich im Einzelfall dazu entschließt, einer nachteiligen Versetzung, d. h. einer Verschlechterung seiner Arbeitsbedingungen, zuzustimmen. Voraussetzung hierfür ist jedoch, daß das Einverständnis des Arbeitnehmers zu der Versetzung in Kenntnis der Sachlage[574] und frei von Druck erfolgt ist[575]. Des weiteren muß sich

570 Vgl. auch Dietz/Richardi, § 75 Anm. 41, GK-Kreutz, § 75 Rdnr. 86.

571 Richardi, Betriebsverfassung und Privatautonomie, S. 27; siehe schon oben 3. Kap. D. IV. 2. b) aa) (1a).

572 Dietz/Richardi, § 75 Rdnr. 40.

573 So auch Belling, DB 1982, S. 2516.

574 Als einseitige Willenserklärung finden die Normen über RGe auf die Einverständniserklärung Anwendung. Dies betrifft insbes. die Vorschriften über Willensmängel (§§ 116 ff. BGB): Unterliegt der das Einverständnis erteilende Arbeitnehmer einem Irrtum über die Bedeutung und Tragweite der Erklärung, so liegt ein Inhaltsirrtum gem. § 119 Abs. 1 1. Fall BGB vor. Der Erklärende ist daher zur Anfechtung der Einverständniserklärung berechtigt, vgl. § 119 Abs. 1 BGB. Eine Anfechtung hat gem. § 142 Abs. 1 BGB zur Folge, daß das RG von Anfang an als nichtig anzusehen ist.

die Einwilligung an §§ 134, 138 BGB sowie an den Wertungen des Grundgesetzes messen lassen. Sind diese Voraussetzungen jedoch gegeben - liegt also ein wirksames Einverständnis vor -, dann hat der Betriebsrat den freien Entschluß des Arbeitnehmers zum Einverständnis mit der ihn benachteiligenden Versetzungsmaßnahme zu respektiven, um den aus § 75 Abs. 2 resultierenden Pflichten (Schutz- und Förderungspflicht) Genüge zu tun. Übte der Betriebsrat indes das Mitbestimmungsrecht gegen den Willen des betroffenen Arbeitnehmers aus, so stellte dies eine Bevormundung dar[576], wenn nicht sogar dessen partielle Entmündigung. Dies machte ihn zum Objekt des Betriebsablaufs, was nicht nur der in Art. 1 GG geschützten Menschenwürde widerspräche, sondern auch dem Gedanken des § 75 Abs. 2 entgegenstünde, wonach es gerade Ziel der Ausübung des Mitbestimmungsrechts sein soll, das Recht der persönlichen Selbstentfaltung des Arbeitnehmers zu schützen und zu fördern.

Nach alledem kann festgestellt werden, daß sich aus der Zielnorm des § 75 Abs. 2 ergibt, daß das Mitbestimmungsrecht seine Grenzen im Selbstbestimmungsrecht des Arbeitnehmers findet. Demgemäß kann der Betriebsrat die Individualinteressen einzelner Arbeitnehmer nicht gegen ihren Willen durchsetzen, d. h. eine Verweigerung der Zustimmung gemäß § 99 Abs. 2 Ziff. 4 wird bei einem auf freiem Entschluß basierenden Einverständnis mit der nachteiligen Versetzung rechtsmißbräuchlich.

(b) Fehlendes Schutzbedürfnis des Arbeitnehmers beim Einverständnis mit der Maßnahme

Wenn der genannten Gesetzesstelle auch ein erkennbarer Vorrang des Einverständnisses des Arbeitnehmers gegenüber der Geltendmachung des § 99 Abs. 2 Ziff. 4 durch den Betriebsrat zu entnehmen ist, so stellt sich jedoch weiterhin die Frage, ob der Arbeitnehmer nicht auch beim Einverständnis mit der nachteiligen

575 Vgl. Palandt-Thomas, § 823 BGB Rdnr. 43: Eine Einwilligung muß freiwillig sein. Hieran fehlt es, wenn sie durch Gewalt, Drohung, Zwang oder arglistige Täuschung herbeigeführt wird.

576 Arg. v. Dietz/Richardi, § 75 Rdnr. 2.

Versetzung des Schutzes durch das Mitbestimmungsrecht des Betriebsrats bedarf. Ein Schutzbedürfnis des Arbeitnehmers trotz Einverständnisses mit dem Nachteil i. S. des § 99 Abs. 2 Ziff. 4 könnte insoweit nicht auszuschließen sein, als die Zustimmung zur nachteiligen Versetzung nicht immer auf einem freien Entschluß des Arbeitnehmers basieren muß. Dies zeigt sich beispielsweise dann, wenn dem Arbeitnehmer durch den Arbeitgeber wirtschaftliche Nachteile angedroht worden sind (z.B. die Kündigung des Arbeitsverhältnisses), falls er sich der Versetzung widersetzen werde. Ohne Beteiligung des Betriebsrats wäre der Arbeitnehmer hier schutzlos dem Willen des Arbeitgebers ausgesetzt. Des weiteren könnte der Schutz durch den Betriebsrat auch dann geboten sein, wenn der Arbeitnehmer die Zustimmung zur Versetzung mangels Kenntnis der Nachteile erteilt hat.

Der Befürchtung, daß der Arbeitnehmer in den geschilderten Fällen ohne Mitwirkung des Betriebsrats schutzlos wäre, kann jedoch dadurch begegnet werden, daß bereits ein nicht wirksames Einverständnis des Arbeitnehmers zur Versetzung vorliegt. Denn ein Einverständnis kann - wie schon dargelegt - unter Druck sowie bei fehlender Kenntnis der Sachlage nicht rechtswirksam zustande kommen. Dementsprechend hat der Arbeitnehmer jederzeit die Möglichkeit, die Rechtsungültigkeit des Einverständnisses zur Versetzung, d. h. letztlich also die individuelle Unwirksamkeit der Versetzungsmaßnahme, vor dem Arbeitsgericht geltend zu machen, so daß er ausreichend geschützt ist. Jedoch auch dann, wenn ein wirksames Einverständnis zur Versetzungsmaßnahme vorliegt, ist es denkbar, daß der Arbeitnehmer die Zustimmung zur nachteiligen Versetzung aus Sorge um den Bestand seines Arbeitsverhältnisses erteilt hat. In diesem Fall hat zwar kein unmittelbarer Druck seitens des Arbeitgebers zur Erteilung der Zustimmung geführt, die Entscheidungsfindung ist allerdings spürbar durch die starke Rechtsstellung des Arbeitgebers gegenüber dem Arbeitnehmer beeinflußt worden. Es ist nicht auszuschließen, daß der Arbeitnehmer aufgrund des wirtschaftlichen Abhängigkeitsverhältnisses zum Arbeitgeber nicht in der Lage war, seine wahren Interessen gegenüber dem Arbeitgeber durchzusetzen. Demzufolge könnte es in diesem speziellen Fall erforderlich sein, daß das Mitbestimmungsrecht des Betriebsrats zum Schutz der Interessen des Arbeitnehmers zur Anwendung käme.

Insoweit könnte man zur Schlußfolgerung geneigt sein, daß selbst bei Einverständnis des Arbeitnehmers mit dem Nachteil nicht von vornherein auszuschließen ist, daß der betroffene Arbeitnehmer benachteiligt wird. Aus diesem Grund könnte die Meinung zu vertreten sein, daß auch bei Einverständnis des Arbeitnehmers mit dem Nachteil der Schutz des Arbeitnehmers durch den Betriebsrat gemäß § 99 Abs. 2 Ziff. 4 nicht entbehrlich ist. Bei diesem Ergebnis würde allerdings nicht hinreichend berücksichtigt, daß eine Bejahung der persönlichen Selbstentfaltungsfreiheit des Arbeitnehmers im Betrieb, deren Schutz und Förderung das Gesetz gemäß § 75 Abs. 2 den Betriebsparteien ausdrücklich auferlegt, andererseits - naturgemäß - auch Raum zu Mißbrauch und Mißlingen der gewährten Freiheit beläßt. Dem groben Mißbrauch (besonders Gesetz- oder Sittenverstoß) wird bereits dadurch entgegengetreten, daß das Gesetz Schranken errichtet gegen die Schädigung und Ausbeutung anderer, um so die Selbstbestimmung zur Wirkung kommen zu lassen. Im übrigen ist vor allem im Vertragsrecht die Einsicht gewachsen, daß die Sicherung des Selbstbestimmungsrechts, das insbesondere im Arbeitsvertragsrecht wegen der Machtungleichheit der vertragsschließenden Parteien (Arbeitgeber und Arbeitnehmer) nicht gewährleistet ist, gewisse Freiheitsbeschränkungen erforderlich mache[577]. Wollte man jedoch jeden Mißbrauch und auch das Mißlingen ausschalten, so bedeutete dies, daß man zum einen die Möglichkeiten des Rechts der freien Selbstgestaltung des Lebens verkannte, zum anderen den einzelnen Menschen als grundsätzlich autonomes Wesen einer unerträglichen Reglementierung zuführte[578], wobei dies dem gesetzlich eingeräumten Recht auf freie Selbstgestaltung des Lebens maßgeblich widerspräche. Demgemäß erfordert das Recht auf die Selbstbestimmung zwar, daß dafür Sorge zu tragen ist, daß die Freiheit vor unzulässigen Beeinträchtigungen geschützt wird, gänzlich läßt sich einem Mißbrauch bzw. einem Mißlingen der Freiheit rechtlich nicht begegnen. Insofern hat man bei Anerkennung der Freiheit der persönlichen Selbstentfaltung einen Mißbrauch derselben als mögliche Folgeerscheinung in Rechnung zu stellen.

Dies ist im Sinne eines "kleineren Übels" in Kauf zu nehmen, um die Selbstbestimmungsfreiheit des Einzelnen zu gewährleisten. Demzufolge kann der Ansicht, daß dem Betriebsrat das Zustimmungsverweigerungsrecht gemäß § 99 Abs. 2 Ziff. 4 selbst bei Einverständnis des Arbeitnehmers mit der Versetzung nicht zu entziehen sei[579], entgegengebracht werden, daß der Gefahr einer Reglementierung des Arbeitnehmers durch den Betriebsrat größere Beachtung beizumessen ist als der Gefahr, daß der Arbeitnehmer wegen des wirtschaftlichen Ungleichgewichts

---

577 Siehe Ausführungen hierzu im 3. Kap. D. III. 2. a) bb).

578 Merz, S. 21.

579 Diese Ansicht wird insbes. von Chr. Weber, Anm. III c zu BAG, v. 26.1.1988, EzA Nr. 58 zu § 99 vertreten.

zwischen Arbeitnehmer und Arbeitgeber nicht ausreichend in der Lage ist, seine eigentlichen Interessen durchzusetzen. Mithin ist dem Selbstbestimmungsrecht stets Vorrang vor den Mitbestimmungsbefugnissen des Betriebsrats einzuräumen. Dies hat zur Folge, daß bei einem wirksam erteilten Einverständnis des Arbeitnehmers mit einer ihn benachteiligenden Versetzung das Mitbestimmungsrecht des Betriebsrats gem. § 99 Abs. 2 Ziff. 4 nicht zur Anwendung gelangen kann.

Im übrigen ist zu bedenken, daß der Selbstbestimmung als rechtlichem Grundwert die Schranke der Selbstverantwortung immanent ist[580]. Darunter ist unter anderem zu verstehen[581], daß der Handelndc für seine selbstbestimmte Handlung auch dann einzustehen hat, wenn sie für ihn ungünstig ist. Entscheidet sich der Arbeitnehmer somit aus freien Stücken für die Zustimmung zu einer ihn benachteiligenden Versetzungsmaßnahme, so ist er für die nachteiligen Auswirkungen selbst verantwortlich.

Nach alledem läßt sich feststellen, daß der Arbeitnehmer bei (wirksamem) Einverständnis mit dem Nachteil nicht des Schutzes durch das Zustimmungsverweigerungsrecht des Betriebsrats gem. § 99 Abs. 2 Ziff. 4 bedarf.

(2) Vorrang des Einverständnisses des Arbeitnehmers zum Schutz vor einem Mißbrauch der Mitbestimmungsbefugnisse

Nach dem BetrVG 1972 werden viele Rechtspositionen des Arbeitnehmers, vor allem bei den personellen Einzelmaßnahmen, ausschließlich vom Betriebsrat wahrgenommen. Somit ist das "Prinzip der Selbstbestimmung", von dem unsere Privatrechtsordnung ausgeht, im Bereich der Betriebsverfassung teilweise vom Arbeitnehmer auf den Betriebsrat verlagert worden. Entsprechend der Zweckbestimmung des Mitbestimmungsrechts soll es dem Betriebsrat jedoch nicht möglich sein, seine Mitwirkungsbefugnisse so einzusetzen, daß das Recht des einzelnen Arbeitnehmers auf persönliche Selbstbestimmung beseitigt wird[582]. Vielmehr hat das Mitbestim-

---

580 Merz, S. 11. Schmidt-Rimpler, S. 18; Flume, Allg. T. Bd. II, S. 59 ff.

581 Larenz, Allg. T. des SchuldR, § 20 I.

582 Vgl. oben 3. Kap. D. III. 2. a) cc).

mungsrecht im Gegenteil die Privatautonomie zu ermöglichen[583], indem es den sozialen Ungleichheiten begegnet, d. h. der ungleichen Machtverteilung im Verhältnis zwischen Arbeitgeber und Arbeitnehmer, um dem einzelnen Arbeitnehmer einen größeren Freiheitsraum gegenüber dem Arbeitgeber zu verschaffen. Der Betriebsrat als gewähltes Kollektivorgan ist also Sachverwalter der Interessen der Arbeitnehmer, was bedeutet, daß die Beschäftigtenvertretung nicht nur in deren Vertretung, sondern auch in deren Interesse tätig wird[584].

Dies schließt jedoch nicht aus, daß der Arbeitnehmer im Einzelfall der Gefahr eines Mißbrauchs der dem Betriebsrat zugestandenen Rechte ausgesetzt ist. Es sind durchaus Fälle denkbar, in denen der Betriebsrat sein Mitbestimmungsrecht nicht im Interesse des Belegschaftsmitgliedes ausübt[585]. In der Regel wird der Betriebsrat zwar das wohlverstandene Interesse des einzelnen Arbeitnehmers im Auge haben, dies kann aber ausnahmsweise nicht der Fall sein[586]. Vor allem bei individuellen Mitwirkungen des Betriebsrats kann eine Entscheidung auch zum Nachteil des Arbeitnehmers ausfallen, mit der bisweilen die Bevorzugung eines anderen Arbeitnehmers verbunden ist[587]. Beispielsweise kann sich der Betriebsrat in der Ausübung des Mitbestimmungsrechts im Rahmen der personellen Einzelmaßnahmen gemäß § 99 Abs. 1 unterschiedlich intensiv für die Belange einzelner Arbeitnehmer einsetzen. Er kann bei einem Arbeitnehmer einer Maßnahme ausdrücklich oder konkludent zustimmen, bei einem anderen jedoch seine Zustimmung verweigern. Eine unterschiedliche Behandlung kann sich auch dadurch ergeben, daß ein gewerkschaftlich gebundener Betriebsrat sich für die Interessen eines nicht gewerkschaftsangehörigen Arbeitnehmers einsetzen soll.

Die Gefahr des Mißbrauchs des Mitbestimmungsrechts zuungunsten des Arbeitnehmers ist also von zentraler Bedeutung in der modernen Industriegesellschaft und als Folgeerscheinung der dem Betriebsrat vom BetrVG 1972 zugestandenen starken Machstellung zu verstehen. Der Gesetzgeber selbst hat eine Gefährdung der Interessen des Arbeitnehmers durch den Betriebsrat offenbar nicht vorausgesehen, denn das BetrVG 1972 enthält keine Rechtsvorschrift, die dem einzelnen Arbeitnehmer

583 Vgl. oben 3. Kap. D. III. 2. a) bb), IV. 2. b) aa) (1a).

584 Rüthers, S. 8 (11).

585 Rüthers, a.a.O.

586 Rüthers, a.a.O.

587 Hanau, RdA 1973, S. 288.

einen Rechtsanspruch einräumte, sich gegen den Betriebsrat zu schützen oder zur Wehr zu setzen[588]. Nach hier vertretender Meinung ist dem Arbeitnehmer insbesondere auch kein Antragsrecht zum arbeitsgerichtlichen Beschlußverfahren (§ 99 Abs. 4) zu gewähren[589].

Das Verfahren nach § 23 Abs. 1, wonach mindestens ein Viertel der wahlberechtigten Arbeitnehmer beim Arbeitsgericht den Ausschluß eines Mitglieds aus dem Betriebsrat oder die Auflösung des Betriebsrats wegen grober Verletzung seiner gesetzlichen Pflichten beantragen kann, ermöglicht dem betroffenen Arbeitnehmer keinen adäquaten Interessenschutz[590]. Auch deliktische Ansprüche des Arbeitnehmers gegen den Betriebsrat stellen kein geeignetes Schutzinstrumentarium für den betroffenen Arbeitnehmer dar[591]. Denn der deliktische Haftungsprozeß vermag weder in seinen Voraussetzungen noch in seiner Zielsetzung diese Aufgabe zu erfüllen[592]. Im übrigen ist auch der Arbeitgeber, vor dem der Arbeitnehmer normalerweise durch die Beteiligungsrechte des Betriebsrats geschützt werden soll, nicht der geeignete Adressat, um eine Unterstützung gegen den Betriebsrat zu erlangen[593]. Denn nur in wenigen Fällen besteht aufgrund der arbeitsvertraglichen Fürsorgepflicht ein entsprechender Rechtsanspruch des Arbeitnehmers gegen den Arbeitgeber, die Rechtsverletzungen des Betriebsrats abzuwehren[594].

Damit bleibt festzustellen, daß die Möglichkeiten des Arbeitnehmers, sich vor einen Mißbrauch der Befugnisse des Betriebsrats zu schützen, unzureichend sind. Würde man in dem geschilderten Fall, in dem der Betriebsrat trotz Einverständnisses des Arbeitnehmers die Zustimmung zur Versetzung wegen eines Nachteils für den betroffenen Arbeitnehmer gem. § 99 Abs. 2 Ziff. 4 verweigert,

---

588 Blomeyer, S. 168.

589 Vgl. oben 3. Kap. D. II. 3. b) aa) (1).

590 Blomeyer, S. 169: Es ist schon zweifelhaft, ob die Voraussetzungen des § 23 auf den hier geschilderten Konfliktfall zwischen Betriebsrat und Arbeitnehmer zutreffen. Denn die Beeinträchtigung eines Arbeitnehmers durch den Betriebsrat wird kaum ein Viertel der Arbeitnehmerschaft, den Arbeitgeber bzw. die Gewerkschaft zur Antragstellung veranlassen.

591 Blomeyer, a.a.O.

592 Siehe im einzelnen hierzu Blomeyer, S. 168, 169.

593 Vgl. Blomeyer, S. 169 unter Berufung auf Biedenkopf, DB 1972, S. 1513, 1516.

594 Etwa in den Fällen der Verletzung von Persönlichkeitsrechten i. S. d. § 75 Abs. 2 vgl. schon oben 3. Kap. D. IV. 2. b) aa) (1a) ff.

dem Einverständnis des Arbeitnehmers keinen Vorrang vor dem Mitbestimmungsrecht des Betriebsrats gem. § 99 Abs. 2 Ziff. 4 einräumen, so bedeutete dies für den Arbeitnehmer, daß er im Einzelfall einem möglichen Machtmißbrauch durch den Betriebsrat gänzlich schutzlos ausgesetzt wäre. Damit würde einer Objektstellung des einzelnen Arbeitnehmers in der Betriebsverfassung Vorschub geleistet. Dies widerspräche jedoch den erklärten Zielen der Reform[595] des BetrVG 1972, deren Zweck es gerade war, den Arbeitnehmer vom Objekt zum Subjekt des betrieblichen Geschehens zu machen[596].

Insofern läßt sich die Feststellung treffen, daß die Vorrangstellung des Einverständnisses gegenüber der Ausübung des Mitbestimmungsrechts unter Berufung auf § 99 Abs. 2 Ziff. 4 auch zum Schutz des Arbeitnehmers vor einem Mißbrauch der Befugnisse des Betriebsrats geboten ist.

bb) Auswirkungen der Vorrangstellung des Einverständnisses auf die Ausübung des Mitbestimmungsrechts gemäß § 99 Abs. 2 Ziff. 4

Da dem Einverständnis des Arbeitnehmers[597] mit der ihn benachteiligenden Versetzung aus genannten Gründen[598] ein Vorrang gegenüber der Geltendmachung des Zustimmungsverweigerungsgrundes des § 99 Abs. 2 Ziff. 4 einzuräumen ist, hat dies zur Folge, daß dieser Widerspruchsgrund bei einverständlicher Versetzung nicht greifen kann[599]. Insofern erfolgt eine Verweigerung der Zustimmung unter Geltendmachung des § 99 Abs. 2 Ziff. 4 bei Einverständnis des Arbeitnehmers stets zu Unrecht. Eine Berechtigung des Betriebsrats zur Verweigerung der Zustimmung

595 Vgl. RegierungsE BT-Drucks. VI/1786 S. 31 und 47; vgl. BR-Drucks. 715/70, S. 47 r; schriftlicher Bericht des 10. Ausschusses zu BT-Drucks. VI/2729 S. 1 Sp.

596 Blomeyer, S. 168.

597 Zu den Voraussetzungen für ein wirksames Einverständnis vgl. oben 3. Kap. D. IV. 2. b) aa) (1a) ff.

598 Vgl. oben 3. Kap. D. IV. 2. b) aa) ff.

599 So auch ArbG Nürnberg, v. 30.3.1976, ARST 1978, S. 47; Galperin/Löwisch, § 99 Rdnr. 94; GK-Kraft, § 99 Rdnr. 129, 132; Löwisch, § 99 Rdnr. 30; Stege/Weinspach, §§ 99 - 101 Rdnr. 179 d; siehe bereits oben 3. Kap. D. IV. 2. b) aa) ff.

zu einer für den Arbeitnehmer ungünstigen, einverständlichen Versetzung ist überhaupt nur möglich, wenn durch die beabsichtigte Versetzung Interessen der Belegschaft bzw. anderer Arbeitnehmer (vgl. § 99 Abs. 2 Ziff. 2, 3, 5) oder die einheitliche Ordnung des Betriebes beeinträchtigt werden (vgl. § 99 Abs. 2 Ziff. 6). Zu beachten bleibt jedoch, daß auch bei rechtswidriger Berufung des Betriebsrats auf § 99 Abs. 2 Ziff. 4 die Versagung der Zustimmung nicht unbeachtlich ist, sondern der Arbeitgeber gehalten ist, das Verfahren gem. § 99 Abs. 2 Ziff. 4 zu betreiben, sofern nicht die Voraussetzungen des § 100 Abs. 1 vorliegen[600].

c) Ergebnis

Es konnte festgestellt werden, daß das Einverständnis des Arbeitnehmers mit einer ihn benachteiligenden Versetzung die Ausübung des Mitbestimmungsrechts nach § 99 Abs. 2 Ziff. 4 ausschließt. Insoweit beachtet der von Chr. Weber postulierte Lösungsansatz, demzufolge das Einverständnis des Arbeitnehmers für die Geltendmachung des konkreten Nachteils nach § 99 Abs. 2 Ziff. 4 unbeachtlich sein soll, nicht hinreichend das Interesse des betroffenen Arbeitnehmers.

Es kann sogar behauptet werden, daß diese Ansicht einer "Bevormundung" des einzelnen Arbeitnehmers dadurch Vorschub leistet, daß sie die persönliche Entscheidungsfreiheit des einzelnen Arbeitnehmers im Betrieb zugunsten einer Ausübung des Mitbestimmungsrechts gemäß § 99 Abs. 2 Ziff. 4 beseitigt. Dadurch, daß die von Chr. Weber entwickelte Lösung keinen Raum für eine Respektierung der Entscheidungsfreiheit des einzelnen Arbeitnehmers beläßt, mißachtet sie die vom BetrVG 1972 verfolgte Zweckbestimmung des Mitbestimmungsrechts, dergemäß der Schutz des Arbeitnehmers an der Idee der Selbstbestimmung des Einzelnen ausgerichtet sein soll[601]. Berücksichtigung findet dieses Leitprinzip des Betriebsverfassungsgesetzes jedoch dann, wenn für die Frage, ob eine Maßnahme einen konkreten Nachteil für den von der Versetzung betroffenen Arbeitnehmer darstellt, nicht auf die Sichtweise des Betriebsrats, sondern auf die Sicht des

600 Brauch, S. 116.

601 Vgl. GK-Thiele, § 77 Rdnr. 40 (3. Aufl.).

Arbeitnehmers abgestellt wird[602].

Daher läßt es sich als erwiesen ansehen, daß das alleinige Abstellen auf die Geltendmachung eines konkreten Nachteils für den Arbeitnehmer i. S. des § 99 Abs. 2 Ziff. 4 kein geeignetes Kriterium darstellt, um die individualrechtliche Unwirksamkeit einer unter Verletzung der Mitbestimmungsrechte zustande gekommenen Versetzung zu begründen.

Zusammenfassend läßt sich zu dem von Chr. Weber entwickelten Lösungsansatz festhalten, daß der Lösung vom Ergebnis her zwar insoweit entsprochen werden kann, als es für den Schutz der nur mittelbar von der Versetzung betroffenen Arbeitnehmer nicht erforderlich ist, daß ein Mitwirkungsverstoß zur individualrechtlichen Unwirksamkeit führen muß. Denn es konnte dargestellt werden, daß deren Interessen bereits dadurch Genüge getan ist, daß die betriebsverfassungsrechtlichen Konsequenzen eintreten (vgl. insbes. § 101)[603]. Andererseits ist den Ausführungen Chr. Webers zur Begründung der individualrechtlichen Unwirksamkeit als Folge einer Verletzung des Mitbestimmungsrechts nach § 99 Abs. 2 Ziff. 4 nicht zu folgen. Wie erörtert, erweist sich das alleinige Abstellen auf die Geltendmachung des individualschutz-orientierten Zustimmungsverweigerungsgrundes des § 99 Abs. 2 Ziff. 4 nicht als geeignetes Kriterium für die Feststellung, ob die Versetzung für den Arbeitnehmer von Nachteil ist. Denn mit Hilfe dieser objektiven Betrachtungsweise wird es nicht in jedem Fall möglich sein, eine Übereinstimmung mit der subjektiven Sicht des betroffenen Arbeitnehmers herbeizuführen. Die Geltendmachung eines konkreten Nachteils i. S. des § 99 Abs. 2 Ziff. 4 durch den Betriebsrat kann für den Arbeitnehmer nicht immer ein interessengerechtes Kriterium darstellen, um die individualrechtliche Unwirksamkeit der Versetzungsregelung als Folge mangelnder Beteiligung des Betriebsrats zu begründen. Daher kann der von Chr. Weber entwickelten differenzierten Regelung, dergemäß die Auswirkungen einer Verletzung des Mitbestimmungsrechts bei der Versetzung von dem jeweiligen Schutzzweck der Mitbestimmung abhängen sollen, nicht gefolgt werden.

602 Näheres dazu unten 3. Kap. D. IV. 3. a).

603 Siehe bereits oben 3. Kap. D. III. 4. a).

3. *Das Einverständnis des Arbeitnehmers als Wirksamkeitsvoraussetzung für die individualrechtliche Versetzungsregelung einer betriebsverfassungswidrigen Versetzung*

a) Das Einverständnis als Differenzierungskriterium

Die vorangehenden Ausführungen lassen erkennen, daß der Schutz der Interessen des von der Versetzung betroffenen Arbeitnehmers es erforderlich macht, daß die Frage, ob eine Versetzungsmaßnahme für den Arbeitnehmer von Nachteil ist, nicht aus der Sicht des Betriebsrats, sondern aus der Sicht des betroffenen Arbeitnehmers zu beurteilen ist[604]. Als geeignetes Differenzierungskriterium kommt insoweit das Einverständnis des Arbeitnehmers mit der Maßnahme in Betracht. Deshalb ist für die Beurteilung, ob eine Versetzung für den Arbeitnehmer von Vorteil bzw. Nachteil ist, darauf abzustellen, ob der Arbeitnehmer mit der Versetzung einverstanden ist oder nicht. Mittels dieser Differenzierung ist - im Gegensatz zu der am Schutzzweck des Mitbestimmungsrechts orientierten Betrachtungsweise - gewährleistet, daß die Sichtweise des betroffenen Arbeitnehmers ausreichend berücksichtigt wird. Als Konsequenz dieser Ansicht ergibt sich folgerichtig, daß auch hinsichtlich der Rechtsfolgen von Mitbestimmungsverstößen danach zu differenzieren ist, ob die Versetzungsregelung mit oder ohne Einverständnis des Arbeitnehmers erfolgt ist. Denn dieses Vorgehen ermöglicht es, eine den Interessen des betriebsverfassungswidrig versetzten Arbeitnehmers entsprechende Rechtsfolge zu bestimmen.

b) Der Einfluß des Einverständnisses auf den Bestand der Versetzungsgrundlage

Welcher Art die Auswirkungen auf das Einzelarbeitsverhältnis bei der Verletzung des Mitbestimmungsrechts sein müssen, hängt davon ab, inwieweit durch die Zuweisung der neuen Tätigkeit das geschützte Interesse des Einzelnen beeinträchtigt wird. Maßstab dafür ist die Erteilung oder Nichterteilung des Einverständnisses zur Versetzung durch den betroffenen Arbeitnehmer.

604 Siehe oben 3. Kap. D. IV. 2. c).

Wie bereits festgestellt wurde, bedarf der Arbeitnehmer im Falle einer Interessenbeeinträchtigung des Schutzes durch das Mitbestimmungsrecht, das bei der Versetzung auch den Individualschutz erfaßt (vgl. insbes. § 99 Abs. 2 Ziff. 4)[605]. Gelangt das Mitbestimmungsrecht zum Schutz des einzelnen Arbeitnehmers zur Anwendung, muß ein Mitwirkungsverstoß - wie erörtert - zur individualrechtlichen Unwirksamkeit führen[606]. Soweit durch die Nichtberücksichtigung des Betriebsrats schutzwürdige Interessen des einzelnen Arbeitnehmers beeinträchtigt werden, ist das Betriebsverfassungsrecht mit dem Individualarbeitsrecht verwoben, so daß die Versetzung nicht nur kollektivrechtlich, sondern auch individualrechtlich zu sanktionieren ist[607]. Demzufolge ist es zur Sicherstellung der Effektivität des Mitbestimmungsrechts im Interesse des betriebsverfassungswidrig versetzten Arbeitnehmers erforderlich, daß der Versetzung in diesem Fall die individualrechtliche Wirksamkeit versagt wird[608].

Im Umkehrsschluß dazu muß gelten, daß eine Verletzung des Mitbestimmungsrechts des Betriebsrats bei der Versetzung jedenfalls dann ohne individualrechtliche Konsequenzen bleibt, wenn eine Geltendmachung eines individualschutz-orientierten Zustimmungsverweigerungsgrundes, wie häufig bei der Versetzung nach § 99 Abs. 2 Ziff. 4, nicht in Betracht kommt, weil der Arbeitnehmer des Schutzes durch den Betriebsrat überhaupt nicht bedarf. Ist der Arbeitnehmer nicht schutzbedürftig, liegt es nahe, daß der Schutz durch die individualrechtliche Unwirksamkeit auch nicht erforderlich ist. Gegen diese Auffassung könnte jedoch einzuwenden sein, daß das Fortbestehen der Wirksamkeit des Einzelarbeitsvertrages trotz Mitwirkungsverstoßes zwar dem Individualinteresse entspricht, jedoch nicht auszuschließen ist, daß dadurch Belange der nur mittelbar von der Versetzung betroffenen Arbeitnehmer verletzt werden. Allerdings konnte bereits dargelegt werden, daß den Interessen der Belegschaft bzw. anderer Arbeitnehmer des Betriebes bei der Nichtbeteiligung des Betriebsrats im Rahmen der Versetzung schon durch den Eintritt der betriebsverfassungsrechtlichen Konsequenzen (vgl. insbes. § 101) Genüge getan ist[609].

---

605 Siehe oben 3. Kap. D. IV. 2. a).

606 Siehe schon 3. Kap. D. III. 1., 5.

607 So ähnlich auch ArbG Bochum, v. 22.10.1975, DB 1975, S. 2449 (2450).

608 Siehe oben 3. Kap. D. III. 1., 5.

609 Siehe oben 3. Kap. D. III. 4. a).

Als Ergebnis kann somit festgestellt werden, daß die individualrechtliche Unwirksamkeit als Folge eines Mitwirkungsverstoßes dann geboten ist, wenn der Schutz der Interessen des betriebsverfassungswidrig versetzten Arbeitnehmers die Unwirksamkeitsfolge erforderlich macht. Der Arbeitnehmer bedarf der Unwirksamkeit des Einzelarbeitsvertrages dann, wenn er durch die betriebsverfassungswidrige Versetzung beeinträchtigt wird. Das ist nach der hier vertretenen Ansicht der Fall, wenn die Versetzung nicht mit seinem Einverständnis erfolgt. Denn die Durchführung einer nicht einverständlichen Versetzung stellt für den Arbeitnehmer eine Beeinträchtigung dar und ist insoweit nachteilig. Wegen des Bestehens des konkreten Nachteils ist ein Bedürfnis zum Einschreiten des Betriebsrats nach § 99 Abs. 2 - insbesondere gemäß Ziff. 4 - gegeben, so daß eine Nichtbeteiligung des Betriebsrats bei Durchführung der Versetzung mit der Unwirksamkeit des Einzelarbeitsvertrages zu sanktionieren ist.

Demgegenüber konnte dargelegt werden, daß eine Versetzung unter Verletzung des Mitbestimmungstatbestandes auf individualrechtlicher Ebene sanktionslos bleiben muß, sofern der Arbeitnehmer im Einzelfall nicht schutzbedürftig ist. Dies warf die Frage auf, ob der Arbeitnehmer bei Einverständnis mit der Versetzung nicht auch des Schutzes durch das Mitbestimmungsrecht des Betriebsrats bedarf. Wie schon erörtert, kann der Arbeitnehmer aus verschiedenen Gründen geneigt sein, das Einverständnis zur Versetzungsmaßnahme zu erteilen: Er kann der Versetzung zustimmen, weil sie für ihn von Vorteil ist, indem sie zur Verbesserung der Rechtsposition des Arbeitnehmers im Betrieb beiträgt. Soweit das Einverständnis mit einem fehlenden Nachteil gleichzusetzen ist, kommt eine Zustimmungsverweigerung zum Schutz der Interessen des betriebsverfassungswidrig versetzten Arbeitnehmers mangels Nachteil nicht in Betracht[610]. Zwar kann der Betriebsrat die Zustimmungsverweigerung noch auf kollektive Belange stützen, deren Mißachtung führt jedoch nicht zur individualrechtlichen Unwirksamkeit[611]. Zwingend ist es allerdings nicht, daß aus dem Einverständnis des Arbeitnehmers mit der Versetzung gefolgert wird, daß die Personalmaßnahme für den Arbeitnehmer stets von Vorteil sei. Denn der Arbeitnehmer kann aus unterschiedlichen Motiven auch mit einer nachteiligen Versetzung einverstanden sein[612]. Da in diesem Fall eine Versetzungsmaßnahme für den Arbeitnehmer einen Nachteil darstellt, könnte der Betriebsrat berechtigt sein,

---

610 Ähnliche Situation wie bei der Einstellung siehe oben 2. Kap. C. III. 3.

611 Siehe oben 3. Kap. D. III. 4. a).

612 Beispiele hierzu oben 3. Kap. D. IV. 2. b) aa) (1 b).

die Zustimmung zur Versetzung unter Berufung auf individualschutzorientierte Widerspruchsgründe - vor allem gemäß § 99 Abs. 2 Ziff. 4 -zu verweigern. Daher liegt die begründete Vermutung nahe, daß bei einverständlicher, jedoch nachteiliger Versetzung ein Mitwirkungsverstoß des Betriebsrats auf zivilrechtlicher Ebene nicht folgenlos bleiben kann.

Dagegen spricht jedoch, daß bereits festgestellt werden konnte, daß der Betriebsrats die Interessen des einzelnen Arbeitnehmers nicht gegen seinen Willen wahrnehmen darf[613]. Denn ausgehend von § 75 Abs. 2, in dem Maßstäbe für eine Beteiligung des Mitbestimmungsrechts festgelegt sind, verfolgt das Mitbestimmungsrecht den funktionalen Zweck, die persönliche Entfaltungsfreiheit des einzelnen Arbeitnehmers zu fördern und zu schützen. Demzufolge darf das Mitbestimmungsrecht im Einzelfall nicht so eingesetzt werden, daß das Recht zur persönlichen Selbstbestimmung des einzelnen Arbeitnehmers beseitigt wird[614]. Im übrigen bleibt anzuführen, daß der Akt der Selbstbestimmung die Selbstverantwortung impliziert[615]. Dies bedeutet, daß der Arbeitnehmer, soweit das Einverständnis zur Versetzung wirksam zustande gekommen ist[616], für die selbstbestimmte Handlung auch dann einzustehen hat, wenn sie für ihn ungünstig war[617].

Zusammenfassend kann somit festgestellt werden, daß der Betriebsrat selbst im Falle des Einverständnisses mit einer ihn benachteiligenden Versetzung nicht zur Zustimmungsverweigerung unter Geltendmachung individualschutz-orientierter Kriterien - insbesondere gemäß § 99 Abs. 2 Ziff. 4 - berechtigt ist. Daher ist es interessengerecht, daß eine einverständliche Versetzung, die unter Verletzung der Mitbestimmungsrechte durchgeführt worden ist, lediglich auf betriebsverfassungsrechtlicher Ebene, nicht jedoch im individualrechtlichen Bereich zu sanktionieren ist[618].

---

613 Siehe schon 3. Kap. D. IV. 2. b) aa) (1 a).

614 Siehe schon 3. Kap. D. III. 2. a) cc).

615 Siehe schon 3. Kap. D. IV. 2. b) aa) (2).

616 Das Einverständnis zur Versetzung ist dann wirksam zustande gekommen, wenn es frei von Druck sowie ohne Willensmängel erteilt worden ist. Vgl. schon oben 3. Kap. D. IV. 2. b) aa) (1 a) ff.

617 Näheres hierzu oben 3. Kap. D. IV. 2. b) aa) (2).

618 Siehe schon oben 3. Kap. D. II. 4.

Abschließend ist festzuhalten, daß für die Frage der Rechtsfolgen einer Verletzung des Mitbestimmungsrechts bei der Versetzung danach zu differenzieren ist, inwieweit der Arbeitnehmer mit der Versetzung einverstanden ist oder nicht. Danach gilt:

- Hat der Arbeitnehmer sein Einverständnis zur Versetzung erteilt, bleibt es ausschließlich bei den betriebsverfassungsrechtlichen Konsequenzen (vgl. insbesondere § 101)[619]. Der Arbeitnehmer ist insoweit gehalten, einer wirksam zustande gekommenen Versetzungsregelung trotz bestehender betriebsverfassungsrechtlicher Pflichtwidrigkeit nachzukommen[620].

- Hingegen muß ein Mitwirkungsverstoß bei der Versetzung zur individualrechtlichen Unwirksamkeit führen, sofern der Arbeitnehmer mit der Versetzung nicht einverstanden ist.

c) Die Ausgestaltung der individualrechtlichen Versetzungsgrundlage

Da eine Verletzung des Mitbestimmungsrechts bei einer einvernehmlichen Versetzung nicht zur Beseitigung der Wirksamkeit des der Versetzung zugrunde liegenden Individualarbeitsverhältnisses führt, drängt sich die Frage auf, wie die Versetzungsregelung beim Einverständnis des Arbeitnehmers ausgestaltet sein muß, damit eine wirksame rechtsgeschäftliche Versetzungsgrundlage vorliegt:

Sofern die Versetzung im Wege eines entsprechend weitreichenden Direktionsrechts[621] des Arbeitgebers erfolgt, ist die Versetzung dann wirksam, wenn die neue Tätigkeit in den vom Arbeitsvertrag gezogenen Grenzen bleibt. Wird die Versetzung hingegen nicht vom Vertragsinhalt gedeckt, kann sie wirksam nur unter

---

619 Für die individualrechtliche Wirksamkeit einer einverständlichen Versetzung auch Galperin/Löwisch, § 99 Rdnr. 119; Matthes, DB 1975, S. 1651 f.

620 Zur Arbeitspflicht bei individualrechtlicher Wirksamkeit einer betriebsverfassungswidrigen Versetzung siehe schon oben 3. Kap. D. II. 3. a) aa).

621 Zum Direktionsrecht des Arbeitnehmers siehe schon oben 3. Kap. B. I. 3. c) aa).

gleichzeitiger Änderung des Arbeitsvertrages durchgeführt werden. Erklärt sich der Arbeitnehmer mit der Veränderung der Tätigkeit einverstanden, d. h. nimmt er das Angebot zur Änderung des Vertrages an, kommt ein Änderungsvertrag[622] zustande, der die individualrechtliche Rechtsgrundlage für die Versetzung darstellt. Die Änderung des ursprünglichen Vertragsinhalts kann sowohl durch ausdrückliche Einigung der Beteiligten als auch durch schlüssiges Verhalten erfolgen[623]. Demzufolge wird eine einverständliche Versetzung individualrechtlich wirksam vollzogen, sofern eine einvernehmliche Änderung des Arbeitsvertrages oder aber die Ausübung eines entsprechend weitreichenden Weisungsrechts des Arbeitgebers vorliegt.

d) Der Sonderfall der Versetzung unter Änderung des Arbeitsvertrages im Wege der Änderungskündigung

Fraglich ist jedoch, wie der Fall zu beurteilen ist, daß der Arbeitnehmer der Veränderung seiner Tätigkeit nicht zustimmt und die Zuweisung der neuen Tätigkeitsbereiche nicht vom Arbeitsvertrag gedeckt ist. Hier verbleibt dem Arbeitgeber nur die Möglichkeit der Änderungskündigung[624]. Ist eine der geplanten Versetzung entsprechende und dafür erforderliche Vertragsänderung nur im Wege der Änderungskündigung möglich, liegt die Vermutung nahe, daß bei dieser Form der Versetzung ein Verstoß gegen betriebsverfassungsrechtliche Pflichten gegenüber dem Betriebsrat zur individualrechtlichen Unwirksamkeit des Arbeitsvertrages führen muß. Dies drängt sich aufgrund der bereits getroffenen Feststellung auf, daß nur bei einer einvernehmlichen Versetzung ein Mitwirkungsverstoß ohne individualrechtliche Sanktion bleibt[625]. Demgegenüber konnte für den Fall des fehlenden Einverständnisses mit der Versetzung festgestellt werden, daß hier zum Schutz des

622 Siehe oben 3. Kap. B. I. 3. c) bb); ausführlich zum Änderungsvertrag Wank, S. 35 ff.

623 BAG, v. 17.7.1965, BB 1965, S. 1109 = AP Nr. 101 zu § 242 BGB "Ruhegehalt" unter 4 mit Anm. Herschel; BAG, v. 20.5.1976, BB 1976, S. 1128 = AP Nr. 4 zu § 305 BGB unter 2 b = SAE 1976, S. 208, 209 mit Anm. Beitzke.

624 Siehe oben 3. Kap. B. I. 3. c) cc); ausführlich hierzu insbes. Becker-Schaffner, BB 1991, S. 129 ff.; Ratajczak, S. 6 ff.; Richardi, DB 1974, S. 1285 ff.

625 Siehe schon oben 3. Kap. D. IV. 3. b).

betriebsverfassungswidrig versetzten Arbeitnehmers die Unwirksamkeit des Individualarbeitsverhältnisses geboten ist[626]. Die Unwirksamkeit des Arbeitsvertrages erwiese sich jedoch dann als ungeeignete Rechtsfolge, wenn eine Versetzung unter Änderung des Arbeitsvertrages durch Änderungskündigung letztlich nur im Einvernehmen mit dem Arbeitnehmer erfolgen könnte. In diesem Falle wäre - wie bei einer einverständlichen Änderung des Arbeitsvertrages - die Wirksamkeit des Individualarbeitsverhältnisses die sachgerechtere Lösung. Bevor eine derartige Schlußfolgerung möglich ist, bedarf es der Klärung, ob eine Versetzung im Wege der Änderungskündigung das Einverständnis des Arbeitnehmers überhaupt erfordert. Eine Antwort hierauf setzt eine eingehende Betrachtung der Wirksamkeitsvoraussetzungen einer Versetzung im Wege der Änderungskündigung voraus.

aa) Das Einverständnis des Arbeitnehmers als Voraussetzung für die Versetzung durch Änderungskündigung

(1) Der Begriff der Änderungskündigung

Eine Änderungskündigung ist nach § 2 KSchG eine Kündigung des bisherigen Arbeitsvertrages durch den Arbeitgeber, verbunden mit dem Angebot an den Arbeitnehmer, das Arbeitsverhältnis unter geänderten Bedingungen fortzusetzen[627]. Die Änderungskündigung ist insoweit ein aus zwei Willenserklärungen zusammengesetztes Rechtsgeschäft. Es besteht einerseits aus einer echten Kündigung, für die die allgemeinen Grundsätze der Beendigungskündigung gelten[628]. Andererseits beinhaltet die Änderungskündigung auch einen Antrag des Arbeitgebers an den Arbeitnehmer i. S. des § 145 BGB auf Abschluß eines Änderungsvertrages[629]. Von der Zielrichtung her ist die Änderungskündigung auf die Fortsetzung des Arbeits-

---

626 Siehe bereits oben 3. Kap. IV. 3. b).

627 Siehe zum Begriff der Änderungskündigung oben 3. Kap. B. I. 3. c) cc) (1).

628 Vgl. insbes. Becker-Schaffner, BB 1991, S. 129 (130); siehe auch oben 3. Kap. B. I. 3. c) cc) (1).

629 Vgl. zur Bestimmtheit des Angebots LAG Hamm und LAG Rheinland-Pfalz, LAGE Nr. 4 und 6 zu § 2 KSchG; siehe bereits oben 3. Kap. B. I. 3. c) cc) (1).

vertrages zu geänderten Bedingungen gerichtet. Die Beendigung des Arbeitsverhältnisses steht im Hintergrund und kommt nur dann in Betracht, wenn der Arbeitnehmer das Angebot ablehnt. Im übrigen steht es dem Arbeitnehmer jedoch frei, das Angebot mit oder ohne Vorbehalt anzunehmen.

(2) Änderungskündigung und Versetzung

(a) Die Ablehnung des Änderungsangebots

Lehnt der Arbeitnehmer das Änderungsangebot ab, hat die Änderungskündigung die Wirkung einer Beendigungskündigung. Wie bei jeder anderen Kündigung kann der Arbeitnehmer auch bei der Änderungskündigung die normale Kündigungsschutzklage gemäß § 4 S. 1 KSchG erheben. Insoweit wird das Änderungsangebot bei der Beurteilung der Sozialwidrigkeit der Kündigung berücksichtigt[630]. Nimmt der Arbeitnehmer das Änderungsangebot verspätet, nämlich nach Ablauf der Drei-Wochenfrist (§§ 2 S. 2, 7 Abs. 2 KSchG) an, dann wirkt die Änderungskündigung ebenfalls wie eine Beendigungskündigung. Allerdings gilt die verspätete Annahme als Angebot des Arbeitnehmers an den Arbeitgeber (§ 150 Abs. 1 BGB), das Arbeitsverhältnis unter geänderten Bedingungen fortzusetzen. Das Angebot kann der Arbeitgeber auch konkludent annehmen, indem er den Arbeitnehmer weiterbeschäftigt[631]. Kommt der Änderungsvertrag durch Ablehnung des Änderungsangebots nicht zustande, besteht mangels inhaltlicher Änderung der Hauptleistungspflicht keine individualrechtliche Grundlage für die vom Arbeitgeber angestrebte Versetzung. Das Mitbestimmungsverfahren gemäß § 99 wird insoweit gegenstandslos[632].

630 V. Hoyningen-Huene, Kündigungsvorschriften, § 2 KSchG Anm. 5; Ratajezak, S. 55.

631 V. Hoyningen-Huene/Boemke, VI 3 b, S. 77.

632 KR-Rost, § 2 KSchG Rdnr. 136; Schaub, Änderungskündigung, S. 73, 105.

(b) Die Annahme des Änderungsangebots

(aa) Annahme ohne Vorbehalt

Nimmt der Arbeitgeber das Änderungsangebot ohne Vorbehalt an, entsteht ein unbedingter Änderungsvertrag. Dessen Bedingungen gelten zum vorgesehenen Zeitpunkt, ohne daß der Arbeitnehmer hiergegen im Wege der Kündigungsschutzklage vorgehen kann[633]. Da die Annahme des Änderungsangebots eine empfangsbedürftige Willenserklärung ist, kann die Annahmeerklärung ausdrücklich, aber auch durch schlüssiges Verhalten des Arbeitnehmers erfolgen. Demzufolge ist in der widerspruchs- und vorbehaltlosen Weiterarbeit zu geänderten Arbeitsbedingungen regelmäßig dann die Annahme des Änderungsangebots zu sehen, wenn sich die neuen Arbeitsbedingungen unmittelbar auf das Arbeitsverhältnis auswirken und die Überlegungsfrist des § 2 S. 2 KSchG abgelaufen ist[634]. Sofern die Zuweisung der neuen Tätigkeit vom Inhalt des geänderten Arbeitsvertrages gedeckt ist, begründet der unbedingte Arbeitsvertrag eine wirksame individualrechtliche Grundlage für die Versetzungsmaßnahme.

(bb) Annahme unter Vorbehalt

Nimmt der Arbeitnehmer das Änderungsangebot jedoch unter Vorbehalt im Sinne des § 2 S. 1 KSchG an, dann kommt ein Änderungsvertrag unter der auflösenden Bedingung (§ 8 KSchG) gerichtlicher Feststellung der Sozialwidrigkeit zustande[635]. Mit dem Vorbehalt macht der Arbeitnehmer von einer ihm durch § 2

633 Herschel/Löwisch, § 2 KSchG Rdnr. 12 ff.; Ratajczak, S. 53.

634 BAG, v. 20.5.1976, AP Nr. 4 zu § 305 BGB = SAE 1976, S. 208 mit Anm. von Beitzke; v. 19.6.1986, AP Nr. 16 zu § 2 KSchG = AR-Blattei, Kündigungsschutz I A, Entsch. 7 mit ent. Anm. Löwisch/Abshagen; v. 27.3.1987, AP Nr. 20 zu § 2 KSchG 1969 = AR-Blattei, Kündigungsschutz I A, Entsch. 8 mit zust. Anm. v. Wank.

635 BAG, v. 27.9.1984, AP Nr. 8 zu § 2 KSchG unt. B II 3 c cc mit Anm. v. Hoyningen-Huene = SAE 1986, S. 216 ff. mit Anm. Hönn = EzA Nr. 5 zu § 2 KSchG mit Anm. Kraft; Herschel/Löwisch, § 2 KSchG Rdnr. 15; KR-Rost, § 2 KSchG Rdnr. 58.

KSchG eingeräumten Möglichkeit zur Gestaltung seiner Rechtsbeziehungen zum Arbeitgeber Gebrauch. Die Erklärung des Vorbehalts stellt eine privatrechtsgestaltende Willenserklärung dar[636]. Der Vorbehalt muß innerhalb der für die vom Arbeitgeber ausgesprochene Änderungskündigung geltenden Kündigungsfrist, spätestens jedoch innerhalb von drei Wochen nach Zugang der Kündigung erklärt werden. An eine bestimmte Form ist die Erklärung des Vorbehalts nicht gebunden[637]. Der Vorbehalt kann ausdrücklich erklärt werden, es reicht aber auch aus, daß der Vorbehalt durch schlüssiges Verhalten zum Ausdruck gebracht wird. Eine konkludente Vorbehalts-Erklärung kann bereits in der Erhebung der Änderungsschutzklage mit dem Antrag des § 2 S. 2 KSchG erblickt werden[638].

Hat der Arbeitnehmer das Angebot des Arbeitgebers unter Vorbehalt angenommen, so ist davon auszugehen, daß das Arbeitsverhältnis nicht mehr aufgelöst werden kann. Zu klären ist jedoch noch, ob künftig die alten oder die geänderten Arbeitsbedingungen gelten sollen. Dabei gilt, daß zumindest bis zur rechtskräftigen Entscheidung über die Kündigungsschutzklage das Arbeitsverhältnis zu den geänderten Bedingungen bestehen bleibt. So lange ist der Arbeitnehmer auch verpflichtet, unter den vom Arbeitgeber angebotenen neuen Arbeitsbedingungen zu arbeiten[639]. Insoweit stellt der (auflösend-bedingte) Änderungsvertrag auch die individualrechtliche Grundlage für die Zuweisung der neuen Tätigkeit dar.

Erhebt der Arbeitnehmer die Kündigungsschutzklage[640] nicht, oder wird diese rechtskräftig abgewiesen, wird der Vorbehalt des Arbeitnehmers wirkungslos. Dies

---

636 Vgl. BAG, v. 27.9.1984, AP Nr. 8 zu § 2 KSchG.

637 Hueck/v. Hoyningen-Huene, § 2 KSchG Rdnr. 89.

638 Herschel/Löwisch, § 2 KSchG Rdnr. 13.

639 BAG, v. 28.9.1985, BB 1985, S. 2179, 2180 = AP Nr. 4 zu § 762 ZPO unter B II 4 c aa = SAE 1986, S. 211, 213 mit Anm. Hj. Weber = AR-Blattei, Beschäftigungspflicht, Entsch. 16 mit Anm. Buchner; BAG, v. 27.3.1987, BB 1988, S. 913 f. = AP Nr. 20 zu § 2 KSchG unter II = EzA Nr. 10 zu § 2 KSchG mit Anm. Peterek = AR-Blattei, Kündigungsschutz I A, Entsch. 8 mit Anm. Wank; Becker-Schaffner, BB 1991, S. 125, 136; KR-Rost, § 2 KSchG Rdnr. 76 a.

640 Die im Rahmen der Frist des § 4 S. 1 KSchG zu erhebende Klage ist auf die Feststellung gerichtet, daß die Änderung der Arbeitsbedingungen sozial gerechtfertigt ist (§ 4 S. 2 KSchG), sog. Änderungsschutzklage.

hat zur Folge, daß die Änderung der Arbeitsbedingungen endgültig wirksam ist[641]. Dem Verlust des Prozesses durch den Arbeitnehmer steht die nicht rechtzeitige Erhebung der Änderungsklage gleich. Denn auch hier erlischt der Vorbehalt des Arbeitnehmers gemäß § 7 Abs. 2 KSchG. Dasselbe gilt, wenn der Arbeitnehmer die Klage wirksam zurückgenommen hat (vgl. § 269 ZPO). Hat die Änderungsschutzklage dagegen Erfolg, d. h. stellt das Gericht die soziale Ungerechtigkeit[642] der Änderung der Arbeitsbedingungen fest oder ist die Änderungskündigung aus einem anderen Grunde unwirksam, tritt die auflösende Bedingung ein. Das Arbeitsverhältnis wird mit dem ursprünglichen Inhalt fortgesetzt[643]. Insoweit entfällt die individualrechtliche Grundlage für die Versetzung. Der Arbeitnehmer kann die Wiederherstellung der ursprünglichen Arbeitsbedingungen durch Rückgängigmachung der Versetzung verlangen[644].

Zusammenfassend läßt sich somit sagen, daß eine Änderungskündigung nur dann eine rechtsgeschäftliche Versetzungsgrundlage darstellt, wenn der Arbeitnehmer das Angebot des Arbeitgebers auf Abschluß eines Änderungsvertrages annimmt, so daß ein Änderungsvertrag zustande kommt, der als eigentliche individualrechtliche Rechtsgrundlage für die Veränderung des Tätigkeitsbe-

---

641 Herschel/Löwisch, § 2 KSchG Rdnr. 20. - Ist im Änderungsschutzverfahren die Klage des Arbeitnehmers abgewiesen worden und steht somit die Wirksamkeit der Arbeitsbedingungen fest, während andererseits nach rechtskräftigem Abschluß des Beschlußverfahrens gem. § 99 Abs. 4 die Verweigerung der Zustimmung durch den Betriebsrat als rechtswirksam angesehen wird, liegt ein Fall der rechtlichen Unmöglichkeit i. S. d. § 275 Abs. 2 BGB bezüglich der Durchführung der beabsichtigten Vertragsänderung vor. Zur Vermeidung divergierender Entscheidungen empfiehlt sich in analoger Anwendung des § 148 ZPO die Durchsetzung des Änderungsverfahrens bis zum rechtskräftigen Abschluß des Zustimmungsersetzungsverfahrens nach § 99 Abs. 4. Vgl. hierzu Hueck/v. Hoyningen-Huene, § 2 KSchG Rdnr. 49 ff.

642 Für die Frage der sozialen Rechtfertigung verweist § 2 KSchG auf § 1 Abs. 2 S. 1 bis S. 3 sowie Abs. 3 S. 1 und 2 KSchG. Die Änderung der Arbeitsbedingungen muß also durch Gründe in der Person oder im Verhalten des Arbeitnehmers oder durch dringende betriebliche Erfordernisse unter Berücksichtigung einer sozialgerechten Auswahl des Betroffenen gerechtfertigt sein. Zu berücksichtigen ist jedoch, daß Gegenstand der gerichtlichen Überprüfung nicht die Beendigung des Arbeitsverhältnisses, sondern die Fortsetzung unter geänderten Arbeitsbedingungen ist; dazu näher vgl. Becker-Schaffner, BB 1991, S. 129 (133 ff.); Hueck/v. Hoyningen-Huene, § 2 KSchG Rdnr. 93 ff.

643 Herschel/Löwisch, § 2 KSchG Rdnr. 27.

644 Vgl. Hueck/v. Hoyningen-Huene, § 2 KSchG Rdnr. 97.

reichs anzusehen ist. Unerheblich ist dabei, ob der Arbeitnehmer dem Änderungsangebot des Arbeitgebers mit oder ohne Vorbehalt i. S. des § 2 S. 1 KSchG zustimmt. Selbst bei Annahme des Angebots unter Vorbehalt besteht zwischen den Vertragsparteien, zumindest bis zur rechtskräftigen Entscheidung über die Kündigungsschutzklage und unter der Voraussetzung, daß sie von seiten des Arbeitnehmers erhoben wird, ein (bedingt-auflösender) Änderungsvertrag, in dem die rechtsgeschäftliche Versetzungsgrundlage zu erblicken ist[645]. Lehnt der Arbeitnehmer hingegen das Änderungsangebot ab, liegt eine Kündigung des Arbeitgebers vor, gegen die dem Arbeitnehmer unter den allgemeinen Voraussetzungen des § 1 KSchG Kündigungsschutz gewährt wird[646]. Eine individualrechtliche Grundlage für den Arbeitgeber, dem Arbeitnehmer eine andere Tätigkeit zuzuweisen, liegt insoweit nicht mehr vor[647]. Somit steht fest, daß eine Änderungskündigung nur in dem Fall eine wirksame Rechtsgrundlage für die Versetzung darstellt, wenn das Änderungsangebot des Arbeitgebers zumindest mit Vorbehalt vom Arbeitgeber angenommen wird[648]. Der auf diese Weise entstandene Änderungsvertrag läßt erkennen, daß auch eine Änderung des Vertragsinhalts durch eine Änderungskündigung nur mit Einverständnis des Arbeitnehmers möglich ist[649]. Im Unterschied zur Versetzung im Wege der einvernehmlichen Vertragsänderung wird bei dieser Form der Versetzung das Einverständnis des Arbeitnehmers[650] lediglich durch Änderungskündigung herbeigeführt[651].

---

645 Siehe oben 3. Kap. D. IV. 3. d) aa) (2 b) ff.

646 Siehe oben 3. Kap. D. IV. 3. d) aa) (2 a).

647 Insoweit wird auch das Verfahren nach § 99 gegenstandslos. Wenn der Arbeitnehmer das Änderungsangebot unter keinen Umständen annehmen will und daher Kündigungsschutzklage erhebt, spielt es keine Rolle, ob der Betriebsrat bei der Versetzung ordnungsgemäß beteiligt worden ist.

648 Hat der Arbeitnehmer das Angebot unter Vorbehalt i. S. des § 2 S. 1 KSchG angenommen, so kommt ein Änderungsvertrag unter der auflösenden Bedingung gerichtlicher Feststellung der Sozialwidrigkeit zustande.

649 So auch v. Hoyningen-Huene/Boemke, VI 2, S. 75.

650 Das Einverständnis ist für die Vereinbarung einer Vertragsänderung erforderlich.

651 Im Ergebnis auch Alberty, S. 85.

bb) Individualrechtliche Auswirkungen mangelnder Beteiligung des Betriebsrats bei der Versetzung durch Änderungskündigung

Da eine Versetzung durch wirksame Änderungskündigung das Einverständnis des Arbeitnehmers voraussetzt[652], hat dies für die Behandlung der Rechtsfolgenprobleme zur Konsequenz, daß auch bei einer unter Verletzung des Mitbestimmungsrechts durchgeführten Versetzung im Wege der Änderungskündigung die Wirksamkeit des Änderungsvertrages fortbestehen muß. Dies folgt aus dem Umstand, daß beim Einverständnis des Arbeitnehmers mit der Maßnahme eine Ausübung des Mitbestimmungsrechts zum Schutz der Interessen des betroffenen Arbeitnehmers nicht in Betracht kommt[653]. Denn der Arbeitnehmer bedarf bei Erteilung der Zustimmung zur Änderung des Arbeitsvertrages - als Ausdruck seines Rechts auf freie Entfaltung seiner Persönlichkeit im Betrieb[654] - nicht des Schutzes durch das Mitbestimmungsrecht. Daraus folgt, daß schutzwürdige Interessen des einzelnen Arbeitnehmers nicht betroffen sein können, sofern die Versetzung im Wege der Änderungskündigung ohne Beteiligung des Betriebsrats erfolgt. Mithin lassen sich individualschützende Gründe nicht zur Begründung der Unwirksamkeit des Änderungsvertrages als Folge eines Mitwirkungsverstoßes anführen. Im Gegenteil: Hinge die Wirksamkeit der Maßnahme in dem erörterten Fall von der Zustimmung des Betriebsrats ab, so würde der betriebsverfassungswidrig versetzte Arbeitnehmer in seinem Vertrauen auf den Fortbestand des Arbeitsverhältnisses[655] sowie insbesondere in seiner Vertragsfreiheit[656] verletzt. Gerade der Eingriff in die Vertragsfreiheit stünde jedoch im Widerspruch zur Grundkonzeption der Gestaltung des Mitbestimmungsrechts. Die Mitbestimmung darf nicht so ausgeübt werden, daß für den einzelnen Arbeitnehmer kein Raum mehr verbleibt, um seine

652 Ansonsten fehlte es mangels Änderungsvertrages an einer wirksamen vertraglichen Rechtsgrundlage für die Versetzung.

653 Siehe schon 3. Kap. D. IV. 2. c). Sofern daneben eine Ausübung des Mitbestimmungsrechts zum Schutz der Interessen der nur mittelbar von der Maßnahme betroffenen Arbeitnehmer in Betracht kommt, erfordert dies nicht den Eintritt der Unwirksamkeit des Arbeitsvertrages als Folge der Mißachtung der Rechte des Betriebsrats. Siehe hierzu bereits oben 3. Kap. III. 4. a).

654 Siehe schon 3. Kap. D. IV. 2. b) aa) (1 a) ff.

655 Siehe schon oben 3. Kap. D. III. 2. b).

656 Siehe zum Eingriff in die Vertragsfreiheit bereits oben 3. Kap. D. III. 2. a).

Interessen durch einzelvertragliche Abrede mit dem Arbeitgeber wahrzunehmen[657].

Im übrigen ist zu bedenken, daß bei einer Versetzung unter Abänderung des Arbeitsvertrages durch Änderungskündigung der Arbeitnehmer auch dadurch geschützt wird, daß er sich gegebenenfalls mit einer Klage gegen die ausgesprochene Änderungskündigung wenden kann[658]. Demnach ist es zum Schutz der Interessen des einzelnen Arbeitnehmers nicht notwendig, daß eine Mißachtung der Rechte des Betriebsrats zur Nichtigkeit der Maßnahme gegenüber dem Arbeitnehmer führt[659].

e) Ergebnis

Es läßt sich feststellen, daß bei einer Versetzung unter Änderung des Arbeitsvertrages durch Änderungskündigung die Vertragsänderung ohne Rücksicht auf die Zustimmung des Betriebsrats wirksam bleibt[660]. Infolgedessen macht es im Hinblick auf die Rechtsfolgen eines Mitwirkungsverstoßes bei der Versetzung keinen Unterschied, ob der Arbeitsvertrag einvernehmlich oder über eine Änderungskündigung geändert wird. Voraussetzung ist lediglich, daß der Versetzung eine wirksame Vertragsänderung zugrunde liegt.

Aufgrund der Wirksamkeit des Änderungsvertrages bleibt der Arbeitnehmer trotz Mitwirkungsverstoßes verpflichtet, unter den geänderten Arbeitsbedingungen

---

657 Dietz/Richardi, § 75 Rdnr. 41; siehe schon oben 3. Kap. D. III. 2. a) cc) (1).

658 Sofern der Arbeitnehmer das Angebot des Arbeitgebers zum Abschluß eines Änderungsvertrages unter Vorbehalt angenommen hat, kann der Arbeitnehmer eine gerichtliche Überprüfung durch Änderungsschutzklage herbeiführen.

659 A. A. für Unwirksamkeit der Individualregelung gem. § 134 BGB vgl. u. a. BAG, v. 26.1.1988, AP Nr. 50 zu § 99 = AR-Blattei (D) Versetzung des Arbeitnehmers, Entsch. 9 mit abl. Anm. Löwisch = SAE 1989, S. 73 mit abl. Anm. Kraft = EzA Nr. 58 zu § 99 mit Anm. Chr. Weber; ebenso LAG Düsseldorf, v. 25.10.1990, LAGE Nr. 33 zu § 99; Däubler/Kittner/-Schneider, § 99 Rdnr. 212, 215; Fitting/Auffarth/Kaiser, § 99 Rdnr. 66.

660 So auch Galperin/Löwisch, § 99 Rdnr. 120; Matthes, DB 1975, S. 1651 (1652). Hiervon zu unterscheiden sind die Auswirkungen einer fehlenden Anhörung gemäß § 102 auf das Individualarbeitsverhältnis. Gemäß § 102 Abs. 1 S. 3 ist eine ohne Anhörung des Betriebsrats ausgesprochene (Änderungs-)Kündigung unwirksam. Siehe hierzu oben 3. Kap. C. I. 3.

weiterzuarbeiten[661]. Leitet der Betriebsrat als Folge der Verletzung des Mitwirkungsrechts das Verfahren nach § 101 ein und ordnet das Arbeitsgericht dem Arbeitgeber die tatsächliche Aufhebung der Versetzung an, so darf der Arbeitgeber den Arbeitnehmer mit der neuen Tätigkeit nicht weiter beschäftigen[662]. Obwohl dem Arbeitgeber eine Beschäftigung des Arbeitnehmers zu den individualrechtlich wirksam geänderten Bedingungen nicht erlaubt ist, behält der Arbeitnehmer den Anspruch auf die der neuen Tätigkeit entsprechende Vergütung[663]. Dieser Verpflichtung kann sich der Arbeitgeber erst durch Rückgängigmachung der Änderung des Arbeitsvertrages entledigen. Zur Herstellung des ursprünglichen Vertragszustandes bedarf es einer erneuten Änderungskündigung, soweit sich der Arbeitnehmer einer einvernehmlichen Rückgängigmachung der Änderung des Arbeitsvertrages verschließt[664].

4. Zusammenfassung

Zusammenfassend kann für die personelle Maßnahme der Versetzung festgestellt werden:

a) Das Vorliegen einer "nachteiligen Versetzungsmaßnahme" stellt kein geeignetes Kriterium dar, um die Unwirksamkeit des Einzelarbeitsvertrages bei einer unter Verletzung des Mitbestimmungsrechts erfolgten Versetzung zu begründen.

b) Für die Frage, ob eine Versetzung für den Arbeitnehmer von Nachteil i. S. des § 99 Abs. 2 Ziff. 4 ist, ist nicht auf die Sichtweise des Betriebsrats, sondern auf die Sicht des Arbeitnehmers abzustellen. Insoweit erweist sich das Einverständnis des Arbeitnehmers als geeignetes Differenzierungskriterium.

---

661 Siehe bereits oben 3. Kap. D. II. 3. a) aa).

662 Unter der Voraussetzung, daß die Zustimmung zur Versetzung auch nicht gemäß § 99 Abs. 4 ersetzt wird.

663 Siehe bereits oben 3. Kap. D. II. 3. a) bb) (2 u. 3).

664 Siehe schon oben 3. Kap. D. II. 3. a) bb).

c) Die Auswirkungen einer Verletzung des Mitbestimmungsrechts bei der Versetzung hängen mithin davon ab, ob das Einverständnis des Arbeitnehmers zur Maßnahme vorliegt oder nicht. Der Grund ist darin zu sehen, daß es für die Ausübung des Mitbestimmungsrechts nicht unbeachtlich ist, ob der Arbeitnehmer mit der Versetzung einverstanden ist.

d) Erwiesenermaßen stellt das Einverständnis des Arbeitnehmers mit der Versetzung eine Wirksamkeitsvoraussetzung für die einer betriebsverfassungswidrigen Versetzung zugrunde liegende Versetzungsregelung dar. Dies bedeutet, daß ein Mitwirkungsverstoß dann keinen Einfluß auf eine wirksam begründete rechtsgeschäftliche Versetzungsgrundlage hat, wenn der Arbeitnehmer mit der Versetzung einverstanden ist. Als Sanktionsmöglichkeiten kommen lediglich betriebsverfassungsrechtliche Konsequenzen in Betracht (vgl. 101 S. 1).

e) Die Ausgestaltung der individualrechtlichen Versetzungsregelung stellt sich beim Einverständnis des Arbeitnehmers mit der Maßnahme wie folgt dar:

- Wenn die Versetzung auf einem entsprechend weitreichenden Direktionsrecht basiert, ist sie wirksam, sofern die Zuweisung der neuen Tätigkeit vom Inhalt des Arbeitsvertrages umfaßt ist.

- Bedarf es jedoch zur Versetzung der Änderung des Arbeitsvertrages, ist unerheblich, ob der Arbeitsvertrag einvernehmlich oder über eine Änderungskündigung geändert wird. Auch eine Vertragsänderung im Wege der wirksamen Änderungskündigung setzt das Einverständnis des Arbeitnehmers voraus (Annahme des Änderungsangebots).

f) Das Fortbestehen der Wirksamkeit einer unter Verletzung des Mitbestimmungsrechts zustande gekommenen Versetzung führt für den Arbeitnehmer zur Aufrechterhaltung der Verpflichtung, unter den geänderten Arbeitsbedingungen weiterzuarbeiten. Eine Weigerung, der neuen Tätigkeit Folge zu leisten, stellt insoweit eine Verletzung des Arbeitsvertrages dar.

g) Leitet der Betriebsrat als Folge mangelnder Beteiligung das Verfahren nach § 101 S. 1 ein und wird dem Arbeitgeber durch das Arbeitsgericht aufgegeben, die Versetzung aufzuheben, darf der Arbeitgeber den Arbeitnehmer mit der neuen Tätigkeit nicht länger tatsächlich beschäftigen.

h) Der Arbeitgeber kann sich dieser Situation dadurch entziehen, daß er die individualrechtliche Rückgängigmachung der Versetzung betreibt. Insoweit gilt folgendes:

- Sofern die Versetzung kraft Direktionsrechts des Arbeitgebers erfolgt ist, kann er dem Arbeitnehmer nach Aufhebung der Versetzung durch das Arbeitsgericht sofort im Wege des Weisungsrechts an dem alten Arbeitsplatz beschäftigen[665]. Hat der Arbeitnehmer in der Zwischenzeit eine höherwertige Tätigkeit ausgeübt, steht ihm ein Anspruch auf die höhere Vergütung gemäß § 612 BGB zu; ansonsten kann er den bisherigen Lohn beanspruchen[666].

- Demgegenüber kann eine Versetzung unter Abänderung des Arbeitsvertrages individualrechtlich nur durch einvernehmliche Rückgängigmachung des Änderungsvertrages bzw. über eine Änderungskündigung erfolgen[667].

i) Eine Verletzung des Mitbestimmungsrechts des Betriebsrats führt dann zur individualrechtlichen Unwirksamkeit, wenn die Versetzung ohne Einverständnis des Arbeitnehmers durchgeführt worden ist. Dadurch, daß der Arbeitnehmer in diesem Fall des Schutzes durch das Mitbestimmungsrecht bedarf, das bei der Versetzung auch individualschützend wirken kann, muß ein Mitwirkungsverstoß zu seinem Schutz mit zivilrechtlichen Konsequenzen einhergehen. Betroffen von dieser Rechtsfolge sind Versetzungen im Wege des Weisungsrechts. Sofern die Versetzung, d.h. die Zuweisung der neuen Tätigkeit, wegen des Mitwirkungsverstoßes unwirksam ist, muß der betroffene Arbeitnehmer der Anordnung nicht nachkommen[668]. Seine Weigerung, der betriebsverfassungswidrigen Versetzung Folge zu leisten, stellt mangels wirksamen Arbeitsvertrages keine Pflichtverletzung dar.

---

665 Ausführlich hierzu oben 3. Kap. D. II. 3. a) bb) (1).

666 Siehe oben 3. Kap. D. II. 3. a) bb) (1).

667 Näheres hierzu oben 3. Kap. D. II. 3. a) bb) (2 u. 3).

668 Siehe schon oben 3. Kap. D. III. 1.

4. Kapitel: Schlußbetrachtung

A. Die individualrechtlichen Folgen mangelnder Beteiligung des Betriebsrats bei der Versetzung sind gesetzlich nicht ausdrücklich geregelt. Insoweit besteht eine Gesetzeslücke, die Raum für das Entstehen unterschiedlicher Lösungsansätze beläßt: Teilweise wird die Zustimmung des Betriebsrats zur Versetzung in der Rechtsprechung und in Teilen der Literatur als Wirksamkeitsvoraussetzung für die individualrechtliche Versetzungsregelung angesehen. Die Unwirksamkeitsfolge wird zum einen damit begründet, daß § 99 ein Verbotsgesetz i. S. v. § 134 BGB sei. Daneben wird die Wirksamkeitsfolge aus dem Zweck des Zustimmungserfordernisses, auch den einzelnen Arbeitnehmer zu schützen, hergeleitet.

Zum anderen wird von der schwebenden Unwirksamkeit ausgegangen, wobei bei Nichtersetzung der Zustimmung durch das Arbeitsgericht im Verfahren nach § 99 Abs. 4 die absolute Unwirksamkeit eintritt. Demgegenüber wird von Brauch vertreten, daß der Arbeitsvertrag bei fehlender oder fehlerhafter Zustimmung nur dem Betriebsrat gegenüber unwirksam sein soll, nicht aber auch im Verhältnis zum Arbeitgeber (sogenannte relative Unwirksamkeit).

Andererseits besteht die Ansicht, daß eine betriebsverfassungswidrig durchgeführte Versetzung individualrechtlich wirksam sei, soweit aus arbeitsvertragsrechtlicher Sicht keinerlei Vorbehalt bestünden. Dies wird zum einen damit begründet, daß die ordnungsgemäßige Beteiligung des Betriebsrats keine Wirksamkeitsvoraussetzung für die Versetzung darstelle. Zum anderen wird unter dem Begriff der betriebsverfassungsrechtlichen Versetzung die tatsächliche Zuweisung eines anderen Arbeitsrechts gemäß § 95 Abs. 3 verstanden, so daß sich dieser Vorgang nicht auf die individualrechtliche Versetzungsregelung auswirken könne. Uneinheitlich wird von den Vertretern der "Wirksamkeitslösung" jedoch die Frage beurteilt, ob der Arbeitnehmer einer individualrechtlich wirksam angeordneten Versetzung Folge leisten muß, wenn die Zustimmung des Betriebsrats fehlt.

Neben der Wirksamkeits- und Unwirksamkeitslösung mit ihren Abstufungen wird eine dritte differenzierende Meinung vertreten: Als Differenzierungskriterien werden insbesondere das Einverständnis des Arbeitnehmers, die Geltendmachung individualschutz-orientierter Widerspruchsgründe gemäß § 99 Abs. 2 sowie die

Veränderung der Arbeitsbedingungen im Betrieb angesehen.

B. Um das in Rechtsprechung und Literatur kontrovers diskutierte Rechtsfolgenproblem einer sachgerechten Lösung zuzuführen, lag es entsprechend dem Wortlaut des § 99 Abs. 1 - der sich vor allem an der Einstellung orientiert - nahe, die zur Einstellung gewonnenen Grundsätze auf den Fall der Versetzung zu übertragen. Ergebnis der Betrachtung bei der Einstellung war, daß eine Verletzung der Beteiligungsrechte des Betriebsrats gemäß § 99 keinen unmittelbaren Einfluß auf den Arbeitsvertrag hat, ihm jedoch gemäß § 101 S. 1 die Möglichkeit eröffnet wird, beim Arbeitsgericht die tatsächliche Beschäftigung des Arbeitnehmers aufheben zu lassen. Allerdings war fraglich, ob diese Lösung, die zwar für den Fall der Einstellung aus Sicht aller Beteiligten als interessengerecht anzusehen ist, auch bei der Versetzung die Interessen der Beteiligten ausreichend beachtet. Die Rechtfertigung einer Parallelbehandlung mit der Einstellung setzt voraus, daß Einstellung und Versetzung Gemeinsamkeiten aufweisen. Eine gleiche Behandlung wäre dann ausgeschlossen, wenn erhebliche Unterschiede zwischen den beiden Mitbestimmungstatbeständen bestünden.

Zwar stellen Einstellung und Versetzung personelle Einzelmaßnahmen i. S. des § 99 Abs. 1 mit konstitutiver Wirkung dar; sie unterscheiden sich jedoch nach ihrer Funktion, der Interessenlage in dem Dreiecksverhältnis zwischen Arbeitgeber, Betriebsrat und Arbeitnehmer, der Rechtsstellung des Arbeitnehmers sowie der Bedeutung der Widerspruchsgründe nach § 99 Abs. 2. Wegen der bestehenden Unterschiede zwischen Einstellung und Versetzung kam eine Parallelbehandlung mit der Einstellung nicht in Betracht. Erklärtes Ziel war es daher, eine auf die Besonderheiten des Versetzungstatbestandes abgestimmte Lösung zu finden.

C. Anhaltspunkte dafür sollte die Auslegung der Vorschrift des § 99 Abs. 1 liefern. Hiernach war erkennbar, daß weder nach dem Wortlaut, der Systematik oder einer historischen Betrachtung ein Mitwirkungsverstoß bei der Versetzung zur individualrechtlichen Unwirksamkeit führen muß. Endgültige Klarheit hierüber ließ sich letztlich nur anhand des Schutzzwecks der Norm gewinnen. Insoweit war zu erörtern, ob bei Wirksamkeit des Einzelarbeitsvertrages der Schutzauftrag des § 99, der bei der Versetzung gerade auch den Schutz des betroffenen Arbeitnehmers umfaßt, genügend Beachtung findet.

Hierzu konnte festgestellt werden, daß die Wirksamkeit des Individualarbeitsverhältnisses dann interessengerecht ist, wenn die Versetzung für den Arbeitnehmer von Vorteil ist. Sofern die Versetzung jedoch mit einer Verschlechterung seiner Arbeitsbedingungen einhergeht, ist der Arbeitnehmer am Fortbestand der Wirksamkeit der individualrechtlichen Versetzungsregelung nicht interessiert. Dies läßt sich damit begründen, daß der Arbeitnehmer bei Wirksamkeit verpflichtet wäre, unter den geänderten Arbeitsbedingungen weiterzuarbeiten. Diese unbillige Situation kann auch nicht dadurch behoben werden, daß dem Arbeitnehmer eine Beteiligtenstellung im Verfahren nach § 101 S. 1 eingeräumt wird. Dies gewährt dem Arbeitnehmer zwar ein Anhörungsrecht, sein Ziel, eine ihn benachteiligende Versetzung aufzuheben, kann er hierdurch nicht wirkungsvoll durchsetzen.

Gleiches muß auch für den Fall gelten, daß dem Arbeitgeber aufgrund einer rechtskräftigen gerichtlichen Entscheidung aufgegeben wird, die betriebsverfassungswidrig erfolgte Versetzung tatsächlich aufzuheben (vgl. § 101 S. 1). Da der Arbeitgeber trotz des Beschäftigungsverbots verpflichtet bleibt, dem Arbeitnehmer den Lohn für die neu zugewiesene Tätigkeit zu zahlen, wird er sich veranlaßt sehen, die Versetzung individualrechtlich rückgängig zu machen: Sofern die Versetzung durch Weisungsrecht erfolgt ist, kann der Arbeitgeber den Arbeitnehmer im gleichen Wege auf seinen früheren Arbeitsplatz zurückversetzen. Der Arbeitnehmer hat insoweit keine Möglichkeit, sich der Rückversetzung zu erwehren, selbst wenn er mit der Versetzung einverstanden war. Demnach müßte es dem unter Verletzung des Mitbestimmungsrechts versetzten Arbeitnehmers möglich sein, in einem solchen Fall die Rückversetzung zu verhindern. Dazu wäre es erforderlich, daß er erreichen könnte, daß das betriebsverfassungsrechtliche Hindernis, d. h. die fehlende Zustimmung des Betriebsrats zur Versetzung, beseitigt wird. Da dem Arbeitnehmer lediglich eine Beteiligtenstellung im Verfahren nach § 99 Abs. 4 zukommt, hat er wenig Einfluß, die Ersetzung der Zustimmung durch das Gericht zu bewirken. Nach alledem sind die Einflußmöglichkeiten des betriebsverfassungswidrig versetzten Arbeitnehmers auf das Verfahren nach § 99 Abs. 4 sowie § 101 S. 1 nicht geeignet, um die im einzeln auftretenden Individualschutzmängel bei Wirksamkeit des Arbeitsvertrages zu kompensieren. Mithin gewährt die "Wirksamkeitslösung" dem unter einem Mitwirkungsverstoß versetzten Arbeitnehmer nicht hinreichenden Schutz. Dies steht jedoch nicht im Einklang mit dem Schutzzweck des Mitbestimmungsrechts, das gerade auch bei der Versetzung den Schutz der

Interessen des einzelnen Arbeitnehmers vorsieht (vgl. insbes. § 99 Abs. 2 Ziff. 4).

D. Insoweit war zu erwägen, ob dem Schutz der Interessen des beteiligten Arbeitnehmers Genüge getan ist, wenn ein Mitwirkungsverstoß bei der Versetzung zur Unwirksamkeit des Einzelarbeitsvertrages führt, mit der Folge, daß der Arbeitnehmer der Versetzung nicht nachzukommen braucht. Aus der Sicht des einzelnen Arbeitnehmers ist die individualrechtliche Unwirksamkeit sicherlich dann geboten, wenn die Versetzungsmaßnahme für ihn nachteilig i. S. des § 99 Abs. 2 Ziff. 4 ist. Allerdings stellt sich die Interessenlage des Arbeitnehmers bereits dann anders dar, wenn die Versetzung mit seiner Zustimmung erfolgte, weil sie vor allem vorteilhaft für den Arbeitnehmer war. In diesem Fall bewirkte die Unwirksamkeitsfolge eine Verletzung rechtlich geschützter Interessen des Arbeitnehmers. Dies könnte weder durch eine Beteiligung im Beschlußverfahren nach § 99 Abs. 4 noch durch eine Geltendmachung von Schadensersatzansprüchen kompensiert werden. Demnach scheidet aus Sicht des betroffenen Arbeitnehmers die Annahme einer generellen Unwirksamkeit als Rechtsfolge eines Mitwirkungsverstoßes aus. Darüber hinaus bedarf es auch zur Wahrung der Interessen der nur mittelbar von der Maßnahme betroffenen Arbeitnehmer, die in gleicher Weise dem Schutz durch das Mitbestimmungsrecht unterliegen, nicht der Unwirksamkeit des Einzelarbeitsvertrages. Ihrem Schutzinteresse wird bereits durch den Eintritt der betriebsverfassungsrechtlichen Konsequenzen Genüge getan. Schließlich ist die Unwirksamkeitsfolge auch nicht zur Absicherung des Mitbestimmungsrechts erforderlich. Mithin ist der Eintritt der Unwirksamkeit des Einzelarbeitsverhältnisses auch aus Sicht des Betriebsrats nicht erforderlich.

E. Da weder die generelle Wirksamkeit noch die uneingeschränkte Unwirksamkeit des Arbeitsvertrages den Besonderheiten des Versetzungstatbestandes gerecht werden kann, beide Lösungsansätze jedoch im Einzelfall interessengerechte Lösungen bieten, liegt ein differenzierender Lösungsweg nahe. Eine Differenzierung nach Schutzzweckgesichtspunkten läßt im Einzelfall das Interesse des betroffenen Arbeitnehmers außer acht. Das Abstellen auf die Geltendmachung individualschutz-orientierter Zustimmungsverweigerungsgründe, insbesondere § 99 Abs. 2 Ziff. 4, ist aus Sicht des betroffenen Arbeitnehmers kein geeignetes Kriterium, um die Unwirksamkeit des Arbeitsvertrages zu begründen. Vielmehr ist es für den Arbeitnehmer interessengerechter, wenn die Frage nach dem Vorliegen einer benachteiligenden Versetzung seiner Beurteilung unterliegt. Als geeignetes Differenzierungskriterium kommt insoweit das Einverständnis des Arbeitnehmers in Betracht. Dies bedeutet, daß für die Beurteilung, ob die Versetzung für den Arbeitnehmer von Vorteil bzw. Nachteil ist, darauf abzustellen ist, ob der Arbeitnehmer der Versetzung zugestimmt hat oder nicht.

Auch hinsichtlich der Auswirkungen eines Mitbestimmungsverstoßes ist danach zu differenzieren, ob die Versetzungsregelung mit oder ohne Einverständnis erfolgt ist. Deshalb gilt, daß eine unter Verletzung des Mitbestimmungsrechts durchgeführte Versetzung nur betriebsverfassungsrechtliche Konsequenzen herbeiführt (vgl. § 101), wenn das Einverständnis des Arbeitnehmers zur Versetzung vorgelegen hat. Voraussetzung ist jedoch, daß der einvernehmlichen Versetzung eine wirksame Versetzungsregelung zugrunde lag. Wirksam zustande gekommen ist die individualrechtliche Rechtsgrundlage dann, wenn die Versetzung im Wege eines entsprechend weitreichenden Direktionsrechts des Arbeitsgebers auf der Basis des bestehenden Arbeitsvertrages bzw. unter Änderung des Arbeitsvertrages erfolgt ist. Gleichgültig ist dabei, ob der Arbeitsvertrag einvernehmlich oder durch Änderungskündigung geändert wurde; denn auch eine Vertragsänderung im Wege einer Änderungskündigung erfordert die Zustimmung des Arbeitnehmers (Annahme des Änderungsangebots).

Demgegenüber tritt die Unwirksamkeit des Einzelarbeitsvertrages ein, wenn die betriebsverfassungswidrige Versetzung ohne Einverständnis des Arbeitnehmers durchgeführt worden ist.

F. Zusammenfassend läßt sich feststellen, daß die Tatsache, daß das Gesetz die in § 99 aufgeführten Einzelmaßnahmen einheitlich behandelt, nicht darüber hinwegtäuschen darf, daß es sich in Wirklichkeit um verschiedenartige Angelegenheiten handelt. Insbesondere im Hinblick auf die Interessenlagen im Verhältnis zwischen Arbeitgeber, Betriebsrat und dem von der Maßnahme betroffenen Arbeitnehmer kommen diese Unterschiede zum Tragen. Daher muß es Aufgabe des Gesetzesanwenders sein, eine den jeweiligen Besonderheiten entsprechende Lösung zum Problem der individualrechtlichen Auswirkungen von Mitbestimmungsverstößen zu finden. Um dieser Zielvorgabe gerecht zu werden, gilt es im Falle der Versetzung - im Unterschied zur Einstellung -, eine differenzierte Betrachtung vorzunehmen, die auf das Einverständnis des Arbeitnehmers als Differenzierungskriterium abstellt.

Literaturverzeichnis

Adomeit, K.; Einstellung und Entlassung nach dem neuen Betriebsverfassungsgesetz, in: DB 1971, S. 2360.

Adomeit, K.; Thesen zur betrieblichen Mitbestimmung nach dem neuen Betriebsverfassungsgesetz, in: BB 1972, S. 53.

Adomeit, K.; Arbeitsrecht für die 90er Jahre; München 1991.

Alberty, K.; Fehlende Zustimmung des Betriebs- bzw. Personalrats bei personellen Einzelmaßnahmen gegenüber Arbeitnehmern und der Einfluß des Fehlens auf die Wirksamkeit der Maßnahme; Düsseldorf 1977.

Altrock, V. von; Zustimmung des Betriebsrats zu befristeten Einstellungen? - Zur Dogmatik des § 99 II Nr. 1 BetrVG -, in: DB 1987, S. 785.

Bartholomeyczik, H.; Äquivalenzprinzip, Waffengleichheit und Gegengewichtsprinzip in der modernen Rechtsentwicklung, in: AcP 166 (1966), S. 30.

Baumann, W.; Die Rechtsstellung des Arbeitnehmers bei betriebsverfassungswidrigen Maßnahmen im Rahmen der §§ 99-101 BetrVG; Diss., Bayreuth 1987.

Becker, F./Etzel, G./Friedrich, H.-W./Gröninger, K./Hillebrecht, W./Rost, W./ Weigand, H./Wolf, M./Wolf, I.; Gemeinschaftskommentar zum Kündigungsschutzgesetz und zu sonstigen kündigungsschutzrechtlichen Vorschriften; 3. Aufl., Neuwied, Darmstadt 1989 *(zit.: KR/Bearbeiter)*.

Becker, F./Wulfgramm, J.; Kommentar zum Arbeitnehmer-Überlassungsgesetz; 3. Aufl.; Neuwied 1986.

Becker-Schaffner, R.; Die Änderungskündigung aus materiellrechtlicher und prozessualer Sicht, in: BB 1991, S. 129.

Beitzke, G.; Anmerkung zu BAG, Urteil vom 20.5.1976, in: SAE 1976, S. 210.

Beitzke, G.; Anmerkung zu BAG, Urteil vom 7.10.1982, in: SAE 1983, S. 190.

Belling, D.; Das Günstigkeitsprinzip im Betriebsverfassungsrecht, in: DB 1982, S. 2516.

Belling, D.; Das Mitbestimmungsrecht des Betriebsrats bei Versetzungen, in: DB 1985, S. 235.

Berger-Delhey, U.; Die Leitungs- und Weisungsbefugnis des Arbeitgebers, in: DB 1990, S. 2266.

Bettermann, K. A./Nipperdey, H. C.; Die Grundrechte, Handbuch der Theorie und Praxis der Grundrechte; Bd. IV/2. Halbbd., Berlin 1962.

Bettermann, K. A./Nipperdey, H. C./Scheuner, U.; Die Grundrechte, Handbuch der Theorie und Praxis der Grundrechte; Bd. III/1. Halbbd.; Berlin 1962.

Biedenkopf, K.; Anmerkungen zum neuen Betriebsverfassungsgesetz, in: DB 1972, S. 1513.

Birk, R.; Die arbeitsrechtliche Leitungsmacht; Köln, Berlin, Bonn, München 1973.

Birk, R.; Anmerkung zu BAG, Urteil v. 9.11.1977, in: SAE 1978, S. 239.

Bleistein, F. J.; Betriebsverfassung in der Praxis; 3. Aufl., Bonn 1977.

Blomeyer, W.; Der Interessenkonflikt zwischen Arbeitnehmer und Betriebsrat bei Individualmaßnahmen, in: Gedächtnisschrift für Rolf Dietz; München 1973, S. 147.

Blomeyer, W.; Die Entwicklung des arbeitsrechtlichen Schrifttums im Jahre 1974, in: ZfA 1975, S. 243.

Bobke, M.; Anmerkung zu BAG, Beschluß vom 30.4.1981, in: AuR 1981, S. 355.

Böhm, W.; Individualrechtliche Folgen übergangener Informations- und Beratungsrechte nach dem BetrVG 1972, in: DB 1974, S. 723.

Boemke-Albrecht, B.; Die Versetzung von Betriebsratsmitgliedern, in: BB 1991, S. 541.

Bötticher, E.; Anmerkung zu BAG, Beschluß vom 13.7.1955, AP Nr. 2 zu § 81 BetrVG 1952.

Boewer, D.; Die Auswirkungen der §§ 99, 100 BetrVG auf die individualrechtliche Stellung des Arbeitnehmers, in: RdA 1974, S. 72.

Boewer. D.; Mitbestimmung des Betriebsrats bei Versetzungen, in: DB 1979, S. 1035.

Bohn, H.; Anmerkung zu BAG, Beschluß vom 6.10.1978, in: SAE 1979, S. 157.

Brauch, M.; Die Erweiterung der Mitbestimmungsrechte des Betriebsrates im Bereich der sozialen und personellen Angelegenheiten durch das BetrVG vom 15.1.1972 und deren Auswirkungen auf die Rechtsstellung des einzelnen Arbeitnehmers; Diss., München 1975.

Brecht, H.-T.; Kommentar zum Betriebsverfassungsgesetz nebst Wahlordnung; Herne, Berlin 1972.

Brox, H.; Arbeitsrecht; 10. Aufl., Stuttgart, Berlin, Köln 1991.

Buchner, H.; Anmerkung zu BAG, Urteil vom 28.3.1985, in: AR-Blattei (D) Beschäftigungspflicht, Entscheidung 16.

Bürger, K./Knipp, G.; Einstellung des Arbeitnehmers, in: AR-Blattei (D) Einstellung I; Wiesbaden (Stand: 1993).

Burghardt, H.; Die Handlungsmöglichkeiten des Betriebsrats; Köln 1979.

Canaris, C.-W.; Grundrechte und Privatrecht, in: AcP 184 (1984), S. 201.

Däubler, W./Kittner, M./Klebe, T./Schneider, W. (Hrsg.); Betriebsverfassungsgesetz; 3. Aufl., Köln 1992 *(zit.: Däubler/Kittner/Klebe, § ... BetrVG 1972)*.

Dietz, R.; Betriebsverfassungsgesetz mit Wahlordnung; 4. Aufl., München, Berlin 1967.

Dietz, R./Richardi, R.; Betriebsverfassungsgesetz mit Wahlordnung; Kommentar, 5. Aufl., München 1973.

Dietz, R./Richardi, R.; Betriebsverfassungsgesetz; Bd. II: §§ 74 bis Schluß; 6. Aufl., München 1982.

Dietz, W.; Arbeitsrecht; München 1990.

Dürig, G.; Freizügigkeit, in: Die Grundrechte, Handbuch der Theorie und Praxis der Grundrechte, hrsg. von Franz L. Neumann, Hans-Carl Nipperdey, Ulrich Scheuner; Bd. 2, Köln, Bonn 1954; S. 507.

Dunkl, J. H.; Der Begriff und die Arten der Beteiligten im arbeitsgerichtlichen Beschlußverfahren; Berlin 1979.

Ehrich, C.; Die individualrechtlichen Auswirkugen der fehlenden Zustimmung des Betriebsrats i.S. von § 99 BetrVG auf die Versetzung des Arbeitnehmers, in: NZA 1992, S. 731.

Eich, R.-A.; Anmerkung zu LAG Frankfurt, Beschluß vom 14.6.1988, in: BB 1989, S. 145.

End, T.; Die Beteiligungsrechte des Betriebsrats bei der Einstellung und Entlassung von Arbeitnehmers; Diss., Würzburg 1974.

Erdmann, E.-G./Jürging, K./Kammann, K.-U.; Betriebsverfassungsgesetz, Kommentar für die Praxis; Neuwied, Berlin 1972.

Esser, J./Schmidt, E.; Schuldrecht, Bd. I, Allgemeiner Teil; 6. Aufl., Heidelberg 1984.

Etzel, G.; Mitwirkungs- und Mitbestimmungsrechte des Betriebsrats, in: NwB 1989, Heft 36, Fach 26, S. 2133.

Etzel, G.; Betriebsverfassungsgesetz. Eine systematische Darstellung; 4. Aufl., Neuwied, Frankfurt 1990.

Etzel, G.; Erläuterungen zum Betriebsverfassungsgesetz, in: Handbuch zum Arbeitsrecht (HzA), Bd. IV, Gruppe 19, Teil C (Stand: 1993).

Fabricius, F./Kraft, A./Thiele, W./Wiese, G./Kreutz, P.; Betriebsverfassungsgesetz, Gemeinschaftskommentar; 3. Aufl., Bd. II, Neuwied, Darmstadt 1985; 4. Aufl. 1990 *(zit.: GK-Bearbeiter, § ... BetrVG 1972)*.

Falkenberg, R.-D.; Gegenstand und Grenzen des arbeitgeberseitigen Weisungsrechts, in: DB 1981, S. 1082.

Faude, M.; Anmerkung zu BAG, Beschluß vom 17.5.1983, AP Nr. 18 zu § 99 BetrVG 1972.

Fikentscher, W.; Schuldrecht; 8. Aufl., Berlin 1992.

Fittung, K./Auffarth, F./Kaiser, H./Heither, F.; Betriebsverfassungsgesetz; 13. Aufl., München 1981, 17. Aufl., München 1992 *(zit.: Fitting/Auffarth, Kaiser, § ... BetrVG 1972)*.

Flume, W.; Allgemeiner Teil des Bürgerlichen Rechts, Bd. I, Erster Teil: Die Personengesellschaft; Berlin, Heidelberg, New York 1977; Bd. II: Das Rechtsgeschäft; 3. Aufl., Berlin, Heidelberg, New York 1979 *(zit: Flume, Allg. T. Bd. I/2, Bd. II)*.

Frauenkorn, K.-P.; Betriebsverfassungsrecht mit Gesetzestext und Wahlordnung; Bonn 1980.

Frey, H.; Die Zustimmung des Betriebsrats zu personellen Maßnahmen, in: BB 1972, S. 923.

Frey, H.; Neues Arbeitsrecht. Beschäftigungsförderungsgesetz mit Jugendarbeitsschutz-, Bundeserziehungsgeld-, Mutterschutz-, Arbeitszeit und Schwerbehindertengesetz sowie weiteren arbeitsrechtlichen Neuregelungen; Loseblattsammlung, 3. Ergänzungslieferung, Stand: 1990.

Friesen, J. von; Zustimmungsverweigerung des Betriebsrats/Personalrats als auflösende Bedingung des Arbeitsvertrages?, in: BB 1984, S. 677.

Galperin, H.; Das Betriebsverfassungsgesetz 1972, Leitfaden für die Praxis; Heidelberg 1972 *(zit: Galperin, Leitfaden)*.

Galperin, H./Löwisch, M.; Kommentar zum Betriebsverfassungsrecht; Bd. 2, 6. Aufl., Heidelberg 1982.

Gamillscheg, F.; Die Grundrechte im Arbeitsrecht; in: AcP 164 (1964), S. 385.

Gamillscheg, F.; Zivilrechtliche Denkformen und die Entwicklung des Individualarbeitsrechts, in: AcP 176 (1976), S. 197.

Gamillscheg, F.; Arbeitsrecht; Bd. I: Individualrecht; 7. Aufl., München 1987 *(zit.: Gamillscheg I)*; Bd. II: Kollektives Arbeitsrecht; 5. Aufl., München 1979 *(zit: Gamillscheg II)*.

Gaul, D.; Das Arbeitsrecht im Betrieb von der Einstellung bis zur Entlassung; Bd. II, 8. Aufl., Heidelberg 1986 *(zit.: Gaul, Arbeitsrecht II)*.

Gester, H.; Zur Rechtsnatur des Betriebsrates, in: RdA 1960, S. 406.

Glimm, R.; Die Auswirkungen einer Verletzung betriebsverfassungsrechtlicher Vorschriften auf privatrechtliche Verträge zwischen Arbeitgeber und Arbeitnehmer; Diss., Würzburg 1978.

Gnade, A./Kehrmann, K./Schneider, W./Blanke, H./Klebe, T.; Betriebsverfassungsgesetz, Basiskommentar; 5. Aufl., Köln 1992 *(zit.: Gnade/Kehrmann/Schneider, § ... BetrVG 1972)*.

Götz, H.; Grundzüge des Arbeitsrechts, Bd. I: Arbeitsvertragsrecht; 2. Aufl., München, Wien 1991; Bd. II: Kollektives Arbeitsrecht; München, Wien 1989 *(zit.: Götz, ArbeitsR Bd. I, Bd. II)*.

Gramm, H.; Rechtsnatur und Haftung des Betriebsrats, in: AR-Blattei (D), Betriebsverfassung VII; Wiesbaden, Stand 1975.

Grunsky, W.; Anmerkung zu BAG, Beschluß vom 27.5.1982, in: SAE 1983, S. 22.

Grunsky, W.; Arbeitsgerichtsgesetz, Kommentar; 6. Aufl., München 1990.

Hahn, J.; Die Rechtsfolgen mangelnder Beteiligung des Betriebsrates bei Einstellungen; Diss., Köln 1975.

Hallenberger, A.; Die Pflicht des Arbeitgebers zur Förderung der freien Persönlichkeitsentfaltung nach § 75 Abs. 2 BetrVG; Frankfurt a.M. 1988.

Hanau, P.; Praktische Fragen zur Neuregelung der Mitbestimmung in personellen Angelegenheiten, in: BB 1972, S. 451.

Hanau, P.; Allgemeine Grundsätze der betrieblichen Mitbestimmung, in: RdA 1973, S. 281.

Hanau, P.; Rechtsfolgen mitbestimmungswidrigen Arbeitgeberverhaltens - BAGG 42, 11, in: JuS 1985, S. 360.

Hassan, M. J.; Mitbestimmungsrechtliche Relevanz von "außerbetrieblichen Versetzungen" innerhalb eines Unternehmens nach dem Betriebsverfassungsgesetz, in: NZA 1989, S. 373.

Hattenhauer, H.; Geschichte des Beamtentums, Köln 1980.

Haupt, G.; Über faktische Vertragsverhältnisse; aus der Festschrift der Leipziger Juristenfakultät für Heinrich Siber, Leipzig 1941.

Heinze, M.; Personalplanung, Einstellung und Kündigung; Stuttgart 1982 *(zit.: Heinze, Personalplanung).*

Heither, F.; Die Beteiligung des Betriebsrats in personellen Angelegenheiten, in: AR-Blattei (D) Betriebsverfassung, Wiesbaden (Stand: 1988).

Hemmer, N. C.; Betriebsverfassungsrechtliche Grundsätze für die Einstellung von Arbeitnehmern; Diss., Würzburg 1978.

Herschel, W.; Anmerkung zu BAG, Urteil von 17.7.1965; AP Nr. 101 zu § 242 BGB "Ruhegeld".

Herschel, W./Löwisch, M.; Kommentar zum Kündigungsschutzgesetz; 6. Aufl., Heidelberg 1984.

Hess, H./Schlochauer, U./Glaubitz, W.; Kommentar zum Betriebsverfassungsgesetz; 4. Aufl., Neuwied, Kriftel, Berlin 1993.

Hippel, F. von; Das Problem der rechtsgeschäftlichen Privatautonomie. Beiträge zu einem System des privaten Verkehrsrechts und zur Erforschung der Rechtstheorie des 19. Jahrhunderts; Tübingen 1936.

Hönn, G.; Anmerkung zu BAG, Beschluß vom 10.4.1984; AP Nr. 13 zu § 95 BetrVG 1972.

Hönn, G.; Anmerkung zu BAG, Beschluß vom 27.9.1984, in: SAE 1986, S. 221.

Hoyningen-Huene, G. von; Der Schutz des Individualwillens in der Betriebsverfassung, in: ZRP 1978, S. 181.

Hoyningen-Huene, G. von; Die Billigkeit im Arbeitsrecht; München 1978.

Hoyningen-Huene, G. von; Die Rechtsstellung des Arbeitnehmers bei betriebsverfassungswidrigen personellen Einzelmaßnahmen, in: RdA 1982, S. 205.

Hoyningen-Huene, G. von; Anmerkung zu BAG, Beschluß vom 10.3.1982, in: SAE 1983, S. 108.

Hoyningen-Huene, G. von; Anmerkung zu BAG, Beschluß vom 27.9.1984, AP Nr. 8 zu § 2 KSchG.

Hoyningen-Huene, G. von; Kündigungsvorschriften im Arbeitsrecht; München 1985 *(zit.: v. Hoyningen-Huene, Kündigungsvorschriften).*

Hoyningen-Huene, G. von; Anmerkung zu BAG, Beschluß vom 16.7.1985, in: SAE 1986, S. 186.

Hoyningen-Huene, G. von; Betriebsverfassungsrecht; 2. Aufl., München 1990.

Hoyningen-Huene, G. von; Grundlagen und Auswirkungen einer Versetzung, in: NZA 1993, S. 145.

Hoyningen-Huene, G. von/Boemke, B.; Die Versetzung; Heidelberg 1991.

Hromadka, W. (Hrsg.); Änderung von Arbeitsbedingungen; Heidelberg 1987.

Hromadka, W.; Mitbestimmung bei Versetzungen. Zum Begriff der Versetzung nach Betriebsverfassungsrecht, in: DB 1972, S. 1532.

Hromadka, W.; Die Betriebsverfassung. Ein Überblick über BetrVG und Sprecherausschußgesetz; 1. Aufl., Köln 1990.

Hueck, A./Hueck, G./Hoyningen-Huene, G. von; Kündigungsschutzgesetz, Kommentar; 11. Aufl., München 1992 *(zit.: Hueck/Hoyningen-Huene, § ... KschG).*

Hueck, A./Nipperdey, C. C.; Lehrbuch des Arbeitsrechts; Bd. I, 7. Aufl., Berlin, Frankfurt a.M. 1963; Bd. II: Kollektives Arbeitsrecht, Erster Halbband (II/1); 7. Aufl. 1967, Zweiter Halbband (II/2), 7. Aufl. 1970 *(zit.: Hueck/Nipperdey, ArbeitsR, Bd. I; Bd. II/1; Bd. II/2).*

Huljus, U.; Der mitbestimmungsrechtliche Tatbestand der Versetzung; Diss., Kiel 1988.

Hunold, W.; Anmerkung zu BAG, Beschluß vom 26.5.1988, in: BB 1988, S. 2101.

Kallmeyer, H.; Änderungskündigung und Mitbestimmung des Betriebsrates, in: DB 1973, S. 970.

Kleiner, H./Wittke, M.; Die Beteiligungsrechte des Betriebsrats im personellen Bereich; Berlin 1978.

Köhler, H.; BGB, Allgemeiner Teil; 20. Aufl., München 1989.

Koller, I.; Anmerkung zu BAG, Beschluß vom 7.11.1977, in: SAE 1978, S. 232.

Konzen, H.; Privatrechtssystem und Betriebsverfassung, in: ZfA 1985, S. 469.

Kraft, A.; Anmerkungen zu den Beschlüssen des BAG vom 22.3.1983 und vom 31.5.1983, in: SAE 1984, S. 66.

Kraft, A.; Anmerkung zu BAG, Urteil vom 27.9.1984; EzA Nr. 5 zu § 2 KSchG.

Kraft, A.; Fragen zur betriebsverfassungsrechtlichen Stellung von Leiharbeitnehmern, in: Festschrift für Pleyer; Köln, Berlin, Bonn, München 1986, S. 383.

Kraft, A.; Anmerkung zu BAG, Urteil vom 26.1.1988, in: SAE 1989, S. 77.

Küchenhoff, G.; Kommentar zum Betriebsverfassungsgesetz; 2. Aufl., Münster 1974.

Larenz, K.; Lehrbuch des Schuldrechts, Bd. I: Allgemeiner Teil; 14. Aufl., München 1987.

Larenz, K.; Allgemeiner Teil des Deutschen Bürgerlichen Rechts; 7. Aufl.; München 1989 *(zit.: Larenz, Allg. T.)*.

Larenz, K.; Methodenlehre der Rechtswissenschaft; 6. Aufl., Berlin etc. 1991.

Laux, H.; Die Antrags- und Beteiligungsbefugnis im arbeitsgerichtlichen Beschlußverfahren; Neuwied, Darmstadt 1985.

Lörcher, K.; Zeitarbeitsverträge als Problem der Mitbestimmung von Betriebs- und Personalräten bei der Einstellung (§ 99 I BetrVG, § 75 I Nr. 1 BPersVG), in: BlStSozArbR 1981, S. 177.

Löwisch, M.; Schutz und Förderung der freien Entfaltung der Persönlichkeit der im Betrieb beschäftigten Arbeitnehmer (§ 75 Abs. 2 BetrVG 72), in: AuR 1972, S. 359.

Löwisch, M.; Anmerkung zu BAG, Beschluß vom 30.4.1981; AP Nr. 12 zu § 99 BetrVG 1972.

Löwisch, M.; Anmerkung zu BAG, Urteil vom 26.1.1988, in: AR-Blattei (D), Versetzung des Arbeitnehmers, Entscheidung 9.

Löwisch, M.; Die Änderung von Arbeitsbedingungen auf individualrechtlichem Wege, insbesondere durch Änderungskündigung, in: NZA 1988, S. 633.

Löwisch, M.; Taschenkommentar zum Betriebsverfassungsgesetz; 2. Aufl., Heidelberg 1989.

Löwisch, M.; Arbeitsrecht; 3. Aufl., Düsseldorf 1991.

Löwisch, M./Alshagen, W.; Anmerkung zu BAG, Urteil vom 19.6.1986, in: AR-Blattei (D) Kündigungsschutz I A, Entscheidung 7.

Löwisch, M./Röder, G.; Anmerkung zu BAG, Urteil vom 2.6.1980; EzA Nr. 28 zu § 99 BetrVG 1972.

Mager, E.-G./Weiskirchen, A.; Betriebsverfassungsgesetz. Gesetzestext, Rechtsprechung und Erläuterung; Köln (Stand: 1971) *(zit.: Mayer-Weiskirchen, § ... BetrVG 1952)*.

Martens, K.-P.; Gemeinsame Anmerkung zu den Urteilen des BAG vom 2.7.1980 - 5 AZR 56/79 und 5 AZR 1241/79, in: SAE 1982, S. 159.

Matthes, H.-C.; Die Rechtsstellung des ohne Zustimmung des Betriebsrats angestellten Arbeitnehmers, in: DB 1974, S. 2007.

Matthes, H. C.; Die Rechtsstellung des ohne Zustimmung des Betriebsrates versetzten, eingruppierten und umgruppierten Arbeitnehmers, in: DB 1975, S. 1651.

Maul-Backer, H.; Die Rechtsfolgen betriebsverfassungswidrig durchgeführter Einstellungen im Konflikt der Interessen zwischen Arbeitgeber, Arbeitnehmer und Betriebsrat; Diss., Göttingen 1989.

Maunz, T./Dürig, G./Herzog, R./Scholz, R.; Grundgesetz, Kommentar, Bd. I (Art. 1 bis 12); München, Stand: 1991 *(zit.: Bearbeiter, in: Maunz/Dürig)*.

Maunz, T./Zippelius, R.; Deutsches Staatsrecht; 28. Aufl., München 1991.

Mayer-Maly, T.; Gleichbehandlung im Arbeitsverhältnis I, in: AR-Blattei, Wiesbaden (Stand: 1975).

Meier, H. G.; Beteiligung des Betriebsrates bei Versetzung und Änderungskündigungen, in: NZA 1988, Beilage Nr. 3, S. 3.

Meisel, P. G.; Arbeitsrechtliche Probleme bei Versetzungen und Umsetzungen, in: BB 1974, S. 559.

Meisel, P. G.; Anmerkung zu BAG, Urteil vom 10.3.1982; AP Nr. 2 zu § 2 KSchG.

Meisel, P. G.; Die Mitwirkung und Mitbestimmung des Betriebsrates in personellen Angelegenheiten; 5. Aufl., Heidelberg 1984.

Merz, H.; Privatautonomie heute - Grundsatz und Rechtswirklichkeit; München 1970.

Meyer, K.; Sind Einstellungen, Ein- bzw. Umgruppierungen oder Versetzungen ohne Beteiligung des Betriebsrates gegenüber dem betroffenen Arbeitnehmer wirksam?, in: BB 1982, S. 1614.

Misera, K.; Anmerkung zu BAG, Urteil vom 2.7.1980; AP Nr. 5 zu § 101 BetrVG 1972.

Misera, K.; Anmerkung zu BAG, Beschluß vom 31.5.1983; AP Nr. 27 zu § 118 BetrVG 1972.

Misera, K.; Anmerkung zu BAG, Beschluß vom 18.2.1986; AP Nr. 33 zu § 99 BetrVG 1972.

Molitor, E.; Der Arbeitsplatz, in: BB 1952, S. 493.

Müller, G.; Tendenzen der arbeitsrechtlichen Entwicklung unter dem Blickpunkt der Rechtsprechung des Bundesarbeitsgerichts (Teil II), in: DB 1962, S. 771.

Müller, G.; Gegenstand und Verwirklichung des betriebsverfassungsrechtlichen Mitbestimmungs- und Mitwirkungsrechts, in: RdA 1969, S. 227.

Münch, I. von/Kunig, Ph.; Grundgesetz-Kommentar, Bd. I (Präambel bis Art. 20); 4. Aufl., München 1992 *(zit.: v. Münch, Art. ... GG).*

Münchener Kommentar zum Bürgerlichen Gesetzbuch; Bd. III, Schuldrecht, Besonderer Teil, 1. Halbbd. (§§ 433 - 651 b); 2. Aufl., München 1988 *(zit.: MünchKomm - Bearbeiter, S ... BGB).*

Neumann, D.; Versetzung des Arbeitnehmers, in: AR-Blattei (D) Versetzung des Arbeitnehmers I, Wiesbaden (Stand: 1985).

Niederalt, W.; Die Individualrechte des Arbeitnehmers nach dem Betriebsverfassungsgesetz 1972 (§§ 75, 81 ff); Diss.; München 1975.

Nikisch, A.; Arbeitsrecht; Bd. I, 3. Aufl., Tübingen 1961; Bd. III, Betriebsverfassungsrecht, 2. Aufl., Tübingen 1966 *(zit.: Nikisch, ArbeitsR Bd I/Bd III).*

Niklisch, F.; Der vertragsrechtliche Aufnahmezwang und die Inhaltskontrolle satzungsmäßiger Aufnahmevoraussetzungen, in: JZ 1976, S. 105.

Palandt; Bürgerliches Gesetzbuch, 52. Aufl.; München 1993.

Palme, A.; Versetzung und Umsetzung von Arbeitnehmern; in: BlStSozArbR 1976, S. 305.

Pelz, F. M.; Direktionsrecht und arbeitsvertraglicher Versetzungsbegriff, in: Aktuelle Probleme des Arbeitsrechts; Fest- und Jubiläumsschrift zum 65. Geburtstag und zum 30jährigen Bestehen des Arbeitsrechtlichen Arbeitskreises Dieter Gaul, hrsg. von Dietrich Boewer; Berlin, Heidelberg 1987, S. 83.

Peterek, R.; Anmerkung zu BAG, Urteil vom 27.3.1987, EzA Nr. 10 zu § 2 KSchG.

Plander, H.; Einflußmöglichkeiten von Personal- und Betriebsrat beim Abschluß befristeter und bei der ordentlichen Kündigung unbefristeter Arbeitsverträge, in: RdA 1985, S. 223.

Pouyadou, R. M.; Die Abhängigkeit des Arbeitnehmers vom Betriebsrat; München 1978.

Ratajczak, T.; Die Änderungskündigung des Arbeitgebers; Heidelberg 1984.

Reuscher, T.; Der Versetzungsbegriff in § 95 Abs. 3 BetrVG; Diss., Mainz 1984.

Reuter, D.; Betriebsverfassung und Privatautonomie, in: ZfA 1975, S. 85.

Richardi, R.; Kollektivgewalt und Individualwille bei der Gestaltung des Arbeitsverhältnisses; München 1968 *(zit.: Richardi, Kollektivgewalt).*

Richardi, R.; Kritische Anmerkungen zur Reform der Mitbestimmung des Betriebsrates in sozialen und personellen Angelegenheiten nach dem Regierungsentwurf, in: DB 1971, S. 621.

Richardi, R.; Die Mitbestimmung des Betriebsrats in personellen Angelegenheiten, in: ZfA-Sonderheft 1972, S. 1.

Richardi, R.; Betriebsverfassung und Privatautonomie; Berlin, New York 1973.

Richardi, R.; Das Widerspruchsrecht des Betriebsrats bei personellen Maßnahmen nach §§ 99, 100 BetrVG, in: DB 1973, S. 378, 428.

Richardi, R.; Änderungskündigung und Versetzung nach dem neuen Betriebsverfassungsrecht, in: DB 1974, S. 1285, 1335.

Richardi, R.; Anmerkung zu BAG, Beschluß vom 7.11.1977, AP Nr. 1 zu § 100 BetrVG 1972.

Richardi, R.; Anmerkung zu BAG, Urteil vom 3.11.1977, AP Nr. 1 zu § 75 BPersVG.

Richardi, R.; Betriebsverfassungsrechtliche Mitbestimmung und Einzelarbeitsvertrag; Köln 1986.

Richter, H.; Die Änderungen von Arbeitsbedingungen kraft des Direktionsrechts des Arbeitgebers unter Beachtung der Beteiligung des Betriebsrates (I und II), in: DB 1989, S. 2378.

Rixecker, R.; Der Schutz des Einzelnen im Rahmen der Mitbestimmung in personellen Angelegenheiten; Diss., Saarbrücken 1983.

Roemheld, B.; Zur Zustimmung des Betriebsrats nach § 99 BetrVG bei personellen Einzelmaßnahmen, in: BB 1972, S. 1330.

Rupp, H. H.; Vom Wandel der Grundrechte, AöR 101 (1976), S. 161.

Rüthers, B.; Betriebsverfassungsrechtliches Mitbestimmungsrecht und Individualbereich, in: Rüthers, B./Boldt, G. (Hrsg.), Zwei arbeitsrechtliche Vorträge, München 1970, S. 7.

Rüthers, B./Bakker, R.; Arbeitnehmerentsendung und Betriebsinhaberwechsel im Konzern, in: ZfA 1990, S. 245.

Sacher, T.; Der betriebsverfassungsrechtliche Unterlassungsanspruch unter besonderer Berücksichtigung der Mitbestimmung bei Versetzungen; Diss., München 1990.

Säcker, F.-J.; Gruppenautonomie und Übermachtkontrolle im Arbeitsrecht; Berlin 1972 *(zit.: Säcker, Gruppenautonomie)*.

Säcker, F. J.; Zehn Jahre Betriebsverfassungsgesetz 1972 im Spiegel höchstrichterlicher Rechtsprechung, Köln 1982 *(zit.: Säcker, Zehn Jahre Betriebsverfassungsrecht)*.

Sahmer, H.; Betriebsverfassungsgesetz, Kommentar; Frankfurt a.M., Stand: 1980.

Schaub, G.; Möglichkeiten und Grenzen der Versetzung des Arbeitnehmers unter Einschluß der Mitwirkung des Betriebsrates, in: DB 1968, S. 1669.

Schaub, G.; Der Kündigungsschutz bei Änderungskündigung, in: RdA 1970, S. 230.

Schaub, G.; Der Betriebsrat; München 1985.

Schaub, G.; Die Änderungskündigung, in: Änderung von Arbeitsbedingungen, hrsg. von Wolfgang Hromadka; 1. Aufl., Heidelberg 1990, S. 73 *(zit.: Schaub, Änderungskündigung)*.

Schaub, G.; Arbeitsrechts-Handbuch; 7. Aufl., München 1992.

Schlochauer, U.; Die Mitbestimmung des Betriebsrats, in: Änderung von Arbeitsbedingungen, hrsg. von Wolfgang Hromadka; 1. Aufl., Heidelberg 1990, S. 221.

Schlüter, W.; Die Rechtsfolgen mangelnder Beteiligung des Betriebsrats in sozialen Angelegenheiten (§ 87 BetrVG n. F.), in: DB 1972, S. 92, 139.

Schmidt, V.; Anmerkung zu BAG, Beschluß vom 27.5.1982, AP Nr. 3 zu § 80 ArbGG.

Schmidt-Rimpler, W.; Grundfragen einer Erneuerung des Vertragsrechts, AcP 147 (1941), S. 130.

Schmidt-Rimpler, W.; Zum Vertragsproblem, in: Festschrift für Ludwig Raiser zum 70. Geburtstag; Tübingen 1974, S. 3.

Schmitt, M.; Anmerkung zu BAG, Urteil vom 30.11.1989, in: SAE 1991, S. 132.

Schmitz, H.; Die Mitbestimmung des Betriebsrats bei der Verlängerung und Umwandlung von befristeten Arbeitsverträgen - Ein Beitrag zur Dogmatik des § 99 BetrVG, in: BlStSozArbR 1983, S. 273.

Schönherr, R.; Zur Frage der Unwirksamkeit einer Versetzung bei Übergehung des Betriebsrats, in: DB 1969, S. 574.

Scholz, R.; Koalitionsfreiheit als Verfassungsproblem; München 1971.

Schreiber, K.; Probleme der Mitbestimmung bei personellen Einzelmaßnahmen, in: RdA 1987, S. 257.

Schulze-Wilk, D.; Die Veränderung des Arbeitsbereichs im Arbeitsverhältnis; Diss., Köln 1983.

Schwerdtner, P.; Fürsorge- und Treuepflicht im Gefüge des Arbeitsverhältnisses oder: Vom Sinn und Unsinn eines Kodifikation des Allgemeinen Arbeitsvertragsrechts, in: ZfA 1979, S. 1.

Simitis, S. /Weiss, M.; Zur Mitbestimmung des Betriebsrats bei Kurzarbeit, in: DB 1973, S. 1240.

Söllner, A.; Grundriß des Arbeitsrechts; 10. Aufl., München 1990.

Soergel, H. T.; Bürgerliches Gesetzbuch, Bd. I, Allgemeiner Teil (§§ 1 - 240); 12. Aufl., Stuttgart, Berlin, Köln, Mainz (Stand: 1987) *(zit.: Soergel/Bearbeiter, § ... BGB)*.

Spiegelhalter, H. J.; Arbeitsrechtslexikon, Bd. I; München, Stand: 1993.

Stahlhacke, E.; Das personelle Mitbestimmungsrecht des Betriebsrates nach dem Betriebsverfassungsgesetz 1972, in: BlStSozArbR 1972, S. 51.

Staudinger, J. von; Kommentar zum Bürgerlichen Gesetzbuch mit Einführungsgesetz und Nebengesetzen; Bd. I: Allgemeiner Teil (§§ 1 - 240), 11. Aufl., Berlin 1957; Bd. II: Recht der Schuldverhältnisse (§§ 611 - 619), 12. Aufl., Berlin 1993 *(zit.: Staudinger - Bearbeiter § ... BGB)*.

Stege, D.; Versetzungen und Umsetzungen des Arbeitnehmers, in: DB 1975, S. 1506.

Steigerwald, F.; Die personelle Beteiligung des Betriebsrats an der Versetzung von Arbeitnehmern; Diss., Würzburg 1976.

Thiele, W.; Die Zustimmung in der Lehre vom Rechtsgeschäft; Köln, Berlin, Bonn, München 1966.

Walker, W.-D.; Anmerkung zu BAG, Beschluß vom 28.9.1988, in: SAE 1989, S. 152.

Wank, R.; Anmerkung zu BAG, Urteil vom 27.3.1987, in: AR-Blattei (D) Kündigungsschutz I A, Entsch. Nr. 8.

Wank, R.; Einvernehmliche Änderung von Arbeitsbedingungen, in: Änderung von Arbeitsbedingungen, hrsg. von Wolfgang Hromadka; 1. Aufl., Heidelberg 1990, S. 221.

Weber, H.; Anmerkung zu BAG, Beschluß vom 28.3.1985, in: SAE 1986, S. 214.

Weber, C.; Anmerkung zu BAG, Urteil vom 26.1.1988, EzA Nr. 58 zu § 99 BetrVG 1972.

Weber, H.; Anmerkung zu BAG, Beschluß vom 8.8.1989, in: SAE 1990, S. 190.

Weiss, M.; Betriebsverfassungsgesetz, in: Handbuch des Arbeitsrechts, hrsg. von Wilhelm Maus, Bd. X B; Baden-Baden (Stand: 1980).

Weiss, M.; Betriebsverfassungsgesetz, Kommentar; 2. Aufl., Baden-Baden 1980.

Wiese, G.; Individualrechte in der Betriebsverfassung, in: RdA 1973, S. 1.

Willaschek, H.; Die Beteiligungsrechte des Betriebsrates im Einstellungsverfahren; Diss., Münster 1982.

Windbichler, C.; Arbeitsrecht im Konzern; München 1989.

Windbichler, C.; Arbeitsrechtliche Vertragsgestaltung im Konzern; Köln 1990.

Wlotzke, O.; Betriebsverfassungsgesetz; 2. Aufl., München 1992.

Zöllner, W.; Privatautonomie und Arbeitsverhältnis, in: AcP 176 (1976), S. 221.

Zöllner, W.; Sind im Interesse einer gerechteren Verteilung der Arbeitsplätze Begründung und Beendigung der Arbeitsverhältnisse neu zu regeln?, in: Verhandlungen des 52. Deutschen Juristentages; Wiesbaden 1978, Gutachten D 1 bis D 181.

Zöllner, W./Loritz, K.-G.; Arbeitsrecht; 4. Aufl., München 1992.